EY
Building a better
working world

Handbuch Consulting 2018

Lünendonk Handbuch Consulting 2018
60 führende Partner für Ihr Unternehmen
Fakten + Köpfe Verlagsgesellschaft, Groß-Gerau 2018
ISBN 978-3-9815157-4-9

Aus Gründen der besseren Lesbarkeit wird auf die gleichzeitige Verwendung männlicher und weiblicher Sprachformen verzichtet. Sämtliche Personenbezeichnungen gelten gleichermaßen für beiderlei Geschlecht.

Herausgeber:	Jonas Lünendonk, Dr. Hans-Peter Canibol
Redaktion:	Fakten + Köpfe Verlagsgesellschaft mbH, Groß-Gerau, und Lünendonk & Hossenfelder GmbH, Mindelheim
Redaktionsleitung:	Jonas Lünendonk, Susanne Theisen-Canibol
Layout, Satz und Grafiken:	SatzWerke, Rüsselsheim
Korrektorat:	Günter Neeßen, Frankfurt am Main
Druck und buchbinderische Arbeiten:	Grafisches Centrum Cuno GmbH & Co. KG, Calbe
	Gedruckt auf Revive 100 Silk

FSC
www.fsc.org
MIX
Papier aus verantwortungsvollen Quellen
FSC® C043106

LÜNENDONK

HANDBUCH CONSULTING 2018

60 FÜHRENDE PARTNER FÜR IHR UNTERNEHMEN

Inhalt

Menschen machen erfolgreiche Wirtschaft

Liebe Leserin, lieber Leser, Digitalisierung – dieses Wort dominiert derzeit und wohl noch eine ganze Weile alle Diskussionen rund um Wirtschaft und Gesellschaft. Im Vorwort sei es nur einmal genannt. Die folgenden Fachbeiträge, Prognosen und Business Cases beschäftigen sich ausführlich mit diesem Thema und weiteren technologischen Aspekten. Dabei wird in vielfältiger Weise deutlich, dass sich ungeahnte Möglichkeiten für Unternehmen eröffnen, die nicht alles, aber vieles, was über Jahrzehnte als bewährt galt, infrage stellen.

Noch mehr aber zeigt sich, dass diese Potenziale nur erschlossen werden können, wenn sich Menschen für die neuen Herausforderungen und Chancen begeistern, Lebendigkeit und Offenheit praktizieren und stetes Lernen nicht als Last, sondern als

Luxus unserer Zeit begreifen. Dem stehen jedoch das menschliche Beharrungsvermögen und die Aversion gegen Veränderung entgegen. Und daran scheitern nicht nur Projekte, sondern ganze Unternehmen.

In dieser vierten Ausgabe unseres inzwischen etablierten Handbuchs zeigen die Autoren daher aus unterschiedlichen Perspektiven auf, dass der technologische und konzeptionelle Wandel möglich ist, wenn es Unternehmen und Consultern gelingt, Menschen für die Reise in das – nicht nur digitale – Neuland zu begeistern, sie zu aktivieren und zu neuen Zielen mitzunehmen. Mehr denn je wird die Kompetenz des Change Managements in Zukunft gefragt sein. Und diese Kompetenz lässt sich noch lange nicht »roboterisieren«. Menschen machen erfolgreiche Wirtschaft! An diesem Diktum wird sich so schnell nichts ändern – künstliche Intelligenz hin oder her.

Neben den vielfältigen Fachbeiträgen stellen wir Ihnen in diesem Handbuch auch wieder 60 führende deutsche und internationale Managementberatungen vor. Die Profile zeigen, dass sich die Beratungslandschaft inhaltlich und in der Struktur der Leistungsangebote stark verändert hat. Und sie zeigen, dass Themen wie Wachstum, Effizienzsteigerung und Innovationsstärke unabhängig von Technologien immer Konjunktur haben.

Das vorliegende Handbuch basiert auf den Erfahrungen und dem Ideenreichtum zahlreicher Autoren unterschiedlichster Provenienz. Das macht seinen besonderen Reiz aus, nicht zuletzt, weil der Aspekt der Praxisnähe dabei immer im Fokus steht. Wir danken den Autoren und den mitwirkenden Beratungsunternehmen für ihr außerordentliches Engagement und die Bereitschaft, sich dem kritischen Dialog und einem hohen redaktionellen Anspruch zu stellen. Wir danken unserem Kooperationspartner Fakten + Köpfe für die erneut ausgezeichnete Zusammenarbeit.

Das Team von Lünendonk & Hossenfelder wünscht allen Leserinnen und Lesern eine ebenso angenehme wie interessante und nützliche Lektüre mit fruchtbaren Anregungen für das Tagesgeschäft.

Wir laden Sie ein, mit uns den Dialog zu suchen. Dieser ist mit Erscheinen des Handbuchs auch über unsere spezielle Landing-Page expert.luenendonk.de möglich. Sie finden dort Beiträge zum Download und Kontaktmöglichkeiten zu unseren Autoren und zu uns.

Mit besten Empfehlungen und Grüßen

Ihr

Jonas Lünendonk
Geschäftsführender Gesellschafter
Lünendonk & Hossenfelder GmbH

Mindelheim, März 2018

Teil I – Erfolgsfaktor Consulting

Erfolg braucht starke Partner.
Herausforderungen lassen sich im Team besser meistern.
Wir beraten Sie entlang der gesamten Wertschöpfungskette und bringen Ihre Projekte mit unseren ganzheitlichen Konzepten und innovativen Ideen gemeinsam zum Erfolg. Erfahren Sie mehr unter www.kpmg.de/consulting
Anticipate tomorrow. Deliver today.
Kontakt:
Ioannis Tsavalkidis
T +49 711 9060-41118
itsavlakidis@kpmg.com
KPMG

Jonas Lünendonk

Die digitale Transformation lebt vom Erfolgsfaktor Berater und dessen Kreativität

Wir befinden uns im Jahr elf nach der Veröffentlichung des ersten iPhones. In gerade einmal einer Dekade hat sich das Leben zahlreicher Menschen auf diesem Planeten rasant und nachhaltig verändert. Grundlage hierfür ist die schnelle technologische Entwicklung in den letzten Jahren, die dazu führte, dass sich Verhaltens- und Lebensweisen innerhalb kürzester Zeit radikal wandelten. Am einfachsten zeigt dies ein Blick in Busse oder U- und Straßenbahnen, wo zahlreiche Menschen sich mit ihren Telefonen beschäftigen, oder bei Papst-Audienzen auf dem Petersplatz, wo nahezu alle Menschen Bilder mit ihren Smartphones machen, anstatt wie früher ein Feuerzeug oder einen klassischen Fotoapparat in der Hand zu halten. Dies mögen nur zwei triviale Beispiele sein, aber beide Phänomene machen deutlich: Die Digitalisierung allein durch Smartphones wirkt heute – nach etwas mehr als einem Jahrzehnt – in alle Bereiche unseres Lebens hinein.

Digitalisierung in allen Lebens- und Arbeitsbereichen

Vom Einkaufen über das Autofahren bis hin zu Bankgeschäften und Arztbesuchen – nichts ist mehr genauso wie noch vor einem Jahrzehnt. In jedem dieser Bereiche gibt es zahlreiche Beispiele dafür, welchen enormen Einfluss Informationstechnologie auf unser Leben hat. Selbstverständlich ist Digitalisierung nicht gleich Digitalisierung. Abhängig von der jeweiligen Branche stellen sich die Einsatzmöglichkeiten verschiedener Technologien sehr unterschiedlich dar. Die digitale Transformation bildet für Unternehmen und besonders für die Mitarbeiter deshalb eine so große Herausforderung, weil die Digitalisierung von Produkten natürlich auch zahlreiche Prozesse in allen Bereichen der Unternehmen grundlegend verändert: Strategie- sowie Arbeits-, Entwicklungs- und Produktionsprozesse in den Unternehmen müssen von Grund auf neu gedacht und gestaltet werden. Flexible und skalierbare Technologien wie Cloud, Big Data und zunehmend auch künstliche Intelligenz spielen hier die zentralen Rollen. Für die Unternehmen und deren Mitarbeiter ist es daher entscheidend, zu verstehen, welche Technologien für das eigene Geschäft relevant sind und wie sie am schnellsten eingesetzt werden können, um ein Produkt, einen Service oder dessen Herstellungs- und Lieferprozess zu verbessern.

Unsicherheit und Volatilität nehmen zu

Die letzte Dekade wurde allerdings nicht nur durch technologische Entwicklungen geprägt. Während dieser Zeit durchlebte die Welt auch die Finanzkrise im Jahr 2008 und die sich anschließende Schuldenkrise der EU-Staaten sowie den arabischen Frühling mit seinen kriegerischen Auseinandersetzungen in Libyen und Syrien. Flankiert wurden diese Ereignisse von weiteren politischen Krisen wie der

Annektierung der Halbinsel Krim durch Russland, den sich anschließenden Sanktionen sowie dem Votum der Briten für das Ausscheiden aus der Europäischen Union. All diese Entwicklungen haben die Menschen, aber auch die Unternehmen zutiefst verunsichert und deutlich gemacht, dass sich äußere Umstände innerhalb kürzester Zeit radikal verändern können.

Blasen in den Märkten durch billiges Geld

Auch die positiven konjunkturellen Aussichten zu Beginn des Jahres 2018 können nicht darüber hinwegtäuschen, dass der Aufschwung, der immerhin schon über neun Jahre andauert, maßgeblich durch billiges Geld der Zentralbanken angeschoben wurde. Infolge dieser Entwicklung sind sogenannte Blasen entstanden, die die Wahrscheinlichkeit einer Korrektur stetig steigen lassen. So sind beispielsweise große Technologieunternehmen wie Amazon, Apple, Facebook, Google und weitere Unternehmen teilweise mit mehr als dem 30-Fachen des Jahresgewinns bewertet, da das billige Geld Anlagemöglichkeiten gesucht hat. Auf der anderen Seite werfen Unternehmensanleihen nur noch niedrige Renditen ab, die das wahre Risiko aber nicht wirklich widerspiegeln. Gleichzeitig steigen weltweit die Preise für Grundstücke und Immobilien, da diese als vermeintlich sichere Geldanlage wahrgenommen werden.

Ein extremes Phänomen dafür, wie sich die Nachfrage nach renditestarken Investments entwickelt hat und damit Risiko und Volatilität zunehmen, war im Jahre 2017 exemplarisch die Wertentwicklung der Kryptowährung Bitcoin. In dem Moment, wo die breitere Masse diese Kryptowährung als Geldanlage einstufte, explodierte der Kurs des Bitcoin um mehr als 1.500 Prozent. Lag die Marktkapitalisierung der zehn größten Kryptowährungen im Januar 2017 in der Summe noch

bei rund 14 Milliarden US-Dollar, so waren es im Dezember 2017 in der Spitze 325 Milliarden US-Dollar. Neben dem Bitcoin selbst gibt es noch zahlreiche weitere – auf der Blockchain-Technologie basierende – Kryptowährungen, die ebenfalls ihre Marktkapitalisierung enorm gesteigert haben. In der Summe waren die zehn größten Kryptowährungen im Januar 2018 mehr als 600 Milliarden US-Dollar wert.

Ähnlich wie in den Jahren vor der Finanzkrise stellt sich jedoch die Frage, ob allen Investoren wirklich klar ist, in was sie da eigentlich investieren. Natürlich lässt sich mit Glück viel Rendite erzielen, allerdings ist die Gefahr groß, dass mit einem Platzen der Blase zahlreiche Investoren ihr Geld verlieren werden – sowohl im Markt der Kryptowährungen als auch bei Immobilien und Aktien. Dies sind negative Auswirkungen, die in der Zukunft möglicherweise zu einer massiven Korrektur führen werden.

Billiges Geld und schnelle technologische Entwicklungen

Der positive Effekt der Politik des billigen Geldes ist jedoch, dass Unternehmen günstige Kredite erhalten haben und in den letzten Jahren noch stärker als früher in Innovationsprojekte investieren konnten. So stiegen beispielsweise die Ausgaben der tausend börsennotierten Unternehmen mit dem höchsten Budget für Forschung und Entwicklung von 508 Milliarden US-Dollar im Jahr 2009 auf über 702 Milliarden US-Dollar im Jahr 2017 – und somit um mehr als 35 Prozent. Auch eine Vielzahl der DAX- und MDAX-Unternehmen sowie mittelständische Familienunternehmen haben sogenannte Labs und Acceleratoren gegründet, um in neue Technologien zu investieren oder diese testen zu können. Unter dem Motto »fail fast« ist Scheitern inzwischen erlaubt, wenn es darum geht, neue Geschäftsmodelle und Technologien möglichst schnell auf ihre Marktreife hin zu prüfen. Diese Entwicklung hat wiederum dazu geführt, dass sich Veränderungsprozesse – angetrieben durch Geld und Technologie – weiter beschleunigten und zahlreiche Innovationen innerhalb kürzester Zeit eine hohe Marktdurchdringung erreichen konnten.

Die Cloud als Basis für die rasante Entwicklung

Nahezu unbegrenzte Rechner-kapazitäten

Dabei erwiesen sich technische Plattformen als entscheidender Erfolgsfaktor: Gegenüber früheren Jahren müssen Unternehmen und Start-ups heute nicht mehr aufwendig eigene IT-Infrastrukturen besitzen oder betreiben. Durch den flexiblen Zugriff auf nahezu unbegrenzte Rechenkapazitäten und Software-Tools ist die Cloud zu einem dynamischen Treiber für die schnelle und flexible Entwicklung von Geschäftsmodellen und -prozessen sowie Innovationen geworden. Im Rahmen der Digitalisierung bildet die Cloud einen zentralen Baustein, um Daten sammeln und auswerten zu können, Mitarbeiter und Teams schnell und agil miteinander zu vernetzen und Software-Tools je nach Bedarf zur Verfügung zu stellen. Zukünftig wird sich ihr Nutzen noch mehren, wenn es darum geht, Menschen, Geräte und Sensoren so miteinander zu vernetzen, dass darauf aufbauend Schlüsse für zukünftiges Handeln gezogen werden können.

Neben den amerikanischen und chinesischen Technologie-Unternehmen haben dies auch die großen deutschen Hersteller von Maschinen und Anlagen sowie Automobilzulieferer erkannt und bereits ihre eigenen Cloud-Plattformen gestartet – zum Beispiel Bosch und Siemens. Exemplarisch für die Innovationsgeschwindigkeit auf der einen Seite und die enorme Leistungsfähigkeit auf der anderen Seite sind die Fortschritte im Feld des Machine Learnings und der künstlichen Intelligenz. Ohne die Cloud und ohne die rasante Weiterentwicklung der Hardware-Komponenten wären diese Ergebnisse nicht möglich gewesen.

Daten sind der Treibstoff

Datenmenge verzehnfacht sich zwischen 2016 und 2025

Die Weiterentwicklung von Prozessoren, Endgeräten und Netzwerktechnologien hat ebenfalls dazu geführt, dass Geräte besser als früher untereinander und mit dem Internet vernetzt werden können. Im Zuge dieser Entwicklung nehmen die Datenmengen in den kommenden Jahren rasant zu. Laut dem Marktforschungsunternehmens IDC soll die Datenmenge von weltweit 16 Zettabyte im Jahr 2016 sich bis 2025 mehr als verzehnfachen auf 163 Zettabyte. Dies entspricht einer Datenmenge von 40 Billionen DVDs. Nun stellt sich natürlich die Frage, woher diese Daten kommen. Zum einen aus dem Internet der Dinge (Internet of Things), also den Daten, die von Sensoren, Maschinen oder tragbaren netzwerkfähigen Geräten (Wearables) wie zum Beispiel Fitnessarmbändern generiert werden, und zum anderen von den Menschen selbst. Oder beispielswiese durch Transaktionen auf Online-Marktplätzen und -Shops, Bewertungsportalen, Video-Plattformen wie YouTube, Sozialen Medien, Messenger-, Car- und Ride-Sharing-Diensten (z. B. Uber, Didi Chuxing) oder ganz einfach durch das Surfverhalten im Internet selbst.

All diese Daten werden auf Plattformen erfasst, gespeichert und ausgewertet, um anschließend Produkte und Services anzubieten, die Kunden oder potenziellen Kunden sowie anderen Business-Partnern (Dienstleistern, Zulieferern) einen Mehrwert liefern. Die zunehmende Menge von Daten ist somit die Grundlage dafür, dass unsere Umwelt immer besser, schneller und aktueller digital erfasst und abgebildet werden kann. Sobald dies der Fall ist, können bei entsprechender Datenverfügbarkeit und -menge Algorithmen eingesetzt werden, um Schlüsse aus diesen Daten zu ziehen. Somit werden intelligente Programme in die Lage versetzt, auf Basis erhobener Daten beispielsweise die Umwelt oder das Wetter, Verhaltensweisen,

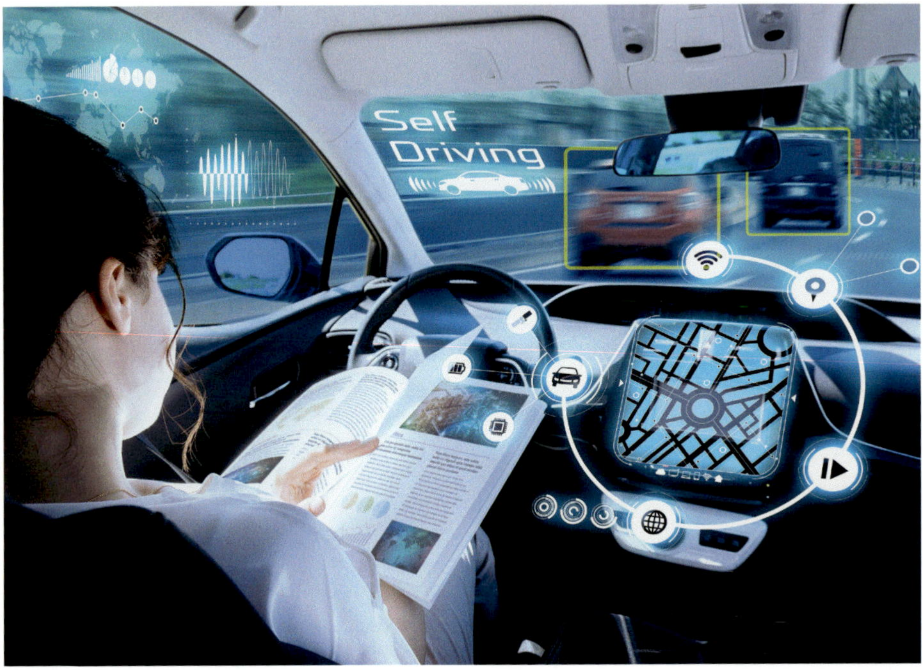

Vorlieben oder ganz einfach Verschleißerscheinungen bei Maschinen und Fahrzeugen vorherzusehen. Und je umfassender unsere Datensammlung wird, desto genauer werden die Prognosen, die Maschinen treffen können.

Einfluss der künstlichen Intelligenz

Die qualitativen Entwicklungen im Feld der künstlichen Intelligenz in den vergangenen fünf Jahren waren rasant. Exemplarisch hierfür steht die Erkennung von natürlicher Sprache. Seit Langem wird daran gearbeitet, möglichst viele gesprochene Wörter richtig zu erkennen. Aber erst durch den Einsatz moderner Prozessoren und neuronaler Netze, die mit Sprache trainiert wurden, konnten die Worterkennungsraten auf über 95 Prozent erhöht werden. Erst dadurch sind leistungsfähige Sprachassistenten wie Alexa, Cortana, Google Assistant oder Siri ermöglicht worden.

Aber auch das autonome Fahren steht für diese Entwicklung. Innerhalb kurzer Zeit haben es Unternehmen geschafft, Algorithmen in Fahrzeugen so zu trainieren, dass sie teilweise schon das Niveau eines 18-jährigen Fahranfängers erreichen. Und mit zunehmender Fahrzeit steigt auch die Qualität der Ergebnisse, da das System stetig weiter trainiert werden kann beziehungsweise sich selbst stetig optimiert. Es ist somit nur eine Frage der Zeit, bis Computersysteme besser Auto fahren als der Mensch.

An diesen beiden Beispielen wird deutlich, welches Potenzial in den Einsatzfeldern der künstlichen Intelligenz liegt. In dem Moment, in dem Abläufe und Prozesse in ausreichender Zahl digital dokumentiert werden können und einigermaßen standardisiert auftreten, sind Unternehmen in der Lage, Algorithmen so zu etablieren, dass sie weitere Aufgaben des Menschen übernehmen können – angefangen beim Transportwesen, in der Sicherheits- und Überwachungsbranche, dem Handel, dem Gesundheitswesen, aber vor allem auch in unternehmensinternen Funktionen wie der Verwaltung. Zahlreiche Tätigkeiten sind dort seit Jahrzehnten standardisiert und wiederholen sich monatlich, täglich oder sogar stündlich. Hier kann der zukünftige Einsatz von trainierten und selbst lernenden Systemen aus Algorithmen dazu führen, dass deutlich weniger, dafür aber besser qualifizierte Mitarbeiter benötigt werden. Diese müssen sich dann um die Geschäftsvorfälle kümmern, die nicht dem Standard entsprechen und einen kreativeren Lösungsansatz benötigen.

Mit künstlicher Intelligenz die Landwirtschaft verbessern

Zahlreiche Unternehmen verbinden mit dem Einsatz von künstlicher Intelligenz die Hoffnung, auf der einen Seite Kosten zu sparen und auf der anderen Seite den Service verbessern sowie die Bearbeitungszeiten von Geschäftsvorfällen dramatisch reduzieren zu können. Darüber hinaus sind zahlreiche Services 24/7 möglich – also unterbrechungsfreie, dauerhafte Leistungsbereitschaft. Hinzu kommt, dass Zugang und Umgang mit bereits trainierten Algorithmen zu einem entscheidenden Wettbewerbsvorteil werden. So können zum Beispiel landwirtschaftliche Betriebe davon profitieren, dass Sensoren im Boden und Drohnen in der Luft die Ernte überwachen und bei entsprechenden Entwicklungen die optimale Handlungsstrategie vorschlagen. Interessant ist hierbei, dass der Einsatz von Bewässerung und Substanzen zur Anregung des Wachstums oder zur Bekämpfung von Schädlingen nicht mehr zwangsläufig flächendeckend, sondern punktuell angewendet werden können. Darüber hinaus profitiert der Landwirt von den Erfahrungen und der Intelligenz, die beim Training des Algorithmus verwendet wurden, und erhält dadurch Lösungsvorschläge, die von Experten und Expertensystemen in ähnlichen und gleichen Situationen erprobt und daher empfohlen werden.

Auswirkungen auf die Beschäftigten

Betrachtet man noch einmal die letzte Dekade im Rückblick, so wird deutlich, mit welch großer Geschwindigkeit sich derzeit Anpassungsprozesse vollziehen. Zahlreiche Experten gehen davon aus, dass sich die Geschwindigkeit weiter erhöhen wird. So, wie Maschinen in den 1950er- und 1960er-Jahren den primären Sektor gewandelt haben und ab Ende der 1970er-Jahre die Roboter im sekundären Sektor Einzug hielten und den Menschen physische Arbeit abnahmen, so wird die künstliche Intelligenz den Dienstleistungssektor mit seinen derzeit mehr als 30 Millionen Beschäftigten in Deutschland stark verändern. Auch hier sind die Auswirkungen bereits in den unterschiedlichen Branchen wie Handel, Finanzdienstleistungen oder Verkehr und Logistik massiv zu spüren.

Aber auch in den von Lünendonk & Hossenfelder seit mehr als 35 Jahren analysierten Business-to-Business-Dienstleistungsmärkten mit einem geschätzten Marktvolumen von deutlich über 150 Milliarden Euro in Deutschland – wie zum Beispiel Wirtschaftsprüfung und Steuerberatung, Managementberatung, IT-Beratung und IT-Services – sowie bei Facility- und Industrieservice-Unternehmen sind die Zeichen für Veränderungen deutlich zu spüren und zu sehen. Zahlreiche Routineaufgaben werden entfallen. An ihre Stelle werden Aufgabenstellungen treten, die den Mitarbeitern mehr Flexibilität und Kreativität abverlangen. Gleichzeitig werden sich Erwerbsbiografien nicht mehr nur ein- oder zweimal im Leben eines Menschen ändern. Noch weitaus mehr als früher kommt es daher darauf an, kontinuierlich zu lernen und die Möglichkeiten digitaler Bildungsangebote zu nutzen.

Weg von der Routine, hin zu mehr Kreativität und Flexibilität

Aber auch Fähigkeiten in der Kommunikation und der Zusammenarbeit im Team über Bereichs- und Unternehmensgrenzen hinweg sowie der Einsatz von Methoden zur Ideenfindung und agilen Projektabwicklung gewinnen in Zeiten des rasanten Wandels und der Digitalisierung der Dienstleistungsberufe an enormer Bedeutung. Nicht zu vergessen sind an dieser Stelle auch Fähigkeiten, um analysierte Daten interpretieren und gegebenenfalls die von Algorithmen produzierten Ergebnisse auch kritisch hinterfragen zu können. Entsprechend überrascht es auch nicht, dass mehr als 60 Prozent der von Lünendonk im Jahr 2017 in einer Studie befragten Führungskräfte der Meinung sind, dass die Weiterbildung der Mitarbeiter hin zu digitalen Themen und deren Veränderungsbereitschaft die wichtigsten Faktoren für eine erfolgreiche digitale Transformation darstellen.

Herausforderungen für Unternehmen

Für die Unternehmen bedeuten die beschriebenen Entwicklungen, dass sich die Rahmenbedingungen in immer kürzeren Zyklen verändern. Veränderungsprozesse in allen Sektoren und auf allen Ebenen der Unternehmen müssen noch schneller als heute vorgedacht und nachvollzogen werden, um in Zukunft wettbewerbsfähige Services und Produkte anbieten zu können. Dabei hat die digitale Transformation starken Einfluss auf die Organisationsstruktur, also die Aufbau- und Ablauforganisation, die Kultur des Unternehmens selbst, die in absehbarer Zeit benötigten Methoden und Fähigkeiten der Mitarbeiter sowie die Art und Weise, wie mit anderen, unternehmensexternen Organisationen kooperiert und zusammengearbeitet

wird. Das zeigt die Digitalisierung sehr deutlich: Lösungen können oft nicht mehr nur alleine entwickelt und umgesetzt werden, denn dafür sind die Entwicklungen zu schnell und zu komplex. Häufiger als früher werden Partner benötigt, die mit ihrem Know-how echte digitale Innovationen ermöglichen.

Hinzu kommt, dass digitale Geschäftsmodelle nur dann einen echten Mehrwert für den Kunden bieten, wenn die gesamte Prozesskette für das Produkt oder den Service optimiert ist. Diese Optimierung im Sinne einer End-to-End-Umsetzung kann aber nur gelingen, wenn zahlreiche und unterschiedliche Kompetenzen in einem Projektteam vereint sind. Denn Digitalisierung bedeutet auch, dass die Macht des Kunden deutlich zugenommen hat. Wenn Services heute nicht zügig und einwandfrei funktionieren, können Kunden ohne große Schwierigkeiten zu Wettbewerbern wechseln. Darauf haben Unternehmen teilweise bereits reagiert und angefangen, alle Touchpoints mit Kunden im Sinne einer optimalen Kundenreise (Customer Journey) zu optimieren. Eine weitere Untersuchung von Lünendonk im Dezember 2017 hat diese Entwicklung bestätigt. Nahezu alle befragten Unternehmen planen, die Ausgaben für die Optimierung der Kundenschnittstelle im Sinne einer optimalen Customer Journey deutlich zu erhöhen.

Chancen für Beratungsunternehmen

Die Macht des Kunden nimmt deutlich zu

Alle hier beschriebenen Phänomene zeigen eine Welt, die immer schneller und kurzlebiger wird – sowohl was politische und gesellschaftliche als auch was technologische Entwicklungen betrifft. In diesen Zeiten der Unsicherheit ist guter Rat gefragt. Daher überrascht es nicht, dass gerade die Beratungsbranche einen massiven Nachfrageschub erlebt. Seit dem Jahr 2009 ist das Beratungsmarktvolumen um deutlich mehr als ein Drittel gestiegen. Gleichzeitig waren in den Jahren von 2014 bis 2017 Wachstumsraten einzelner Unternehmen von deutlich über 20 Prozent pro Jahr keine Seltenheit. Eine Welt im Wandel bietet somit Chancen für Beratungsunternehmen, und sollte sich das gesamtwirtschaftliche Umfeld nicht dramatisch ändern, wird dies auch in den kommenden Jahren so bleiben.

Selbstverständlich haben sich nicht nur die Themen, sondern auch die Anforderungen der Kunden an Beratungsunternehmen in dieser Zeit stark verändert. So werden Kompetenzen in Big Data Analytics und Machine Learning immer wichtiger, um Beratungsprojekte und die damit in Zusammenhang stehenden Kundendaten möglichst schnell und zielführend auswerten zu können. Daher überrascht es auch nicht, dass Beratungen jeglicher Couleur händeringend Daten-Spezialisten suchen. Gleichzeitig erwarten Kunden, dass der Beratungspartner dabei unterstützt, Innovationen schneller zu entwickeln, um den beschriebenen rasanten Veränderungen am Markt gerecht werden zu können. Aber auch ein tieferes Kundenverständnis und Branchen-Know-how wird vorausgesetzt, damit Produkte, Services und Verkaufsprozesse entwickelt werden, die den heutigen Anforderungen der Endkunden entsprechen.

Jonas Lünendonk ist seit 2014 Geschäftsführender Gesellschafter der Lünendonk & Hossenfelder GmbH. Nach ersten Erfahrungen in einer Managementberatung übernahm er 2010 als Prokurist die Leitung der Studienabteilung und verantwortet seit 2015 den Bereich Professional Services.

End-to-End-Lösungen erfordern Kompetenzvielfalt

Daher überrascht es auch nicht, dass sich einerseits auf bestimmte Branchen spezialisierte Beratungen mit hoher Umsetzungskompetenz besonders gut entwickeln und andererseits Beratungen jeder Größe Design- und Werbeagenturen sowie andere Spezialisten übernehmen. Ziel dabei ist es, komplette End-to-End-Lösungen entwickeln zu können, die nicht nur auf dem Papier gut aussehen, sondern auch von den Kunden gut angenommen und genutzt werden. Selbst Managementberatungen mit starkem Fokus auf Produktion und Themen rund um Industrie 4.0 beschäftigen sich mit der Frage, wie Front-Ends gebaut werden müssen, damit der Endkunde auch tatsächlich sein Produkt online so konfigurieren kann, dass es ihm als Einzelstückfertigung zur Verfügung steht. Sinnvollerweise haben die Beratungen frühzeitig damit begonnen, ihr Portfolio um entsprechende Dienstleistungen zu erweitern. Allerdings stellen die große Nachfrage nach Beratungsprojekten und die damit verbundene große Nachfrage nach erfahrenen Consultants die Beratungen vor gewisse Herausforderungen. In der jüngsten Managementberatungsstudie von Lünendonk gaben neun von zehn Consulting-Unternehmen an, dass der Fachkräftemangel derzeit das größte Hemmnis ist, um noch stärker wachsen zu können.

Das zeigt: Bei aller Digitalisierung lebt die qualifizierte, intelligente B2B-Dienstleistung weiterhin vom Erfolgsfaktor und der Kreativität der Beraterinnen und Berater. Wichtig für die Unternehmen ist in diesem Zusammenhang, dass die Beratungen die hohe Komplexität der Umwelt reduzieren und ihr Fach-, Branchen- und Technologiewissen einsetzen, um Lösungen von Anfang bis Ende schnell, erfolgreich und gemeinsam mit den Fachbereichen zu entwickeln und umzusetzen. Denn trotz der Vielzahl der Veränderungen, die seit der Einführung des iPhone aufgetreten sind, steht der Mensch mehr denn je im Mittelpunkt, um die digitale Transformation erfolgreich zu meistern.

Thomas Lünendonk

Die Wandlungen und Verwandlungen des Beratungsmarktes

Wie sieht es auf dem deutschen Beratungsmarkt aus? Was tut sich? Häufig werden Fragen wie diese mit generalisierenden Allgemeinplätzen beantwortet: »Berater müssen heute ...«, »Ohne Digital-Kompetenz geht nichts mehr« oder »Nur noch diese Beratungsgruppen haben eine Zukunft«. Damit macht man sich die Betrachtung der durchaus spannenden Entwicklungen am Beratungsmarkt jedoch etwas zu einfach. Das Bild stellt sich komplexer und wesentlich interessanter dar.

Eine angemessene Darstellung muss sich dem Thema aus mehreren Perspektiven widmen: Welche Beratungen sind heute am Markt aktiv? Wo liegen ihre aktuellen Erfolgsfaktoren? Reicht ihr Leistungsspektrum über die gegenwärtige Situation hinaus? Wie müssen sie sich im Zeitalter der Digitalisierung intern verändern? Was müssen sie für ihre Kunden in Sachen Digitalisierung bieten? Und natürlich: Wie hat sich der Kundenmarkt verändert? Was verlangen die Kunden heute? Wie hat sich der Leistungsmix, den Kunden fordern, verändert? Bieten die Digitalisierungsbestrebungen der Kunden Chancen oder auch Gefahren? Und wo kommen die neuen Beratungen von morgen her? Dies sind nur einige Fragen von vielen, die sich rund um einen Dienstleistungsmarkt stellen, der in Deutschland erst in den letzten 40 Jahren an Bedeutung, Volumen und Kontur gewonnen hat.

Der alte Dreiklang ist nun vielstimmig

Kundenerwartungen verändern das Beratungsmodell

Betrachten wir den aktuellen Markt der Anbieter. Manche Beobachter meinen, dass sich dessen Struktur und der Zuschnitt der dort aktiven Unternehmen nicht geändert hätten. Diese Einschätzung mag darauf basieren, dass einige der traditionellen großen Anbieter nach wie vor präsent und erfolgreich sind. Doch tatsächlich hat sich der Beratungsmarkt in den vergangenen zehn Jahren erheblich verändert. Aus dem klassischen Dreiklang von Strategie-, Organisations- und Prozessberatung, Fachberatung und IT-Beratung hat sich eine vielstimmige Angebots- und Anbieterstruktur entwickelt. Dies ist nicht allein der zunehmenden Digitalisierung in Wirtschaft und Gesellschaft geschuldet, sondern trägt den veränderten Kundenerwartungen Rechnung. Der gute Rat, die konzeptionelle Unterstützung und die strategische Begleitung sind weiterhin gefragt. Hinzu kommen jedoch seit Jahren Forderungen, dass Konzepte umgesetzt, Projekte langfristig begleitet und Lösungen ausdauernd betrieben werden müssen.

Diese Tendenz auf der Nachfrageseite spiegelte sich bereits Anfang des dritten Jahrtausends in der Formierung sogenannter hybrider Anbieter wider, die klassische Managementberatung mit IT-Dienstleistungen und Outsourcing-Services als Gesamtangebot zusammenfassten. Sie wollen das Business ihrer Kunden als Innovatoren und Transformationspartner (BITP) begleiten. Die anfängliche Skepsis des

Marktes dieser neuen Anbieterkategorie gegenüber ist gewichen. Heute nehmen diese Provider im Beratungsmarkt eine feste Wettbewerbsposition ein. Neben Strategieberatungen wie beispielsweise McKinsey und The Boston Consulting Group (BCG) haben sich Beratungs- und Service-Konzerne wie Accenture, Capgemini und IBM, um nur wenige zu nennen, als starke Player etabliert. Natürlich besteht ein vielfältig aktives Unternehmen wie Accenture nicht aus rund 400.000 Beratern, aber der Berateranteil spielt sowohl im Unternehmen als auch am Markt eine wichtige Rolle.

Dass nicht nur der Kundenmarkt diese Wahrnehmung teilt, zeigt sich auch darin, dass die klassischen Strategieberatungen deutlich reagiert haben. Sie haben ihr traditionelles Beratungsangebot inzwischen nachdrücklich um Technologie- und IT-Aktivitäten erweitert und passen sich weiter systematisch den neuen Marktanforderungen an. Sie verzichten in der Regel bewusst auf das Service-Offering in Sachen Betrieb von Lösungen, aber selbst dort sind sie inzwischen – nicht zuletzt auch in gemeinsamen und dauerhaften Unternehmenskooperationen mit Kunden – flexibler geworden.

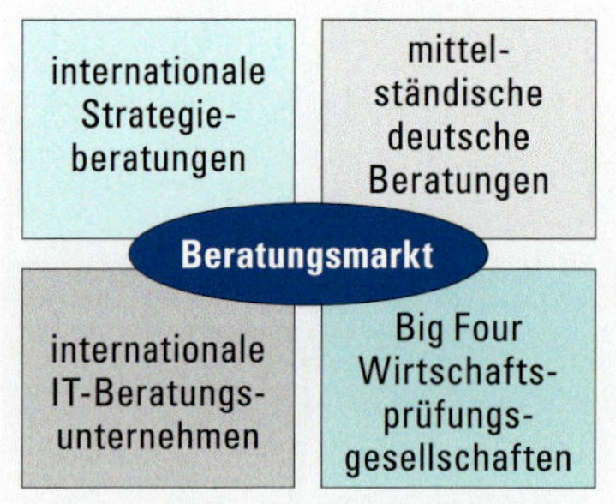

Abb. 1.1: Typologien der Beratungsanbieter in Deutschland

Quelle: Lünendonk-Studie 2017

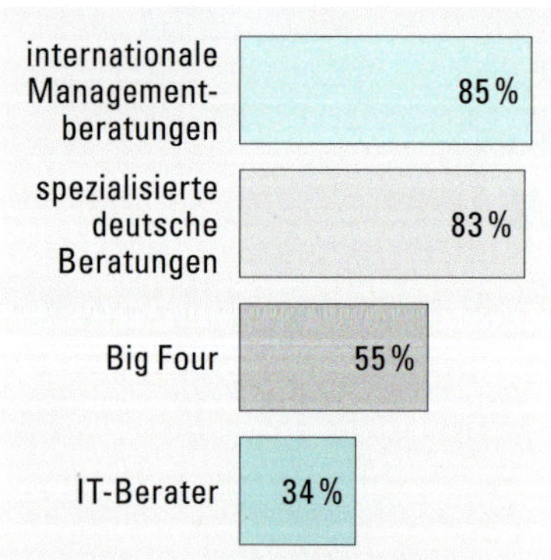

Abb. 1.2: Beurteilung der Wettbewerbsintensität der Beratungsanbieter in Deutschland

Quelle: Lünendonk-Studie 2017

Die Big Four investieren in den Beratungsmarkt

Als machtvolle Anbietergruppe haben sich neben den großen Strategieberatungen und den Business Innovation/Transformation-Partnern in den letzten Jahren dynamisch die Beratungszweige der großen vier Wirtschaftsprüfungsunternehmen (Big Four) am Managementberatungsmarkt zurückgemeldet. Rückläufige Umsätze beziehungsweise Erträge im Prüfungsgeschäft sowie die Perspektive, dass bestimmte WP-Dienstleistungen durch Digitalisierung in naher Zukunft automatisiert werden, und die Hoffnung, globale Präsenz als Stärke nutzen zu können, sorgten dafür, dass hier massiv in das Beratungsgeschäft investiert wurde. Da sich ein schneller Effekt allein durch organisches Wachstum absehbar nicht erzielen ließ, setzten Deloitte, EY, KPMG und PwC von Anfang an auf Zukäufe von Management- und Fachberatungen. Es verging in den letzten Jahren kein Quartal, in dem der Lünendonk-Informationsdienst nicht eine oder mehrere Übernahmen sowie die gezielte Verstärkung mit Teams von Beratungen durch die Big Four melden konnte. Viele renommierte

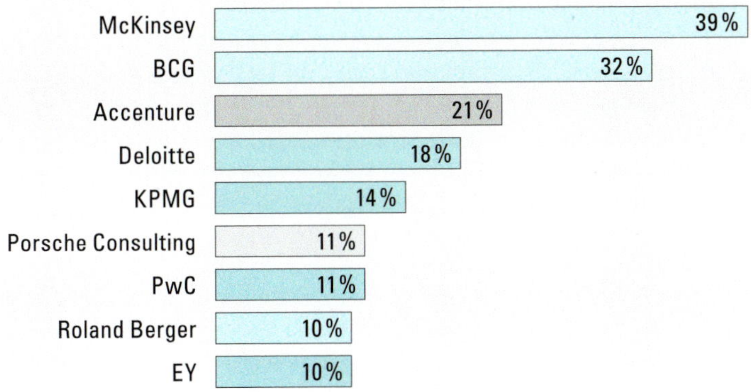

Abb. 1.3: Beratungsanbieter in Deutschland. Die wichtigsten Wettbewerber im nationalen Umfeld (Frage: Welche Unternehmen sind Ihre drei wichtigsten Wettbewerber im nationalen Umfeld?), n = 56

Quelle: Lünendonk-Studie 2017

kleine und mittlere Beratungsunternehmen existieren nach wie vor im Markt, jedoch inzwischen »unsichtbar« als Abteilungen größerer Beratungskonzerne – eine Entwicklung, die vom IT-Beratungs- und Service-Markt her wohlbekannt ist (siehe auch Abb. 1.4, Seite 30).

Erfolgreich durch Spezialisierung

Als vierte Beratungsgruppe können die starken deutschen Managementberatungen genannt werden, die sich auf eine Branche, zum Beispiel Banken (ZEB) oder Handel (KPS), konzentrieren oder auf ein Thema wie Pricing (Simon-Kucher) oder Corporate Performance (Horváth) fokussiert erfolgreich agieren. Darüber hinaus gewinnen als fünfte Gruppe Beratungsunternehmen an der Schnittstelle zwischen Organisations- und IT-Themen an Bedeutung, die unter anderem aufgrund der erforderlichen organisatorischen und technologischen Veränderungen (IT und Digitalisierung) in den Kundenunternehmen wesentliche konzeptionelle Unterstützung liefern (zum Beispiel BearingPoint, Q_Perior, D-fine, Kobaltblau).

Starker Wachstumstreiber: Digitalisierung

Doch mit dieser Aufteilung des Marktes und der Anbietergruppen sind die derzeit erkennbaren und sich abzeichnenden Veränderungen am Beratungsmarkt längst nicht erschöpft. Die Digitalisierung rollt auch den Beratungsmarkt gewaltig auf. Zum einen bieten sich Chancen – die Kunden müssen beim Thema Digitalisierung unterstützt werden. Zum anderen erwachsen daraus für Beratungen auch die Herausforderungen, sich für die Unterstützung adäquat qualifizieren und aufstellen zu müssen. Hier muss investiert werden, sowohl in Know-how als auch in Ressourcen. Und hier liegen die Beratungen im Wettstreit mit ihren Kunden, die ebenfalls Digital-Experten für sich gewinnen wollen.

Es zeichnet sich bereits jetzt ab, dass hier in einer Zweiklassen-Gesellschaft Kapital und Ideen in einem Wettstreit liegen. Die großen Beratungsanbieter sind kapitalkräftig und investitionsstark; sie sondieren pausenlos den Markt nach Übernahmen jeder Größenkategorie. Kleinere Anbieter können sich nur über Ideen und Innovationskonzepte positionieren, mit deren Umsetzung sie jedoch nicht selten hinsichtlich ihrer Kapazitäten überfordert sind.

Beratungen müssen selbst digital optimal aufgestellt sein

Digitalisierung heißt für Managementberatungen aber auch, sich selbst optimal digitalisieren zu müssen – einerseits hinsichtlich ihrer Angebote für den Kundenmarkt, andererseits hinsichtlich ihrer eigenen Organisationsoptimierung. Diese »Zwei-Fronten-Herausforderung« bindet Kapazitäten und engt insbesondere für kleine und mittlere Beratungsanbieter den Handlungsspielraum ein. Als Beispiel sei hier die heute erforderliche Analytics-Kompetenz erwähnt, die im Zeitalter von Big Data und Business Analytics als unverzichtbar gilt. Die großen Anbieter durchsuchen systematisch für sich und ihre Kunden den Markt, kaufen hier systematisch zu, kooperieren mit vielversprechenden Start-ups oder großen internationalen Technolo-

	Unternehmen, die ihren Hauptsitz sowie die Mehrheit des Grund- und Stammkapitals in Deutschland haben	Gesamtumsatz in Mio. Euro		Mitarbeiterzahl insgesamt	
		2016	2015	2016	2015
1	Roland Berger Holding GmbH, München[1,2]	>500,0	>500,0	2.400	2.300
2	Simon-Kucher & Partners Strategy & Marketing Consultants GmbH, Bonn	240,0	208,0	935	820
3	ZEB Rolfes, Schierenbeck, Associates, Münster	190,0	180,0	860	841
4	Horváth AG (Horváth & Partners-Gruppe), Stuttgart	152,0	132,0	634	570
5	KPS AG, Unterföhring	144,9	122,9	417	354
6	Q_Perior, München	131,0	104,0	459	438
7	D-fine GmbH, Frankfurt am Main	125,7	115,2	669	610
8	Porsche Consulting Gruppe, Bietigheim-Bissingen	116,5	103,6	407	385
9	Kienbaum Consultants International GmbH, Köln	108,0	110,0	630	650
10	Goetzpartners Group, München	100,7	90,0	309	280

Abb. 1.4: Lünendonk®-Liste 2017 – Top 10 der deutschen Managementberatungen. Die Rangfolge der Übersicht basiert auf kontrollierten Selbstauskünften der Unternehmen und Schätzungen der Lünendonk & Hossenfelder GmbH, Mindelheim 2017 – Stand 24.05.2017 (keine Gewähr für Firmenangaben). Aufnahmekriterium: Mehr als 60 Prozent des Umsatzes bzw. signifikant hohe Segmentumsätze werden mit klassischer Unternehmensberatung wie Strategie- sowie Organisations- und Prozessberatung erzielt und der Umsatz resultiert mehrheitlich aus Aufträgen am externen Markt *Quelle: Lünendonk & Hossenfelder GmbH*

[1] Umsatz- und/oder Mitarbeiterzahlen teilweise geschätzt.
[2] Gesamtumsatz > 500 Mio. Euro: Umsatzschätzungen in »Größer-als-Darstellung« aus jeweils aktueller Sicht.

giepartnern; die kleineren sind auf kreative Schnelligkeit und Netzwerke angewiesen, um sich erfolgreich behaupten zu können. Zeit und Geld limitieren hier jedoch nicht selten die Möglichkeiten.

Die neue »bunte Beratungswelt«

Als ob die Digitalisierung als Technologie nicht schon anspruchsvoll genug wäre, kommen auf die Beratungen weitere konzeptionelle und inhaltliche Aufgaben zu. Digitalisierung schafft neue Geschäftsmodelle und Geschäftsprozesse. Durchgängige HR-, Sales- oder Marketing-Konzepte, die vom Front-End bis zum Back-Office konsistent ablaufen müssen, sodass der Kunde einen optimalen Service erhält, setzen mehr als organisatorische und software-spezifische Kenntnisse voraus. Kreativität ist gefragt – und zwar nicht nur die Kreativität des klassischen Beraters oder Informatikers, sondern die von Werbe-, Design- und Kommunikationsagenturen, Digital Labs und anderen Experten, beispielsweise für das Design der optimalen Customer Journey. Der Begriff »Gesamtdienstleistung« bekommt vor diesem Hintergrund eine neue, bunte Bedeutung.

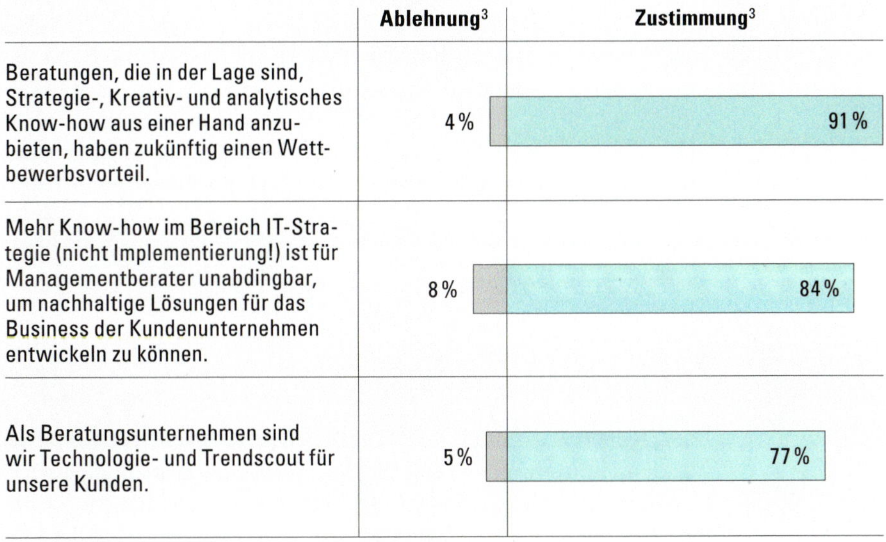

Abb. 1.5: Kundenanforderungen an das Leistungsportfolio von Beratungsunternehmen; Ablehnung/Zustimmung (Aufgabe: Bitte bewerten Sie die Aussagen in Bezug auf Ihren Beratungsalltag), n = 55 *Quelle: Lünendonk-Studie 2017*

[3] Bewertungsbereich: -2 = »stimme nicht zu« bis +2 = »stimme zu«

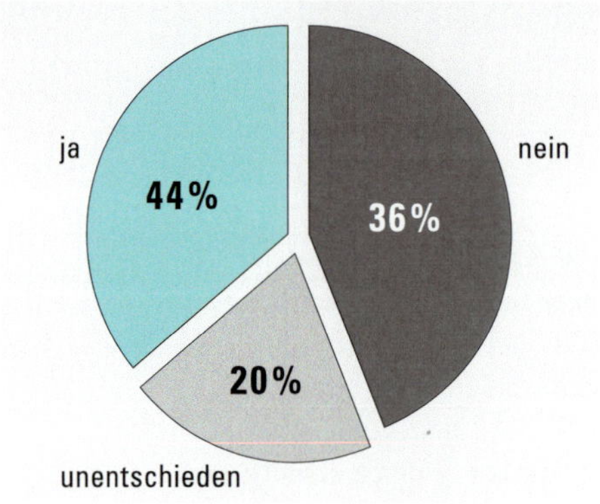

Abb. 1.6: Übernahmen und Zusammenschlüsse am Beratungsmarkt (Frage: Sind für Sie 2017 Übernahmen und Zusammenschlüsse ein Weg, um den Umsatz zu steigern?), n = 55 *Quelle: Lünendonk-Studie 2017*

Die Managementberatungen haben das erkannt. 91 Prozent der von Lünendonk befragten Anbieter sagen, dass Beratungsunternehmen einen Wettbewerbsvorteil haben, die Strategie-, Kreativ- und Analytics-Know-how aus einer Hand liefern können. Und um das anbieten zu können, muss zügig Kompetenz erworben werden. 44 Prozent der Unternehmen stehen daher Zusammenschlüssen oder Kooperationen mit geeigneten Partnern aus den Feldern Analytics, Cloud, Agenturen, Design, Customer Relationship Management (CRM) und weiteren Themen aufgeschlossen gegenüber.

Das ist keine Zukunftsmusik. Wer die Einkaufslisten der großen Beratungsunternehmen betrachtet, der wird darauf Namen und Unternehmenstypologien finden, die man dort noch vor wenigen Jahren nicht vermutet hätte. Klassische Managementberatungen und große globale Werbenetzwerke rücken plötzlich enger zusammen, wie man früh beispielsweise am ehemaligen Beratungsunternehmen Sapient sehen konnte, das durch den Zusammenschluss mit dem Kreativ-Unternehmen Nitro sein Portfolio erweiterte und mit der anschließenden Übernahme durch das globale Werbeunternehmen Publicis in eine andere Leistungskategorie aufrückte. Kein Wunder vor diesem Hintergrund, dass sich in den letzten beiden Jahren Accenture, IBM, McKinsey, BCG und Capgemini sowie weitere große Beratungsdienstleister an dieser Flanke systematisch verstärken.

IT bleibt strategisches Dauerthema

Die Themen Kreativität und Digitalisierung lösen die vielfältigen Kundenanforderungen in Sachen Informationstechnologie (IT) jedoch nicht ab. Im Gegenteil – die neuen Konzepte und Möglichkeiten erzwingen eine ständige Anpassung und Optimierung der Organisationen und vor allem der IT. 84 Prozent der von Lünendonk befragten Managementberatungen halten daher strategisches IT-Know-how für wichtig beziehungsweise sehr wichtig, um am Markt erfolgreich bestehen zu können. Aus diesem Grund sind 77 Prozent der Beratungsanbieter auch davon überzeugt, dass Kooperationen mit Technologieunternehmen immer wichtiger werden. Dies gilt zum Beispiel als unabdingbar für Felder wie Machine Learning und Advanced Analytics. Sie haben künftig eine ebenso große Bedeutung für Beratungen wie das Thema Robotic Processed Automation (RPA), also die automatisierte Bearbeitung ganzer Prozessketten im Back-Office von Unternehmen.

Die hier erforderliche Know-how- und Ressourcenzufuhr findet statt über Zukäufe, Unterstützung von Start-ups sowie umfassende Kooperationen mit mächtigen Technologieanbietern. Erwähnt seien hier beispielsweise Kooperationen von A.T. Kearney mit Microsoft sowie von Deloitte mit Google. Aber auch die großen Strategieberatungen und Gesamtdienstleister sind hier längst aktiv. McKinseys Technologieorganisation und BCGs »Digital Ventures« sowie die Tochtergesellschaft Platinion passen sich den neuen Kundenwünschen flexibel an. Und bei Accenture, Capgemini, IBM und NTT Data ist das Thema IT-Kompetenz schon historisch gesetzt.

Die großen Themen: Digitalisierung, Big Data, Business Analytics und IoT

Welche Themen beschäftigen den Kunden- und Beratungsmarkt? Digitalisierung mit allen ihren branchenspezifischen Herausforderungen steht unbestritten an erster Stelle, gefolgt von Big Data und Business Analytics sowie dem Internet of Things (IoT). Cloud-Lösungen müssen ebenso systematisch erschlossen werden wie die Potenziale der modernen Produktion und Supply Chain (Industrie 4.0). Und zunehmend zeichnet sich das Thema Blockchain als wichtiges Innovationsfeld im Markt ab (siehe auch Abb. 1.7).

Gesetzlich getriebenes Beratungswachstum

Doch nicht nur die neuen Themen befeuern das Beratungsgeschäft. Kostenprogramme und Wachstumsstrategien sowie Performance-Konzepte stehen immer auf der Berater-Agenda. Hinzu kommt die wachsende Reglementierung von Wirtschaft und Unternehmen, von der besonders, aber nicht allein Banken betroffen sind. Sie macht die Präsenz von Beratungen für die erfolgreiche Abwicklung von Regulationsaufgaben und Compliance unabdingbar. Allein dieses Aufgabenfeld steht für mehrere Milliarden Euro im europäischen Beratungsmarkt.

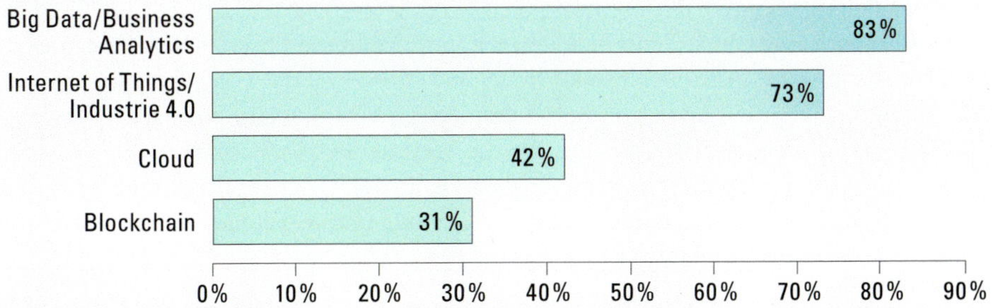

Abb. 1.7: Technologische Entwicklungen steigern den Beratungsbedarf (Frage: Welche konkreten technologischen Entwicklungen beflügeln Ihr Geschäft beim Kunden derzeit am stärksten, außer Digitalisierung als Begriff?), n = 59 *Quelle: Lünendonk-Studie 2017*

Das ist zwar ein sicheres und planbares Beratungsgeschäft, aber es wird von den Anbietern durchaus auch mit gewisser Skepsis betrachtet. Denn wenn Unternehmen maßgebliche Summen in Beratung zu mehr Reglementierung stecken müssen, fehlen diese Beträge für proaktive Investitionen in Innovation und Wachstum. Besonders der viel gescholtene Bankensektor sieht sich hier nicht ganz zu Unrecht in einer regelrechten Schraubzwinge. Hier Lösungen und neue Wege zu entwickeln ist also nicht zuletzt wieder ein Wachstumsfeld für Beratungen.

Neue Rolle für Berater: Scouts und Vordenker

Braucht der Beratungsmarkt vor lauter Digitalisierung und Technologie noch den klassischen Berater? Hat die Strategieberatung noch eine Zukunft? Eindeutig ja! In einer Zeit, die von so vielen Chancen und Opportunitäten – aber auch internationaler politischer Unsicherheit – geprägt ist, in der die Vielfalt der Möglichkeiten durchaus Irritationen und Schwierigkeiten in der Orientierung erzeugt, werden Managementberatungen als Scout und Vordenker mehr denn je gefragt sein.

Entscheidende Erfolgsvoraussetzung wird jedoch sein, ob sie mit den Anforderungen des dynamischen Kundenmarktes Schritt halten können. Werden sie in der Digitalisierung die Nase vorn haben, werden sie die erforderlichen Analytics-Fähigkeiten selbst entwickeln oder zumindest as a service nutzen, um mit den Datenmengen der Kunden adäquat umgehen zu können? Werden sie das für ihre Kunden passende Service-Portfolio anbieten können? Werden sie es schaffen, als attraktiver Arbeitgeber im Wettbewerb mit ihren großen Kunden zu bestehen, die ebenfalls in ihr Employer Branding investieren? Schaffen sie es, die Schere zwischen steigenden Beratergehältern und teilweise stagnierenden Honoraren weiter offen zu halten? Für die nächsten vier bis fünf Jahre werden diese Fragen durchweg positiv zu beantworten sein. Doch wie geht es dann weiter?

Thomas Lünendonk ist Gründer und Gesellschafter der Lünendonk & Hossenfelder GmbH, vormals Lünendonk GmbH, mit Sitz in Mindelheim. Das Unternehmen ist Herausgeber von Markt-Rankings und -Studien, den sogenannten Lünendonk®-Listen und -Studien. Diese gelten sowohl in Deutschland als auch in den Nachbarländern als Standard und Marktbarometer.

Und morgen: Google-Consulting?

Am Horizont zeichnen sich neue Optionen für den Beratungsmarkt ab. Und diese gehen weit über das derzeitige Wachstum der großen Beratungs- und Wirtschaftsprüfungskonzerne hinaus. Hier wird es spannend sein, zu beobachten, ob doch noch ein großer Stratege bei den Gesamtdienstleistern oder den Big Four unterschlüpft. Aber viel spannender wird sich früher oder später die folgende Frage stellen: Wie lange wird es noch dauern, bis Unternehmen wie beispielsweise Google, Microsoft, Apple oder Amazon nicht nur im Hintergrund, sondern aktiv direkt in die Beratung ihrer Kunden und Kundenunternehmen einsteigen? Ihre Datenvolumina, ihre Algorithmen, ihre Ubiquität, ihre Infrastruktur, ihre Real-Time-Kapazität, ihre schiere Geld- und Menschenmasse, die durch Vernetzung zu einem »intelligenten Organismus« zusammenwächst – all das ballt sich zu der Frage zusammen, ob diese Ansammlung von Information und Markterfahrung nicht früher oder später als Beratungs- und Service-Gebilde am Markt aktiv wird.

Abwarten erscheint hier für Managementberatungen nicht als geeignete Lösung. Vielmehr sind die Beratungsanbieter gefordert, einen Löffel ihrer eigenen Medizin zu nehmen und frühzeitig auf die potenziellen »Gefährder« ihres klassischen Geschäfts zuzugehen. Getreu dem alten Grundsatz: If you can't beat them, join them. Es bleibt spannend!

Kai Haake

Abgrenzung von Consulting-Mandaten zu Arbeitnehmer-überlassung und Scheinselbstständigkeit

Schon mit Einführung der gesetzlichen Sozialversicherung in Deutschland Ende des vorletzten Jahrhunderts mussten sich Gerichte, Anwälte, Behörden und Unternehmen mit der Abgrenzung zwischen abhängiger und selbstständiger Tätigkeit befassen. Und zwar bis heute: Erst vor Kurzem urteilte das Bundesarbeitsgericht zur Krankenversicherungspflicht eines selbstständigen Artisten bei einem Zirkusunternehmen – dieselbe Frage war bereits um 1900 von den Gerichten diskutiert worden. Seit den 1990er-Jahren stellen sich vermehrt Abgrenzungsfragen auch bei Wissensdienstleistungen, auch im Consulting. Besondere Aufmerksamkeit erregte der sogenannte Daimler-Fall 2013, als sich vermeintlich freie Berater bei dem Automobilkonzern erfolgreich als »abhängig beschäftigt« eingeklagt hatten. Spätestens seit diesem Fall legen Compliance-Abteilungen vor allem größerer Unternehmen und Unternehmensberatungen mehr Wert auf eine korrekte Definition und Umsetzung von Beratungsleistungen. Hauptanwendungsbereiche sind Fälle, in denen Mitarbeiter von Beratungen sehr intensiv beim und mit dem Kunden zusammenarbeiten. Denn dabei darf die Grenze zur Arbeitnehmerüberlassung/Zeitarbeit nicht überschritten werden, auch nicht unwissentlich. Wenngleich die Kriterien gelegentlich etwas anders gewichtet sind, spielt das Thema »enge Zusammenarbeit« auch beim Einsatz von selbstständigen Beratern eine Rolle, Stichwort Scheinselbstständigkeit. Der Beitrag beleuchtet beide Kontexte, denn beiden ist gemein, dass die Tiefe der Integration in die Strukturen des Kunden bei der Abgrenzung eine entscheidende Rolle spielt.

Gesetzliche Grundlagen

Neufassung des Arbeitnehmerüberlassungsgesetzes

Auch der Gesetzgeber griff den Themenkomplex auf. 2013 wurde im Koalitionsvertrag zwischen CDU/CSU und SPD festgeschrieben, dass die Abgrenzung zwischen rechtmäßigem und rechtswidrigem Fremdpersonaleinsatz gesetzlich klarer gefasst werden sollte. Dies ist kurz vor Ende der Wahlperiode erfolgt: Zum 1. April 2017 änderte der Bundestag § 1 des Arbeitnehmerüberlassungsgesetzes (AÜG) und § 611a des Bürgerlichen Gesetzbuchs (BGB). Ausgangspunkt einer Abgrenzung ist daher der jeweils neue Wortlaut der §§ 1 AÜG und 611a BGB.

§ 1 Abs. 1 Satz 2 AÜG lautet in der neuen Fassung: »Arbeitnehmer werden zur Arbeitsleistung überlassen, wenn sie in die Arbeitsorganisation des Entleihers eingegliedert sind und seinen Weisungen unterliegen.« § 611a Abs. 1 BGB heißt in der aktuellen Fassung: »Durch den Arbeitsvertrag wird der Arbeitnehmer im Dienste eines anderen zur Leistung weisungsgebundener, fremdbestimmter Arbeit in persönlicher Abhängigkeit verpflichtet. Das Weisungsrecht kann Inhalt, Durchführung, Zeit und Ort der Tätigkeit betreffen. Weisungsgebunden ist, wer nicht im Wesentlichen frei seine Tätigkeit

gestalten und seine Arbeitszeit bestimmen kann. Der Grad der persönlichen Abhängigkeit hängt dabei auch von der Eigenart der jeweiligen Tätigkeit ab. Für die Feststellung, ob ein Arbeitsvertrag vorliegt, ist eine Gesamtbetrachtung aller Umstände vorzunehmen. Zeigt die tatsächliche Durchführung des Vertragsverhältnisses, dass es sich um ein Arbeitsverhältnis handelt, kommt es auf die Bezeichnung im Vertrag nicht an.«

Gesetzgeber will keine Änderung der Rechtslage für Berater

Dem Gesetzgeber war bei der Neufassung der Vorschriften wichtig, klarzustellen, dass mit der Neufassung nach seinem Willen für das Consulting keine Änderung der bisherigen Rechtslage verbunden ist. Er hat dazu festgestellt, »dass mit der Definition der Arbeitnehmerüberlassung in § 1 Absatz 1 Satz 2 AÜG die derzeitige Rechtslage nicht geändert werden solle, etwa bei der Beauftragung von Beratungsunternehmen. Das Gesetz ziele nicht darauf ab, die unternehmerische Tätigkeit beispielsweise von Beratungsunternehmen einzuschränken. Die Neuregelung solle dem sachgerechten Einsatz von Werk- und Dienstverträgen in den zeitgemäßen Formen des kreativen oder komplexen Projektgeschäfts nicht entgegenstehen, wie sie zum Beispiel in der Unternehmensberatungs- oder IT-Branche in Optimierungs-, Entwicklungs- und IT-Einführungsprojekten anzutreffen seien. Auch für solche Einsätze und für die Tätigkeit von Beratern sollen die allgemeinen Grundsätze zur Abgrenzung zwischen Dienst- und Werkleistungen auf der einen und Arbeitnehmerüberlassung auf der anderen Seite weiterhin zur Anwendung kommen. Dabei solle zum Beispiel eine für die Tätigkeit eines Beraters typische Bindung hinsichtlich des Arbeitsorts an eine Tätigkeit im Betrieb des beratenen Unternehmens allein regelmäßig keine persönliche Abhängigkeit gegenüber Letzterem begründen (vgl. Bundesarbeitsgericht, 11.08.2015 – 9 AZR 98/14).«[1]

1 Bundestagsdrucksache 18/10064, Seite 14.

Der Gesetzgeber folgt damit der jüngeren Rechtsprechung, die im Wesentlichen auf »die Eingliederung in den Fremdbetrieb« und »die Ausübung des Weisungsrechts« Bezug nimmt. Gesetzestechnisch ist damit etwas mehr Klarheit erzielt. Dennoch wird es auch weiterhin in der Consulting-Wirtschaft immer wieder zu Fallkonstellationen kommen, die eine saubere Abgrenzung zur Arbeitnehmerüberlassung und Scheinselbstständigkeit nötig machen. Derzeit reagieren Unternehmen, die Beratungsaufträge vergeben, oft etwas über und sehen Risiken oder Hürden in der praktischen Zusammenarbeit mit Unternehmensberatern, die tatsächlich keine oder keine unüberwindbaren sind.

Zusammenarbeit mit dem Klienten zur Vermeidung zivilrechtlicher Haftung

Eine enge Zusammenarbeit zwischen einem Unternehmen und einem Unternehmensberater ist nicht nur eine betriebswirtschaftliche Notwendigkeit zur Zielerreichung. Sie kann auch eine rechtliche Pflicht sein und wird auch von den Zivilgerichten erwartet. So stellt die Rechtsprechung an die ordnungsgemäße Erfüllung von Beratungsmandaten strenge Anforderungen: Das OLG Celle meinte schon 2003, dass die »lediglich beschreibende Darstellung von betrieblichen Gegebenheiten« oder die »Analyse bestehend aus allgemeinen Aussagen, die so für fast jedes Unternehmen getroffen werden können«, für eine ordnungsgemäße Beratungsleistung nicht ausreichend ist. Nötig sei vielmehr stets eine Beratung nach den »allgemein anerkannten Regeln der Betriebswirtschaft«, die »eine Analyse der Situation des beratenen Unternehmens, der im Einzelnen ermittelten Schwachstellen, konkrete Verbesserungsvorschläge sowie eine detaillierte Anleitung zur Umsetzung in die betriebliche Praxis« enthalten soll.[2] Dazu muss der Berater zwangsläufig sehr eng mit dem Unternehmen zusammenarbeiten, in seine Strukturen eintauchen und damit auch Teil des Unternehmens werden. Damit ist eben nicht die von § 611a BGB und § 1 AÜG gemeinte »Eingliederung« und »Weisungsgebundenheit« gemeint.

Richtlinien von Bund und Ländern

Auch die verschiedenen Richtlinien von Bund und Ländern über die Gewährung von Zuwendungen zur Förderung der einzelbetrieblichen Unternehmensberatung beschreiben die konkreten Anforderungen an Consulting-Leistungen so, dass sie ein »Eintauchen« erfordern: Demnach dienen »konzeptionelle Beratungen« der Erarbeitung komplexer betrieblicher Konzepte und deren Umsetzung in den Unternehmen. Dies umfasst auch begleitende Beratungen bei Implementierung und Umsetzung eines entwickelten fachlichen Konzepts in den Unternehmensablauf oder eine Prozessmoderation, die der

2 Vgl. OLG Celle, NJW 2003, Seite 3638 f.

Optimierung von Veränderungsprozessen sowie gegebenenfalls der Verständigung zwischen Verhandlungspartnern (Übergabe) zur Findung einvernehmlicher Lösungen, dient.[3]

Das Berufsbild

Dieser Anforderung entspricht schließlich auch das »staatliche« Berufsbild des Unternehmensberaters. Die Bundesagentur für Arbeit definiert es wie folgt: »Unternehmensberater/innen unterstützen Unternehmen bei ökonomischen Entscheidungsprozessen in unterschiedlichen betrieblichen Funktionsbereichen. Zudem beraten sie öffentliche Institutionen bei wirtschaftspolitischen Entscheidungen. Dabei erstellen sie Analysen und Konzepte und führen Projekte durch. Sie beurteilen und planen die Markt- und Kundenausrichtung von Unternehmen und entwickeln Vorschläge sowohl hinsichtlich der Geschäftsfeldentwicklung als auch der Marketing- und Verkaufsorganisation (Strategieberatung). Darüber hinaus identifizieren sie Umsatz- und Verbesserungspotenziale im Unternehmen, unterbreiten ihren Auftraggebern Konzepte zur Betriebsoptimierung beispielsweise hinsichtlich organisatorischer Abläufe und beraten sie über Finanzierungs- und Förderungsmöglichkeiten (Organisations- und Prozessberatung). Unternehmensberater/innen geben auch Empfehlungen für das Personalwesen (Human-Resources-Beratung), z. B. über Qualifizierungsprojekte und Mitarbeiterentwicklung, und erarbeiten Vorschläge zum Einführen und Weiterentwickeln von IT-Systemen (IT-Beratung). Neben der Analyse und Beratung begleiten Unternehmensberater/innen ggf. auch die Umsetzung der vom jeweiligen Unternehmen gewünschten Projekte. (…) Auch um mögliche interne Schwachstellen aufzudecken und innerbetriebliche Optimierungen zu erreichen, führen sie Wirtschaftlichkeits- und Schwachstellenanalysen durch. So untersuchen sie etwa die Kommunikation zwischen einzelnen Abteilungen oder prüfen, ob im Fertigungsbereich noch Optimierungen möglich sind. Ihre Ergebnisse setzen sie in einem Konzept um und präsentieren dies der Unternehmensleitung. Besteht die Aufgabe der Unternehmensberater/innen zudem in der Umsetzung bzw. im Coaching, überprüfen sie während der Implementierung laufend die neuen bzw. veränderten Prozesse und den wirtschaftlichen Erfolg der eingeleiteten Maßnahmen.«[4]

---

3 Vgl. beispielsweise Richtlinie des Landes Niedersachsen über die Gewährung von Zuwendungen zur Förderung überbetrieblicher Berufsbildungsstätten und ihrer Weiterentwicklung zu Kompetenzzentren vom 18.10.2007 – 46-872000/6-2 – Punkt 2.2.1.

4 Vgl. https://berufenet.arbeitsagentur.de, abgerufen am 18. Oktober 2017.

Der Dienstvertrag als Standard

Es kommt hinzu, dass Beratungsverträge ganz überwiegend als Dienstverträge abgeschlossen werden,[5] hier also vertragstechnisch eine Nähe zum Arbeitsvertrag vorliegt. Das Vergütungsmodell des Tagessatzes (Dienstvertrag) ist auch in den meisten Fällen das richtige: Wie soll eine Beratung zum Beispiel ein Werk vereinbaren, wenn sie noch gar nicht weiß, wo das Problem des Klienten liegt? Ebenso muss berücksichtigt werden, dass die Umsetzung von vorgelegten wirtschaftlichen Lösungsvorschlägen von einer Vielzahl von Variablen abhängig sind, die außerhalb des Einflusses des Beraters liegen. Dazu zählen etwa steter Veränderung unterliegende wirtschaftliche Rahmenbedingungen, die Kompetenz des Auftraggebers und insbesondere dessen Umsetzungswille, Einflüsse und Blockaden von Dritten wie Betriebsräten, Kreditgebern, Kooperationspartnern oder Gesellschaftern. In der Regel kann und darf der Berater daher nicht für einen mit seiner Tätigkeit verbundenen wirtschaftlichen Erfolg einstehen wollen, sondern nur für die Erbringung seiner Leistung an sich.[6] Zudem gibt es im Gegensatz zu anwaltlichen oder medizinischen Dienstleistungen oft keine zwingend notwendige Schrittabfolge. So sind beispielsweise immerhin ein Viertel aller Beratungsaufträge auf eine Strategieberatung ausgerichtet; für derartig langfristige Beratungsziele gibt es keine bestimmte, verbindliche Vorgehensweise. Im Normalfall beschreiben die Parteien daher auch eine zu erbringende Tätigkeit und kein zu erstellendes Werk.[7]

Honorierung nach Leistung oder Erfolg?

Diese Form der Honorierung erkennt auch die höchstrichterliche Rechtsprechung an. Für den der Unternehmensberatung durchaus ähnlichen Fall des Erziehungsbeistands hat das Bundessozialgericht jüngst klargestellt: »Schließlich spricht auch die Vereinbarung eines festen Stundenhonorars nicht zwingend für abhängige Beschäftigung. Geht es wie vorliegend um reine Dienstleistungen, ist anders als bei der Erstellung z. B. eines materiellen Produkts ein erfolgsabhängiges Entgelt aufgrund der Eigenheiten der zu erbringenden Leistung nicht zu erwarten. Dies würde selbst dann gelten, wenn die Honorare für die jeweiligen Erziehungsbeistandschaften nicht frei ausgehandelt, sondern entsprechend beim Kläger gebräuchlicher Sätze festgelegt worden wären. Denn bei entsprechender Markt- und Verhandlungsmacht eines Auftraggebers ist die Vergabe von Dienstleistungen zu von ihm einseitig festgelegten Konditionen nicht unüblich.«[8]

5 Vgl. BDU-Studie »Honorare in der Unternehmensberatung«, 2015/2016, Seite 21, wonach 68 Prozent rein nach Aufwand und weitere 29 Prozent als Festpreis, nur 3 Prozent nach Erfolg abgerechnet werden können.

6 Voigt: Schlechterfüllung bei Unternehmensberatung – über die (Un)möglichkeit richterlicher Qualitätskontrolle, DStR 2004, Seite 2214 f.

7 Ebd., Seite 2214 ff.

8 BSG, Urteil vom 31. 3. 2017 – B 12 R 7/15 R, Rn. 49.

Gesamtschau und Branchenbezug

Im Übrigen kommt es bei der Abgrenzung des Fremdpersonaleinsatzes auf die »jeweilige Verkehrsanschauung«[9] und »Branchenspezifika«[10] an. Das gilt eben auch für Wissensdienstleistungen. Dies ergibt sich nicht nur aus dem ausdrücklichen Hinweis des o.g. Beschlusses des Deutschen Bundestags. In diesem Zusammenhang wird auch oft übersehen, dass die Entscheidung eines Auftraggebers, wirtschaftliche oder technische Probleme nicht selber zu lösen, sondern durch einen Dritten vornehmen zu lassen, kein Indiz zur Arbeitnehmerüberlassung oder Scheinselbstständigkeit ist. Das »Mache ich es selber oder kaufe ich externe Kompetenz«, also das Make or Buy, gilt ausdrücklich auch für die Unternehmensberatung.[11] Denn mit dem Mandat eines Externen kaufe ich mir auch dessen vielfältigere und erfahrenere Branchen- und Methodenkompetenz ein. Grundsätzlich ist auch die Wiederholung oder Dauer von Beratungsmandaten kein Indiz für eine Arbeitnehmerüberlassung. Das Bundesarbeitsgericht (BAG) hat wiederholt erklärt, dass auch »ständig wiederkehrende« Dienstleistungen durchaus über Jahre hinweg an den- oder dieselben Fremdunternehmer vergeben werden, ohne dass allein aus der Dauer solcher Geschäftsbeziehungen zu schließen wäre, es handele sich bei entsprechend lang andauernden Einsätzen derselben Arbeitnehmer im Rahmen solcher Verträge um Arbeitnehmerüberlassung.[12]

9 Vgl. SG München, Urteil vom 19. Januar 2012 – Az. S 56 R 978/10, Rn. 45 (»Maßgebend ist stets das Gesamtbild der jeweiligen Arbeitsleistung unter Berücksichtigung der Verkehrsanschauung«).

10 Vgl. LSG Baden-Württemberg, Urteil vom 29. September 2015 – Az. L 11 R 2901/14, Rn. 68 (»Insoweit ist allerdings als branchenspezifisch zu berücksichtigen, dass entsprechende Dienstleistungen generell betriebsmittelarm sind«).

11 Vgl. LAG Düsseldorf, Urteil vom 21. Juli 2015 – Az. 3 Sa 6/15, Rn. 52 (»Kann die vertraglich vereinbarte Tätigkeit typologisch sowohl in einem Arbeitsverhältnis als auch selbstständig erbracht werden, ist die Entscheidung der Vertragsparteien für einen bestimmten Vertragstypus im Rahmen der bei jeder Statusbeurteilung erforderlichen Gesamtabwägung aller Umstände des Einzelfalls zu berücksichtigen«); und LSG Baden-Württemberg, Urteil vom 18. Mai 2015 – Az. L 11 R 4586/12, Rn. 59 (»Eine derartige Tätigkeit ist nicht nur im Rahmen eines Arbeitsverhältnisses, sondern grundsätzlich auch als freier Mitarbeiter (Dienstvertrag) möglich«).

12 Vgl. BAG, Urteil vom 30. Januar 1991, Az. 7 AZR 497/89, Rn. 43 und ArbG Dortmund, a.a.O.

Weisungsgebundenheit

Das Kriterium, das speziell die Arbeitnehmerüberlassung von allen anderen Formen des Fremdfirmeneinsatzes unterscheidet, ergibt sich nicht – negativ – aus der Negation eines Werk-, Dienst- oder Geschäftsbesorgungsvertrags, sondern – positiv – aus der Feststellung, dass ein Arbeitnehmer einem anderen Arbeitgeber zur Arbeitsleistung überlassen wurde: Der Entleiher erwirbt aus dem Leiharbeitsvertrag ein unmittelbares Forderungsrecht gegen den Leiharbeitnehmer auf die Arbeitsleistung. Mit diesem Forderungsrecht ist untrennbar das arbeitsrechtliche Weisungs(Direktions)-Recht verbunden, mit dem die Arbeitsleistung bedarfsgerecht gesteuert wird.[13] Für das Consulting und dessen hauptsächlich anzutreffende Konstellation des Dienstvertrags (s.o.) ist dieses Abgrenzungskriterium besonders schwer zu fassen: Zum einen fehlt beim Dienstvertrag die Erfolgsbezogenheit und damit die Gewährleistung als Erkennungsmerkmal; mangels eines geschuldeten Ergebnisses erfolgt die Abrechnung – eben wie bei der Arbeitnehmerüberlassung – regelmäßig nach Zeitaufwand.[14] Zum anderen weist die Rechtsprechung auch darauf hin, dass, eben weil »das Dienstvertragsrecht keine Gewährleistung kennt, zum Ausgleich für die fehlende Gewährleistungspflicht des Dienstverpflichteten der Dienstherr das Recht hat, schon auf die Ausführung der Dienstleistung durch Erteilung von konkreten Weisungen Einfluss zu nehmen«.[15]

Art der Weisung ist entscheidend

Es kommt daher entscheidend auf die Art der Weisung an. Ist eine Weisung arbeitsbezogen, dann spricht das gegen einen Beratungsauftrag, ist sie projektbezogen, spricht es dafür. Arbeitsbezogene Weisungen lassen sich in arbeitsnotwendige und arbeitsbegleitende Weisungen aufteilen. Erstere betreffen den unmittelbaren Arbeitsvollzug und sind unerlässlich für die Steuerung des Einsatzes eines Arbeitnehmers, etwa nach § 106 Satz 1 Gewerbeordnung (GewO) in Bezug auf Gegenstand, Ort und Zeit.[16] Hierunter fallen beispielsweise Zuweisungen einer bestimmten Aufgabe an bestimmter Stelle zu einem bestimmten Zeitpunkt, Bestimmung des täglichen Arbeitsbeginns, der Pausen und des Arbeitsendes. Arbeitsbegleitende Weisungen dagegen betreffen zwar auch den eigentlichen Arbeitsprozess, sind im Unterschied zu arbeitsnotwendigen Weisungen aber nicht unverzichtbar. Sie beziehen sich auf das Verhalten bei der Arbeit, beispielsweise das Tragen von Schutzkleidung, aber auch die Anordnung, schneller zu arbeiten oder während der Arbeit nicht zu rauchen oder zu sprechen, auf die Anordnung von Nebentätigkeiten

13 So Schüren/Hamann, Arbeitnehmerüberlassungsgesetz: AÜG, 4. Auflage 2010, § 1 Rn. 144 f.
14 Vgl. Schüren/Hamann, a.a.O., § 1 Rn. 206.
15 OLG Düsseldorf, BB 2006, Seite 1329.
16 Schüren/Hamann, a.a.O., § 1 Rn. 156.

wie dem Aufräumen des Arbeitsplatzes nach Beendigung der Tätigkeit oder das äußere Erscheinungsbild, etwa das Tragen von Dienstausweisen. Zu arbeitsbezogenen Weisungen sollte der Auftraggeber rechtlich weder befugt sein[17] noch sollte er sie faktisch ausüben, das gilt etwa für Vorgaben oder Anordnungen zu Pausen nach dem Arbeitszeitgesetz,[18] zur Mehrarbeit[19] oder die Verteilung der Dienstzeiten.[20]

Weder projekt- noch arbeitsbezogen sind schließlich organisationsbedingte Weisungen. Diese gelten ihrem Sinn und Zweck nach für alle im Betrieb tätigen Personen unabhängig von ihrem Status als Stammarbeitnehmer oder Fremdfirmenmitarbeiter oder sogar Besucher – beispielsweise allgemeine Rauchverbote, Torkontrolle, Parkplatzbenutzung.

Werden in einem Beratungsprojekt auch einmal arbeitsbezogene Weisungen gegenüber Beratern erteilt, muss das kein Indiz für Arbeitnehmerüberlassung oder ein Arbeitsverhältnis sein. Denn die Rechtsprechung besagt ausdrücklich, dass Leiharbeit nicht schon dann entsteht, wenn vereinzelt Weisungen durch den Auftraggeber erfolgen, solange es sich um untypische Einzelfälle handelt[21] oder der Auftraggeber eigenmächtig – also ohne Wissen und Wollen der Beratung – Arbeitsanweisungen erteilt.[22]

Konkretisierung der Leistung

Die Unternehmensberatung ist eine fachlich besonders qualifizierte Tätigkeit. Bei derartigen Tätigkeiten kann eine konkrete Weisung dann entfallen, wenn der Klient selber zu einer Weisung gar nicht in der Lage ist, sie »selten zu erwarten« ist.[23] Dennoch: Je konkreter die Beschreibung der Leistung im Vorfeld möglich ist, desto präziser sollte das auch zwischen Auftraggeber und Beratung vereinbart werden.[24] Denn mit einer Konkretisierung entfällt auch die Notwendigkeit von Weisungen. Allerdings sind die Anlässe der Beauftragung von Beratungsleistungen sehr vielfältig. So kann anfangs offen sein,

17 Vgl. BAG, Urteil vom 14. Juni 2016 – 9 AZR 305/15, Rn. 25 (»Entscheidend ist nicht die Bereitschaft, Aufträge zu übernehmen bzw. Tätigkeiten auszuführen, sondern, ob nach dem rechtsgeschäftlichen Willen der Parteien die Beklagte die Möglichkeit haben sollte, dem Kläger einseitig, also unabhängig von seiner Bereitschaft, Aufgaben zuzuweisen und damit nach § 106 GewO den Inhalt der Arbeitsleistung näher zu bestimmen«).

18 Vgl. BAG, Urteil vom 14. Juni 2016 – 9 AZR 305/15, Rn. 33 f.

19 ArbG Dortmund, Urteil vom 12. Juli 2013 – 5 Ca 75/13, Seite 12.

20 ArbG Dortmund, ebd.

21 Schüren/Hamann, a.a.O., § 1 AÜG, Rn. 172 m.w.N.

22 Schüren/Hamann, a.a.O., § 1 AÜG, Rn. 179 m.w.N.

23 ArbG Dortmund, a.a.O., Seite 14.

24 Vgl. LSG Baden-Württemberg, Urteil vom 29. September 2015 – Az. L 11 R 2901/14, Rn. 64 (»Umstände, die bereits im Voraus vertraglich festgelegt sind, begründen aber idR kein Weisungsrecht des Auftraggebers«).

wo das Problem in einem Unternehmen liegt, oder wenn das Problem bekannt ist, welches mögliche Lösungswege sind, oder aber die Kosten verschiedener Szenarien sind unklar. Lässt sich das Ziel der Beratungsleistung in solchen Fällen nicht eingrenzen, wird sich das in der Zusammenarbeit zwischen Beratung und Auftraggeber widerspiegeln: Die Berater werden als »externe Spezialisten« spürbar anders behandelt als interne Festangestellte; sie sind eher auf Augenhöhe mit der Führungsebene des Kunden und habe eine Stimme, der mehr Bedeutung zugemessen wird.[25] Bestehen deshalb nur allgemeine Zielvorgaben und hat der Berater freie Hand, greift der Auftraggeber also nicht steuernd ein, so liegt keine Arbeitnehmerüberlassung vor.[26] Konkretisiert sich ein Projekt in dessen Verlauf und erfolgen dann Zusatz- oder Ergänzungsvereinbarungen durch den Auftraggeber, ist dies unschädlich, solange die Beratung den jeweils nachfolgenden Projektabschnitt mit seinen Beratern eigenverantwortlich abarbeitet.[27]

Eingliederung und Zusammenarbeit mit dem Klienten

Neben dem Weisungsrecht ist auch die tatsächliche Eingliederung in den Betrieb des Klienten ein wichtiges Kriterium. Hier spielen die Zusammenarbeit mit Mitarbeitern des Klienten, Zeit und Ort der Beratungstätigkeit, der Einsatz von Betriebsmitteln, die Koordinierung des Einsatzes und Vergleichbarkeit mit Mitarbeitern des Klienten[28] eine Rolle. Insbesondere der letzte Punkt ist von Relevanz: Eine Ähnlichkeit der Tätigkeiten des eingesetzten Beraters und der von Mitarbeitern des Klienten ist dann schädlich, wenn die gleichen Tätigkeiten verrichtet werden und die Mitarbeiter in gleicher Weise wie das Personal des Klienten eingesetzt werden.[29]

Wer hat das Steuer in der Hand?

Die Zusammenarbeit der Beratung mit Klienten führt zu der Frage, ob und inwieweit der Klient »mitsteuern« darf und ob dies ein Indiz für Zeitarbeit ist. So findet beim sogenannten projektbegleitenden Qualitätsmanagement ein permanenter Austausch zwischen Mitarbeitern des Auftraggebers und des Auftragnehmers statt: Entscheidend ist hier, dass der Auftraggeber nicht über den Arbeitseinsatz

25 Vgl. LSG Baden-Württemberg, Urteil vom 18. Mai 2015 – L 11 R 4586/12, Rn. 60; und LAG Düsseldorf, Urteil vom 21. Juli 2015 – Az. 3 Sa 6/15, Rn. 54 (»Die vertraglich zu erbringenden Leistungen sind zwar nur allgemein beschrieben, wie auch die von der X. bei der Beklagten nach § 1 des Vertrages vom 10./14.12.2009 zu erbringenden Leistungen. Hierauf kommt es aber nicht an, sondern ob der X. gegenüber dem Kläger Weisungsbefugnisse zustehen, wie sie für ein Arbeitsverhältnis typisch sind«).

26 Schüren/Hamann, § 1 AÜG, a.a.O., Rn. 182.

27 Schüren/Hamann, § 1 AÜG, a.a.O., Rn. 188.

28 Vgl. BAG, Urteil vom 14. Juni 1984 – 2 AZR 315/83, Seite 24, in Bezug auf die Übernahme derselben Tätigkeiten eines abhängig Beschäftigten. Hier ist aber zu beachten, dass bei Wissensdienstleistungen auch die externe Erfahrung benötigt und daher »eingekauft« wird.

29 Vgl. LSG Baden-Württemberg, Urteil vom 29.09.2015 – L 11 R 3559/14, Rn 37.

des Fremdpersonals disponiert, sondern die Verwirklichung des Projekts fördert.[30] So erfolgt auch nach der Rechtsprechung im Rahmen einer Beratertätigkeit üblicherweise eine Zusammenarbeit mit den Klienten, die in der Regel gemeinsame Besprechungen erfordert: Zur Durchführung solcher Treffen müssen sich alle Partner intern abstimmen, und alleine eine solche notwendige Abstimmung führt nicht ohne Weiteres zu einer Weisungsabhängigkeit.[31] Denn unter Geschäftspartnern ist es üblich, erkennbare Fehlzeiten, etwa in Fällen von Urlaub, mit dem Auftraggeber abzustimmen, um gemeinsame Terminpläne einzuhalten; unter Abstimmung ist dabei keinesfalls die Zustimmung des Auftraggebers zu Urlaub von Mitarbeitern der Beratung zu verstehen.[32] Es ist auch »selbstverständlich, dass [der Berater] bei der Ausführung des Projekts auf die Gegebenheiten und die Wünsche der Kunden Rücksicht nehmen muss«[33] oder dass er seine Leistungen im Rahmen der organisatorischen Gegebenheiten des Auftraggebers zu erbringen hat[34] – auch daraus folge keine Weisungsabhängigkeit oder eine Einbindung in die Betriebsorganisation des Klienten. Auch die Verpflichtung, Berichte an den Auftraggeber über den Stand des Projekts zu senden, ist nach der Rechtsprechung kein Indiz für eine Eingebundenheit oder Weisungsabhängigkeit.[35] Gleiches gilt, wenn ein Berater die von ihm erstellten projektrelevanten Dokumente und Dateien in die EDV des Auftraggebers einspielen muss. Denn Inhalt der Beratertätigkeit ist es unter anderem, bestimmte Kundendaten zu sammeln, zu analysieren und aufgrund dessen Ratschläge zu erteilen. Die Bereitstellung dieser Ergebnisse ist Inhalt der Beauftragung eines Beraters. So hat zum Beispiel ein selbstständiger Berater seine Arbeitsergebnisse seinem Auftraggeber ebenso bereitzustellen wie ein Arbeitnehmer seinem Arbeitgeber.[36]

Setzt die Beratung einen Projektleiter ein, muss dieser auch »stark« sein und nicht nur ein Alibi-Projektleiter.[37] Die Personalhoheit eingesetzter Berater liegt dann allein und ausschließlich bei der Beratung – gegebenenfalls ausgeführt durch deren Projektleiter.[38]

30 Schüren/Hamann, a.a.O., § 1 AÜG, Rn. 174.
31 ArbG Dortmund,a.a.O.,Seite 13.
32 ArbG Dortmund, a.a.O., Seite 16.
33 Vgl. SG Wiesbaden, S 8 R 212/10, Seite 9.
34 Vgl. BAG, Urteil vom 14. Juni 2016 – 9 AZR 305/15, Rn. 27.
35 Vgl. BAG, Urteil vom 14. Juni 2016 – 9 AZR 305/15, Rn. 28 (»typische Nebenpflichten, die eine Vielzahl von Vertragsverhältnissen kennzeichnen«).
36 ArbG Dortmund, a.a.O., Seite 15.
37 LAG Berlin, Urteil vom 15. Dezember 2015 – 7 Sa 387/15, Rn. 51; BAG, Urteil vom 20. September 2016 – 9 AZR 735/15, Rn. 39 ff.
38 Vgl. BAG, Urteil vom 18. Januar 2912 – 7 AZR 723/10, Rn. 32 ff.

Ort und Zeit der Tätigkeit

Bereits aus der anfangs genannten Bundestagsdrucksache ergibt sich, dass eine Tätigkeit beim Auftraggeber kein Indiz für eine abhängige Beschäftigung ist. Die Rechtsprechung stellt ebenfalls klar, dass der Projektgegenstand entscheidend ist: Lässt er die »Notwendigkeit einleuchten, einen Großteil der Tätigkeiten vor Ort bei der Endkundin zu erbringen, kann hieraus keine Weisung hinsichtlich des Arbeitsortes entnommen werden, wie sie ein Arbeitgeber seinem Arbeitnehmer erteilt«.[39] Das gilt insbesondere dann, wenn sich diese Notwendigkeit aus den das EDV-System betreffenden Sicherheitsvorkehrungen ergibt.[40] Die Zurverfügungstellung von Räumen für die Beratung ist grundsätzlich unschädlich, solange es keine rechtliche Verpflichtung zur Anwesenheit oder gar Nutzung gibt.[41] Sofern sich vom Berater genutzte Räume auf dem Betriebsgelände des Auftraggebers befinden, ist eine eindeutige Trennung von der übrigen Belegschaft wichtig.

Eintauchen in Prozesse und Strukturen des Klienten

Das Tätigwerden vor Ort kann den Berater auch vor Haftungsgefahren schützen: Denn aus haftungsrechtlicher Sicht besteht eine »berufsspezifische Verpflichtung des Beraters zur Ermittlung der Beratungsgrundlagen, das heißt der objektiven Gegebenheiten und der subjektiven Voraussetzungen des zu Beratenden.«[42] Darüber hinaus wird der Unternehmensberater Verfahren zur Anpassung dieser Methoden auf die konkrete betriebliche Situation und zur Implementierung auf der Ebene der Geschäftsleitung und darunter liegender Bereiche des Unternehmens vorhalten müssen[43] – auch dies setzt ein Tätigwerden vor Ort und das Eintauchen in die Prozesse und Strukturen des Klienten voraus.

Ein Dienstleister ist grundsätzlich frei in der Einteilung seiner Zeit; es sollte daher gegenüber dem Auftraggeber keine Vereinbarung über den Umfang oder über Beginn und Ende der Arbeitszeit von Beratern bestehen.[44] Die allgemeinen Betriebs- und Öffnungszeiten bei einem Klienten sind aber selbstverständlich zu beachten.[45] Daher ist es unschädlich, wenn »ein Dienstleister, der eine bestimmte Aufgabe oder einen Teil einer Aufgabe in einem bestehenden System bearbeitet, seine Aufgaben während des laufenden Systems zu erledigen hat und sich mit den anderen in dem Bereich tätigen Arbeitneh-

39 Vgl. SG Gießen, Urteil vom 5. September 2012 – S 13 R 538/09, Seite 10 und auch BSG, Urteil vom 31. März 2017 – B 12 R 7/15 R.

40 Vgl. SG München, Urteil vom 19. Januar 2012 – Az. S 56 R 978/10, Rn. 49.

41 ArbG Dortmund, a.a.O., Seite 14.

42 So ausdrücklich Müller-Feldhammer: Vertragserfüllung und Haftung des Unternehmensberaters, NJW 2008, Seite 1779.

43 Müller-Feldhammer, a.a.O, Seite 1782.

44 Vgl. LAG Düsseldorf, Urteil vom 21. Juli 2015 – Az. 3 Sa 6/15, Rn. 70.

45 Vgl. SG Gießen, Urteil vom 17. Mai 2011 – Az. S 19 R 518/09, Seite 6.

mern, Beauftragten oder Nutzern abstimmen muss. Auch zeitliche Beschränkungen der Aufgabenerledigung durch die Verpflichtung zur Einhaltung von Fälligkeitsterminen sind auftragsbezogen. Sie sind damit Teil eines Werk- bzw. Dienstleistungsvertrages.«[46] Ebenso unproblematisch sollte sein, wenn der Berater seine Anwesenheitszeiten in den Räumen des Klienten so wählt, wie es sinnvoll ist, um die im Projekt Mitarbeitenden noch anzutreffen, und hinsichtlich der Arbeitszeit keinen Weisungen des Klienten unterliegt.[47] Die Entscheidung, ob und in welchem zeitlichen Umfang die Beratung vor Ort für den Auftraggeber tätig wird, muss bei der Beratung liegen.[48]

Grundsätzlich sollte die Zeiterfassung (auch) durch den Dienstleister und nicht ausschließlich durch dessen Auftraggeber geleistet werden. Nimmt ein Dienstleister dennoch an der Zeiterfassung teil, kann das seine Rechtfertigung als Stundennachweis gegenüber dem Auftraggeber haben, um mit ihm vereinbarungsgemäß auf Basis eines Stundenhonorars abrechnen zu können.[49] Die Zeiterfassung auch durch den Klienten resultiert aus der Informations- oder Rechenschaftspflicht des Auftragnehmers, über den Stand der Tätigkeit und ihre Durchführung zu berichten, und ist eine typische Nebenpflicht auch freier Verträge.[50] Zwar kann ein Klient damit kontrollieren, wann und in welchem zeitlichen Umfang der Berater welche Tätigkeiten ausführt, entscheidend bleibt aber, ob der Berater selbst über den Ablauf bestimmen konnte und dieser nicht vom Klienten vorgegeben und damit fremdbestimmt ist.[51]

Betriebsmitteleinsatz

Grundsätzlich muss »ein Dienst- oder Werkvertrag nicht notwendig mit eigenen technischen Mitteln erfüllt werden«.[52] Die Frage, ob und welche Betriebsmittel (eigene oder die des Klienten?) durch eine Beratung bei Dienstleistungen beim Klienten eingesetzt werden, hängt von der Art und den Anforderungen des Projekts ab. Die alleinige Nutzung von vom Auftraggeber zur Verfügung gestellten technischen Mitteln, wie etwa einem Laptop, ist nach der Rechtsprechung möglich,[53] sollte aber entweder durch die IT-Sicherheits-Policy des Auftraggebers in Bezug auf externe Dienstleister oder durch andere Projektnotwendigkeiten geboten sein.

---

46 Vgl. LAG Düsseldorf, Urteil vom 21. Juli 2015 – Az. 3 Sa 6/15, Rn. 71.
47 Vgl. SG Gießen, Urteil vom 5. September 2012 – S 13 R 538/09, Seite 9.
48 Vgl. BAG, Urteil vom 14. Juni 2016 – 9 AZR 305/15, Rn. 24.
49 Vgl. LAG Düsseldorf, Urteil vom 21. Juli 2015 – Az. 3 Sa 6/15, Rn. 71; und SG Gießen, Urteil vom 17. Mai 2011 – Az. S 19 R 518/09, Seite 5.
50 Vgl. BAG, Urteil vom 14. Juni 2016 – 9 AZR 305/15, Rn. 28.
51 Vgl. ebd.
52 Vgl. LAG Düsseldorf, Urteil vom 21. Juli 2015 – Az. 3 Sa 6/15, Rn. 71.
53 ArbG Dortmund, a.a.O., Seite 15.

Besonderheiten für den Einsatz selbstständiger Berater als Unterauftragnehmer

Setzt eine Beratung einen Selbstständigen ein, stellt sich auch hier beispielsweise bei der Zusammenarbeit mit dem Projektleiter der »führenden« Beratung die Frage der Eingliederung. Ist diese unzulässig eng, kann sich ein abhängiges Beschäftigungsverhältnis entweder bei der Beratung oder beim Endkunden ergeben. Die Beratung sollte daher auf zu konkrete Vorgaben in Bezug auf die Erbringung der Berater-Arbeiten, etwa in einer sehr detaillierten und bestimmten Art und Weise, verzichten. Das Bundessozialgericht untersagt hier »Weisungen von erheblichem Gewicht«.[54] In diesem Zusammenhang kann rechtmäßig sein, wenn ein Unterauftragnehmer im Verhältnis zum Endkunden unter dem »Label« der Beratung auftritt, da deren Interesse, im Sinne der Außendarstellung mit »einem Gesicht« zum Klienten aufzutreten, legitim ist.[55] Das gilt auch für den Ort der Tätigkeit. Die neuere Rechtsprechung unterstreicht hier, dass es Konstellationen gibt, in denen eine Tätigkeit in einer eigenen Betriebsstätte gerade nicht zu erwarten ist und dass deren Fehlen kein Grund für eine abhängige Beschäftigung ist.[56] Da Beratungsprojekte in der Regel die Zusammenarbeit vor Ort mit dem Klienten und dessen Mitarbeitern voraussetzen, entfällt regelmäßig die Notwendigkeit einer eigenen Betriebsstätte.

Indizien für selbstständige Tätigkeit

Relevant ist in diesem Zusammenhang auch die Vergleichbarkeit der Entlohnung des Selbstständigen im Verhältnis zu Mitarbeitern des Endkunden. Liegt das vereinbarte Honorar deutlich über dem Arbeitsentgelt eines vergleichbar eingesetzten sozialversicherungspflichtigen Arbeitnehmers und lässt es dadurch Eigenvorsorge zu, ist dies nach neuerer Rechtsprechung des Bundessozialgerichts ein gewichtiges Indiz für eine selbstständige Tätigkeit.[57] Nach Auffassung der Gerichte ist dabei schon ein verhandelter Tagessatz von mehr als 650 Euro ein Indiz für Selbstständigkeit.[58] Auch das Vorliegen einer eigenen Vermögensschadenhaftpflichtversicherung sowie Investitionen in Weiterbildung und Zertifizierung sind Indizien für

54 BSG, Urteil vom 31. März 2017 – B 12 R 7/15 R, Rn. 20, 23.

55 ArbG Dortmund, a.a.O., Seite 15; vgl. auch BAG, 9 AZR 98/14, Rn. 29 (»Bemühen, nach außen als Veranstalterin in Erscheinung zu treten«).

56 BSG, Urteil vom 31. März 2017 – B 12 R 7/15 R.

57 Bundessozialgericht, Urteil vom 31. März 2017 – B 12 R 7/15 R (es heißt aber weiter: »allerdings handelt es sich auch bei der Honorarhöhe nur um einen bei der Gesamtwürdigung zu berücksichtigenden Anhaltspunkt, weshalb weder an die Vergleichbarkeit der betrachteten Tätigkeiten noch an den Vergleich der hieraus jeweils erzielten Entgelte bzw. Honorare überspannte Anforderungen gestellt werden dürfen«).

58 So SG Stuttgart, S 18 R 6903/09, allerdings aus anderen Gründen aufgehoben worden.

eine echte unternehmerische Selbstständigkeit.[59] Es kommen Aspekte wie Dienstwagen und werbendes Auftreten hinzu.[60]

Eine Verpflichtung zur höchstpersönlichen Leistungserbringung kann unschädlich sein, wenn »sie den Eigenheiten und besonderen Erfordernissen« der Leistungserbringung geschuldet ist.[61] Dies dürfte im Falle von Beratungsleistungen häufig der Fall sein. Diese sind nach § 627 BGB und der zivilrechtlichen Rechtsprechung »Dienste höherer Art«, die »aufgrund persönlichen Vertrauens« übertragen werden. Die Leistungen von Unternehmensberatern setzen zum einen grundsätzlich »überdurchschnittliche Fähigkeiten und Kenntnisse voraus«,[62] zum anderen erhält der Unternehmensberater einen umfassenden Einblick in die Geschäfts- und Vermögensverhältnisse des Klienten.[63] Es kann also sowohl fachliche (»Spezialist«) als auch persönliche (»Vertrauen«) Gründe geben, die eine Stellvertretung der Leistungserbringung ausschließen. Wird sie indes ermöglicht und besteht das Recht, die Leistung durch einen Dritten liefern zu lassen, ist sie ein Indiz für Selbstständigkeit.[64]

Kai Haake ist Geschäftsführer und Syndikusanwalt des Bundesverbandes Deutscher Unternehmensberater (BDU). Er verantwortet die Bereiche Strategie und Public Affairs, insbesondere kümmert er sich um die verbands- und wirtschaftspolitischen Netzwerke im deutschsprachigen Raum.

Die Dauer und die Intensität der Zusammenarbeit sind für sich genommen ebenfalls kein Indiz gegen Selbstständigkeit. So kann das Abarbeiten mehrerer Vollaufträge hintereinander bei verschiedenen Endkunden einer Beratung in deren Auftrag unschädlich sein,[65] ebenso auch eine langjährige umfangreiche Zusammenarbeit mit nur einer Beratung.[66]

So weit ein aktueller Überblick über die Rechtsprechung in Zusammenhang mit der sachgerechten Abgrenzung von Wissensdienstleistung zur Arbeitnehmerüberlassung und Scheinselbstständigkeit. Zu beachten ist aber stets, dass die Umstände des Einzelfalls entscheiden.

59 Das LSG Baden-Württemberg, Urteil vom 18. Mai 2015 – L 11 R 4586/12, spricht hier von 5.000 Euro, was allerdings auch der Konstellation des Falls geschuldet ist.
60 Vgl. SG München, S 56 R 978/10; einschränkend LSG BaWü, L 11 R 3559/14.
61 Bundessozialgericht, Urteil vom 31. März 2017 – B 12 R 7/15 R.
62 Vgl. LG Dortmund Urteil vom 3. Januar 2014 – 10 O 12/13; ebenso OLG München, Urteile vom 28. November 2012 – 20 U 2491/12 und vom 10. Januar 2001 – 7 U 2115/00; und LG Krefeld, Urteil vom 1. April 2003 – 12 O 146/02; früher schon BGH NJW 1967, 1416.
63 So ausdrücklich LG Dortmund, a.a.O.
64 SG Wiesbaden, S 8 R 367/07.
65 SG Wiesbaden, ebd.
66 ArbG Dortmund, 5 Ca 75/13 – 10 Jahre.

David Buhmann, Dr. Christian Geerkens,
Dr. Christoph Geldmacher, Philip Heimbach,
Jan-Hendrik Rauhut

Neue Ansätze in der Zusammenarbeit mit externen Unternehmensberatern bei Bayer

Unternehmensberatungen[1] tragen in nicht unwesentlichem Umfang zur Steigerung des Unternehmenswerts ihrer Kunden bei. Allerdings ist aus Sicht eines Konzerneinkaufs der Reifegrad des Managements von Beratungsleistungen aus Einkaufssicht vergleichsweise gering. Daher haben das Management und der Einkauf von Bayer die Initiative ergriffen, den Einsatz von Beratern und deren Steuerung im Hinblick auf eine Nutzenmaximierung so zu verändern, dass er beiden Seiten zugutekommt. Das Einkaufsteam hat hierfür neue Ansätze im Rahmen eines Maßnahmenprogramms entwickelt, die bei erfolgreicher Umsetzung geeignet sind, den Status quo sowohl innerhalb des Unternehmens als auch im Anbietermarkt signifikant zu verändern.

Bayer war in den letzten Jahren einem steten Wandel unterworfen, der in erster Linie aus Entwicklungen in den jeweils für das Unternehmen relevanten Märkten resultierte, aber auch zu einem Großteil durch Änderungen des Geschäftsportfolios begründet ist. Der Konzern aus Leverkusen war früher ein Pharma- und Chemieunternehmen. Eine erste Neuausrichtung erfolgte 2006 mit der Übernahme von Schering und der vorhergehenden Ausgliederung von Lanxess[2] im Jahr 2004. Nach mehreren M&A-Transaktionen kleinerer und mittlerer Größenordnung hat Bayer sein Consumer-Health-Geschäft mit der Übernahme von Merck Consumer Care 2014 deutlich gestärkt. Nur ein Jahr später beschloss das Unternehmen die Ausgliederung von Covestro[3]. Diese Transaktionen haben zu der heutigen Ausrichtung auf Life Sciences geführt.

Vor diesem Hintergrund ist die Zusammenarbeit mit externen Unternehmensberatern wichtig: Zum einen bedarf es im Zuge von Transaktionen, Integrationen und organisatorischen Veränderungen eines spezifischen Fachwissens, das Unternehmen in der Regel nicht in der erforderlichen Breite und Tiefe vorhalten können. Zum anderen sind auch die Personalkapazitäten nicht darauf ausgelegt, bei diesen extremen Ressourcenbedarfen Agilität und Flexibilität sicherzustellen.

Effektivität im Fokus

Eine organisatorische Konsequenz war die Zusammenfassung mehrerer Einkaufseinheiten in einer zentralen Einkaufsfunktion, die für den gesamten Konzern verantwortlich ist. Das eröffnete die Möglichkeit, veraltete Strukturen im Einkauf von Beratungsleistungen aufzubrechen, mehr Transparenz zu schaffen und die Beziehungen zwischen dem Konzern und seinen externen Unternehmensberatern auf eine neue Grundlage zu stellen, bei der neben den Kosten vor allem die Effektivität im Fokus steht.

1 Als (Unternehmens)beratung werden im engeren Sinne Dienstleister verstanden, die für Themen wie Strategie-/Organisationsentwicklung, Portfolio-/Prozessoptimierung, PMO (Project Management Office) u. Ä. beauftragt werden.

2 Früher Bayer Chemicals/Polymers.

3 Früher Bayer Material Science.

Notwendigkeit, Zusammensetzung und Rolle eines Steuerungsgremiums

Die Zusammenarbeit mit Unternehmensberatungen ist bei Bayer ein geschäfts- und funktionsübergreifendes Thema. Die entsprechenden Dienstleistungen von Unternehmensberatungen sind nicht auf spezifische Unternehmensbereiche begrenzt, sondern erstrecken sich auf zahlreiche Abteilungen und Manager. Der Mehrwert der Beratungsdienstleistungen ist schwer zu evaluieren, da eine klare Spezifikation und Bewertung oftmals nicht möglich ist. Darüber hinaus basiert die Beratungsdienstleistung in besonderem Maße sowohl auf individuellen Fähigkeiten und Verhaltensweisen der Berater als auch auf einer persönlichen Vertrauensbeziehung zwischen Manager und Berater. Dies alles erschwert ein objektives Management der externen Partner.

Sprachrohr gegenüber externen Beratern und internen Managern

Um die Zusammenarbeit mit und das Management von externen Beratern zu verändern, wurde im ersten Schritt ein geschäfts- und funktionsübergreifendes Steuerungsgremium (Governance Body) installiert. Hierin sind alle relevanten Konzernbereiche wie Finance, Marketing, Product Supply, Operations und Strategy mit Managern auf Seniorlevel repräsentiert; der Einkauf fungiert als Moderator. Ziel des Steuerungsgremiums ist es, allen Managern und dem Einkauf Leitlinien zur Zusammenarbeit mit externen Beratungen zu geben und gleichzeitig Entscheidungen zu spezifischen Fragestellungen zu treffen. Hierzu zählt insbesondere auch das vom Einkauf initiierte Management Consulting Change-Programm. Zudem fungiert das Steuerungsgremium als Sprachrohr gegenüber externen Beratern und internen Managern. Die ersten Erfahrungen mit der Rolle des Gremiums sind aufgrund des großen Engagements der Entscheidungsträger und der effektiven Abstimmung untereinander vielversprechend.

Das Management Consulting Change-Programm

Basis des Veränderungsprozesses ist das Management Consulting Change-Programm (siehe Abb. 2.1). Dessen wichtigste Elemente sind ein Rahmenvertrag (Master Service Agreement), ein Regelwerk für Beratungsdienstleistungen (Rule Book for Professional Services), ein Wissens-/Leistungsmanagement (Knowledge/Performance Management) und das webbasierte Tool »Consulting meets Bayer«. Die Rahmenverträge sind ein strategisches Instrument für langfristige partnerschaftliche Beziehungen. Das Regelwerk für Beratungsdienstleistungen ergänzt den allgemeinen Lieferantenkodex um Aspekte der Steuerung, Integrität und Leistung. In das neu entwickelte Wissensmanagement-Konzept fließen zukünftig Marktkenntnisse und eine ganzheitliche Methodik der Leistungsbewertung ein. Und das »Consulting meets Bayer«-Tool schafft Transparenz und Synergien. Bei der Umsetzung des Change-Programms hat das Steuerungsgremium Sponsor- und Entscheidungsfunktion.

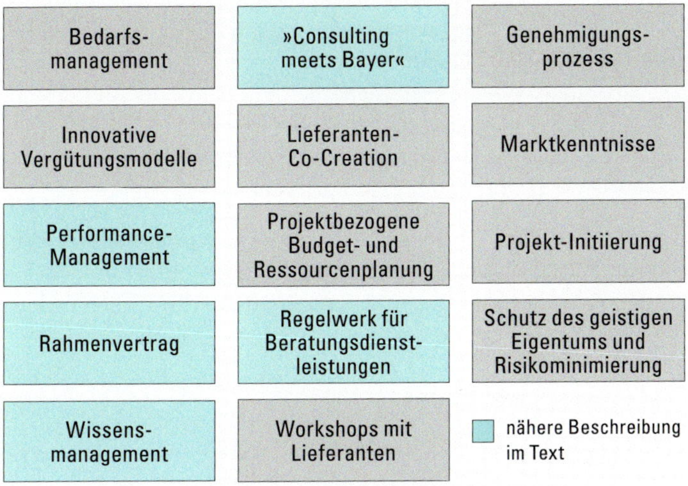

Abb. 2.1: Elemente des Management Consulting Change-Programms bei Bayer (eine Auswahl) *Quelle: Bayer AG*

Der Rahmenvertrag (Master Service Agreement)

Um eine Partnerschaft mit einem Beratungsunternehmen zu formalisieren, ist es in der Branche üblich, Rahmenverträge zu vereinbaren, auf die bei der Vergabe einzelner Projekte Bezug genommen wird. Bayer bezeichnet diese Rahmenverträge als Master Service Agreements (MSAs). Der zusätzliche Nutzen solcher MSAs besteht unter anderem darin, dass sie die rechtlichen Grundlagen und die geschäftlichen Rahmenbedingungen festschreiben. In der Vergangenheit wurden Rahmenverträge bei Bayer mit dem Ziel vergeben, den administrativen Aufwand zu reduzieren und den Bestellprozess für Beratungsprojekte zu erleichtern. Im Rahmen des Management Consulting Change-Programms wurde das Verständnis der Rahmenvereinbarungen neu definiert: Sie sollen kein opportunistisches Vertragskonstrukt mehr sein, sondern als strategisches Mittel dienen, um langfristige partnerschaftliche Beziehungen mit Beratungsunternehmen aufzubauen. Ziel ist ein sorgfältig ausgewähltes und limitiertes Portfolio strategischer Partner, die die Erwartungen bezüglich der folgenden Kriterien erfüllen:

- Servicequalität und globale Reichweite,
- Akzeptanz rechtlicher und geschäftlicher Rahmenbedingungen,
- wettbewerbsfähige Preise.

Mit MSA-Vertragspartnern will Bayer zudem Beziehungen aufbauen, die über die klassische Geschäftsbeziehung zwischen einem Dienstleister und einem Leistungsempfänger hinausgehen: Sie können beispielsweise an einem Entwicklungsprogramm für Lieferanten teilnehmen. Ziel dieses Programms ist es, die richtigen Anreize für solche Berater zu schaffen, die hervorragende Projektergebnisse mit einer vertrauensvollen Zusammenarbeit mit dem Einkauf kombinieren. Unternehmensberater, die in beiden Dimensionen im Vergleich zu anderen MSA-Vertragspartnern außergewöhnlich gut abschneiden, können von einer intensiven Zusammenarbeit profitieren.

Indem der Kreis an MSA-Vertragspartnern bewusst exklusiv gehalten wird, können zudem Ideen in die Verträge aufgenommen werden, die sich als innovativ und vorteilhaft für die Geschäftsbeziehung zwischen Bayer und den Unternehmensberatern erweisen.

Neuer Preismechanismus

In der Vergangenheit wurden die Honorarsätze in den Rahmenverträgen als Preisobergrenzen und nicht als »reale« Preise verstanden. Daher war es üblich, regelmäßig Projektnachlässe zu gewähren. Vergleiche und aussagekräftige Analysen im Vorfeld und die Festlegung von Projektbudgets waren daher nur eingeschränkt möglich.

Anreiz für wettbewerbsfähige Konditionen schaffen

Da die Rahmenverträge und die dazugehörigen Vertragsverhandlungen nicht an bestimmte Mengen gebunden sind, ist es schwierig, wettbewerbsfähige Honorarsätze in den MSAs zu vereinbaren. Der neue Ansatz soll Anreize für die Auftragnehmer schaffen, von Anfang an wettbewerbsfähige Konditionen zu bieten: Der Mechanismus sieht vor, dass bei Projekten bis zu einem gewissen Schwellenwert (Budget) keine Nachlässe gegeben werden, sondern die im MSA vereinbarten Konditionen verbindlich gelten. Hierdurch wird sichergestellt, dass eine Projektvergabe zeitnah und ohne weitere Verhandlung erfolgen kann. Sollten aus strategischen Gründen dennoch Nachlässe auf das Projekthonorar gewährt werden, so werden diese proportional und dauerhaft auf die in dem MSA enthaltene Preisliste angewendet. Dies gilt nicht für Projekte, die oberhalb des definierten Schwellenwerts liegen: Hier sind Nachlässe ohne Auswirkung auf die Rahmenvertragsraten möglich.

Standardisierung von Spesen

Üblich ist, auf das Beraterhonorar Spesen zu berechnen – meistens als Prozentsatz auf das vereinbarte Honorar. Dadurch herrscht oft Intransparenz darüber, welche Kosten in den Spesen tatsächlich enthalten sind und ob diese der Höhe nach gerechtfertigt sind. Zudem variieren die Spesen entsprechend der Honorarhöhe, obwohl ein direkter Bezug zu hinterfragen ist. Beiden Vertragsparteien sollten aber weder Gewinne noch Einbußen durch Reisekosten entstehen. Weil eine Abrechnung nach Aufwand umständlich und zeitintensiv ist, wurde ein Modell entwickelt, das eine Projektsituation mit typischem Beraterteam abbildet. Dieses Modell wurde mit Reisedaten von Bayer unterlegt und pro Tag wurde für alle Beratungsunternehmen und alle Senioritätsstufen ein Reisekostenzuschuss standardisiert.

Bayer ist zuversichtlich, mit dem Portfolio globaler Vertragspartner den größten Teil des Bedarfs abdecken zu können. Es wird allerdings immer spezielle Themen geben, bei denen es ratsam ist, Spezialisten oder neue, aufstrebende Beraterfirmen hinzuzuziehen, um für einen intensiven Wettbewerb in den Ausschreibungsverfahren zu sorgen.

Das Regelwerk für Beratungsdienstleistungen

Die im Regelwerk für Beratungsdienstleistungen (Rule Book for Professional Services) formulierten Vorschriften dienen der Transparenz für die externen Berater hinsichtlich der gestellten Anforderungen; sie dienen aber auch unternehmensinternen Steuerungsinteressen. Berater haben projektbedingt Zugang zu sensiblen unternehmens- oder personenbezogenen Daten, sodass Risiken im Zusammenhang mit Datenschutzverletzungen besondere Aufmerksamkeit gewidmet werden muss. Alle Lieferanten von Bayer müssen den Verhaltenskodex für Lieferanten einhalten. Um Einfluss auf das Verhalten von

Unternehmensberatern zu nehmen, hat der Bayer-Einkauf zusätzlich zum Verhaltenskodex für Lieferanten eine Reihe verbindlicher Vorschriften zu den Themen Steuerung (Governance), Integrität (Integrity) und Leistung (Performance) formuliert, die auf externe Beratungsdienstleistungen ausgelegt sind (siehe auch Abb. 2.2). Diese Elemente wurden in das Regelwerk eingearbeitet, um Risiken im Zusammenhang mit Datenschutzverstößen externer Berater zu minimieren; gewerbliche Schutzrechte, Vertraulichkeit und Datenschutz sind in den Rahmenverträgen geregelt.

Governance zur Einhaltung definierter Regeln

Grundsätzlich wird von allen Lieferanten, auch von Unternehmensberatern, erwartet, dass sie die von Bayer definierten Regeln einhalten. Im Hinblick auf die IT-Sicherheit hat der Unternehmensberater dafür zu sorgen, dass nur befugte Personen Zugang zu relevanten Unternehmensdaten haben beziehungsweise dass Unbefugten der Zugriff nicht möglich ist. Bezüglich des Zugangs zum Betriebsgelände behält sich Bayer zudem das Recht vor, den Zugang mit Dauerausweisen zu beschränken. Ausweise werden nur an entsprechende Mitarbeiter externer Beratungsunternehmen ausgestellt, die an konkreten Projekten arbeiten. Die Ausweise sind nach Beendigung des

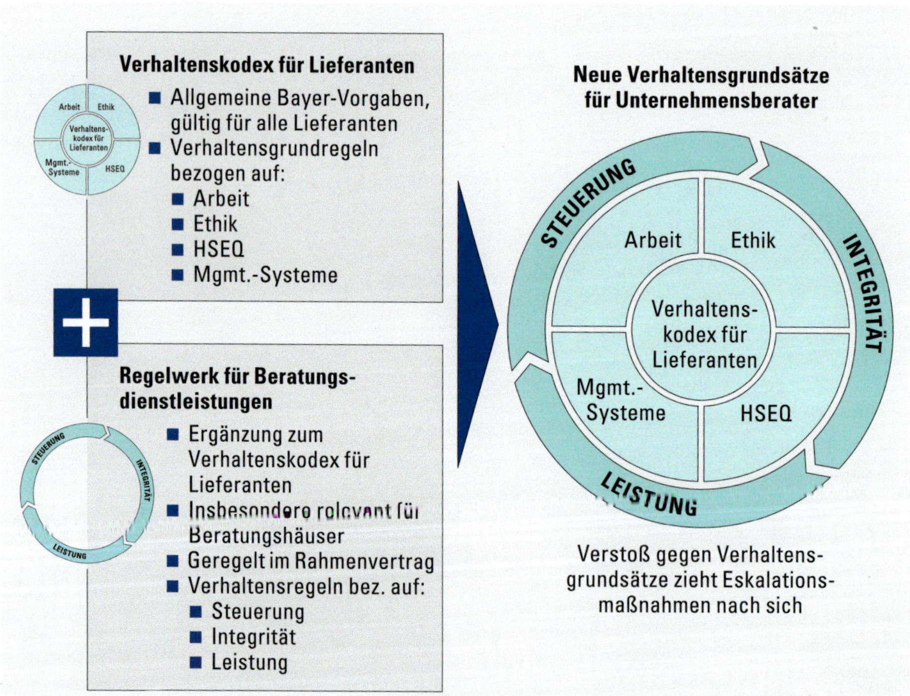

Abb. 2.2: Verhaltenskodex für Lieferanten (Supplier Code of Conduct) und das ergänzende Regelwerk für Beratungsdienstleistungen (Rule Book for Professional Services) bei Bayer

Quelle: Bayer AG

jeweiligen Projekts zwingend zurückzugeben. Darüber hinaus sind alle externen Berater aufgefordert, jede Besprechung mit einem Bayer-Manager in einem Online-Tool anzumelden.

Berater als verlässliche Partner

Integrität und Verlässlichkeit

Bayer sieht Integrität als eine wichtige Säule für vertrauensvolle Beziehungen zwischen den externen Beratern und dem Unternehmen. Deshalb erwartet Bayer von den externen Beratern, dass diese als verlässliche Partner handeln. Konkrete Beispiele für Verlässlichkeit sind etwa die vereinbarungsgemäße Beteiligung an Ausschreibungsverfahren, die vertraglich vereinbarte personelle Besetzung und Abrechnung und die Anerkennung des Einkaufs als ersten Ansprechpartner. Darüber hinaus sind beide Parteien angehalten, dafür Sorge zu tragen, dass der Einsatz des Unternehmensberaters durch Bayer und die zugrunde liegenden Verträge den geltenden gesetzlichen Anforderungen entsprechen.

Von den beauftragten externen Beratern wird eine höchstmögliche Ergebnis- und Qualitätsorientierung erwartet. Alle Aktivitäten sollten diese Schwerpunktsetzung widerspiegeln. Unternehmensberater müssen sich dementsprechend einer Leistungsbeurteilung unterziehen, die auch verschiedene Anreize für die Beratungsunternehmen bietet.

Der Eskalationsprozess

Verstößt ein beauftragter Dienstleister gegen Verhaltensregeln, findet ein Eskalationsprozess Anwendung. Dazu wurden Beispielsituationen definiert, um nicht regelkonformes Verhalten und Verstöße, sowie mögliche Konsequenzen – von der Ermahnung bis zum vorübergehenden Ausschluss von Beratern –, zu veranschaulichen. Die Einzelfallentscheidung, ob ein Dienstleister von zukünftigen Ausschreibungen oder Beauftragungen ausgeschlossen wird, liegt letztlich beim Steuerungsgremium.

Wissens- und Leistungsmanagement

Die Kernaufgabe des Wissensmanagements in der Konzernfunktion Einkauf besteht in der Zusammenführung, Auswertung und Bereitstellung relevanter Informationen für strategische und taktische Fragestellungen. Dabei werden sowohl extern erhobene Informationen (beispielsweise Marktstudien, Lieferantenfragebögen und Unternehmensmeldungen) als auch intern generierte Informationsquellen (Performance von externen Dienstleistern in Projekten oder Angebotspräsentationen) in den Gesamtdatenbestand des Wissensmanagements integriert. Erklärtes Ziel ist es, für unterschiedliche unternehmensinterne Interessengruppen angepasste standardisierte Auswertungen sowie entsprechende Suchfunktionen zur Verfügung zu stellen.

Ein dezidiertes Leistungsmanagement hat nicht nur eine Bewertungs- und Informationsfunktion über den Leistungs- und Erfüllungsgrad eines externen Beraters, sondern wird auch als Projektsteuerungselement verstanden. Eine projektbegleitende Evaluierung der von Bayer wahrgenommenen Leistung eines externen Beraters bietet bereits im Projektgeschehen wertstiftende Anknüpfungspunkte für eine Optimierung des Dienstleistereinsatzes hin zum gewünschten Projektziel. Dieser Ansatz hat somit direkten Einfluss auf die Qualität oder ein erwartetes Innovationslevel der erbrachten Leistung.

Eine Verknüpfung des Leistungsmanagements mit einer variablen, leistungsgestützten Vergütungskomponente bietet darüber hinaus einen bewährten Ansatz für die Kostenoptimierung des Einsatzes eines externen Dienstleisters. Dies ist jedoch klar als Sekundärziel eines Leistungsmanagement-Modells zu verstehen. Im Fokus steht die Incentivierung des externen Dienstleisters und somit die Erreichung des Qualitäts- und Innovationslevels, das vertraglich vereinbart und bei der Projektdefinition von Bayer intern anvisiert wurde. Die Inklusion einer leistungsgestützten Vergütungskomponente in die Projektgestaltung und Lieferantenbeziehung hat in anderen Regionen, vor allem im US-amerikanischen Beratungsmarkt, bereits wesentlich stärker Einzug gehalten. Da die Erfahrungen Mehrwert für beide Parteien zeigen, sind auch Beratungen im europäischen Marktumfeld an dieser partnerschaftlich orientierten Gestaltung interessiert.

Die Beurteilung des externen Beratungsdienstleisters berücksichtigt fünf Kernelemente einer Projektdurchführung:

- Projektmanagement
- Zusammenarbeit/Kommunikation
- fachliche Expertise und Branchenkenntnisse
- Flexibilität
- Ergebnis

Bewertung der Leistung auf Fünf-Sterne-Skala

Die Leistungsbewertung erfolgt durch den jeweiligen unternehmensinternen Projektmanager anhand einer Fünf-Sterne-Skala (ein Stern = inakzeptabel, fünf Sterne = exzellent). Wichtig ist, dass im Vorfeld eines Projekts der Einkauf zusammen mit dem Projektmanager Faktoren wie Teilnehmer der Umfrage oder Auswirkungen der Performance auf die Vergütung abklärt.

Das beschriebene Leistungsmanagement wird aber nicht ausschließlich im Projektkontext verstanden. Vielmehr bildet es die Grundlage für eine wertstiftende Feedback-Kultur mit externen Dienstleistern und die Umsetzung eines kennzahlengestützten Lieferantenentwicklungsprogramms.

Online-Plattform »Consulting meets Bayer«

Bayer steht vor der Herausforderung, Transparenz über die Vielzahl der internen und externen Berater zu erhalten, die im gesamten Konzern an verschiedenen geschäftsspezifischen, aber auch unternehmensübergreifenden Themen arbeiten. Eine Aufgabe sieht der Einkauf bei der Beauftragung von Beratungsleistungen darin, geeignete interne und externe Ansprechpartner zu identifizieren, um eine erfolgreiche Umsetzung zu gewährleisten. Um den Austausch zwischen den Beratungen und den Bayer-Managern besser steuern und strukturieren zu können, wurde die Online-Plattform »Consulting meets Bayer« entwickelt.

Besprechungen registrieren, Transparenz herstellen

In dem webbasierten Tool registrieren externe Berater ihre Meetings mit den Bayer-Managern. Es dient jedoch ausdrücklich nicht der Planung von Besprechungen zwischen Bayer-Mitarbeitern und externen Beratern. Die Registrierung beinhaltet neben dem Namen des Bayer-Managers auch den automatisch erfassten Namen des externen Beraters sowie der jeweiligen Beratungsfirma. Hauptaugenmerk liegt auf dem Thema des Meetings, das kurz, aber aussagekräftig beschrieben werden soll, damit ein möglicher Mehrwert und die Verbindung zwischen Thema, Manager und Berater erkennbar wird. Bei vertraulichen Themen besteht die Möglichkeit zur entsprechenden Kennzeichnung und somit zur Wahrung der Geheimhaltung.

Um den administrativen Aufwand möglichst gering zu halten, verpflichten sich die Berater, nur Meetings einzutragen, die über aktuell laufende Projekte hinausgehen, unter anderem

- Besprechungen potenziell neuer Projekte,
- Besprechungen zur Ausweitung eines bereits laufenden Projekts,
- Meetings mit dem Zweck der Vorstellung von Fähigkeiten und Schwerpunkten einer Beratung.

Für den Bayer-Manager entsteht kein Mehraufwand. Im Gegenteil: Nach der Eintragung eines Meetings durch einen externen Berater wird der eingetragene Bayer-Manager automatisch per E-Mail über die Registrierung informiert. Neben den Meeting-Details enthält die Nachricht beraterspezifische Informationen wie Kernkompetenzen oder bereits bei Bayer durchgeführte Beratungsprojekte, um so eine inhaltliche Vorbereitung auf das anstehende Meeting zu unterstützen.

Bei der Implementierung des Tools wurden rechtliche und IT-relevante Aspekte mit den Konzernfunktionen Legal, IT und Datenschutz abgestimmt. Begleitet wurde die Einführung durch umfangreiche interne und externe Kommunikationsmaßnahmen.

Nutzen für Bayer und Beratungen

Im Wesentlichen profitiert Bayer von »Consulting meets Bayer« durch

- Transparenz über Aktivitäten von externen Beratern, die über aktuelle, bereits bekannte Themen hinausgehen;
- Synergien aufgrund des strukturierten Austauschs zwischen Bayer-Managern, dem Bayer-Einkauf sowie externen Beratern bei aktuellen und zukünftigen Themen;
- die Verbreitung von beratungsspezifischen Informationen für das Bayer-Management als Vorbereitung auf geplante Meetings.

Für Beratungen besteht der wesentliche Nutzen

- in der Nutzung des Tools als Plattform, den eigenen Bekanntheitsgrad innerhalb von Bayer zu erhöhen, sowie
- in der proaktiven Verbindung eines Bayer-Managers und dessen spezifischen Bedarfs mit dem entsprechenden Beratungshaus durch den Bayer-Einkauf.

Die neu gewonnene Transparenz ermöglicht eine engere Zusammenarbeit innerhalb von Bayer, aber auch mit den externen Beratungen, insbesondere mit Blick auf neue Themen.

Gemeinsame Wertschöpfung

Die beschriebenen Initiativen sollen neue Wege der Interaktion von Unternehmen mit Beratungshäusern darstellen. Anders als bei früheren klassischen Ansätzen rücken eine gemeinsame Wertschöpfung und eine strategische Partnerschaft in den Fokus, die zur positiven Entwicklung beider Parteien beiträgt. Es wurden bewusst neue Ansätze gewählt, um veraltete Strukturen aufzubrechen, mehr Transparenz zu schaffen und die Zusammenarbeit zwischen Beratungen und Unternehmen auf eine neue Ebene zu heben.

An dieser Stelle soll allerdings betont werden, dass sich die Umsetzung der beschriebenen Konzepte im Frühjahr 2018 noch im Anfangsstadium befindet. Es wird sich im Lauf der nächsten Jahre zeigen, wie erfolgreich die Umsetzung erfolgt und welchen tatsächlichen Mehrwert sie für alle involvierten Parteien mit sich bringt.

DIE AUTOREN:

David Buhmann, Dr. Christian Geerkens, Dr. Christoph Geldmacher (Team Lead), **Philip Heimbach** und **Jan-Hendrik Rauhut** verantworten als Procurement Business Partner-Team für Professional Services den strategischen Einkauf von externen Beraterleistungen und die Zusammenarbeit mit externen Beratern bei Bayer.

René Büst

Künstliche Intelligenz

Im Jahr 2016 erlebte die künstliche Intelligenz (KI) einen ersten Hype. Immer mehr Unternehmen arbeiten daran, Unternehmensprozesse mittels künstlicher Intelligenz neu aufzustellen, weiter zu automatisieren oder durch autonome Entscheidungen zu verbessern. Das Marktforschungs- und Beratungshaus Tractica geht davon aus, dass der weltweite jährliche Umsatz mit KI von 643,7 Millionen Dollar im Jahr 2016 bis 2025 auf 38,8 Milliarden Dollar anwachsen wird (siehe Abb. 3.1). Der Umsatz mit KI-Anwendungen soll von 358 Millionen Dollar 2016 auf 31,2 Milliarden Dollar im Jahr 2025 steigen – eine durchschnittliche jährliche Wachstumsrate von 64,3 Prozent. IT- und Business-Entscheider müssen sich heute also mit dem Potenzial von KI auseinandersetzen. Denn nur, wenn sie es schaffen, das Wissen ihres Unternehmens und aller angrenzenden Umgebungen autonom zu sammeln, zu aggregieren und zu verarbeiten, werden sie in Zukunft wettbewerbsfähig bleiben. Für Unternehmen jeglicher Art und Form stellt sich somit die Frage, mit welchen Technologien beziehungsweise Infrastrukturen sie ihren Enterprise Stack KI-bereit machen.

Was ist künstliche Intelligenz?

»Das Ziel der künstlichen Intelligenz besteht darin, Maschinen zu entwickeln, die sich so verhalten, als wären sie intelligent«, erklärte 1955 John McCarthy, Professor am MIT und Schöpfer des Begriffs »künstliche Intelligenz«. Sprechen wir in diesem Zusammenhang von »intelligent«, dann reden wir von einem sich dynamisch verhaltenden System. Ein System, das wie ein leerer IQ-Container betrach-

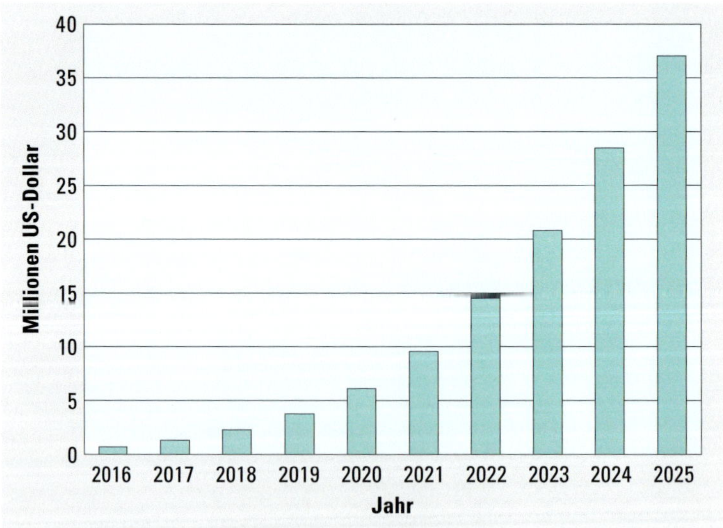

Abb. 3.1: Jährlicher Umsatz aus künstlicher Intelligenz (weltweit) 2016–2025, geschätzt — *Quelle: Tractica*

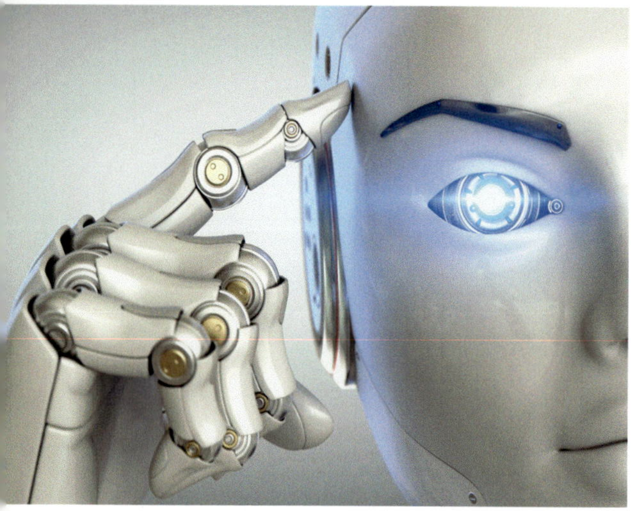

tet werden muss. Ein System, das unstrukturierte Informationen benötigt, um seine Sinne zu trainieren. Ein System, das ein semantisches Verständnis der Welt benötigt, um in der Lage zu sein zu handeln. Ein System, das auf eine detaillierte Karte seines Kontexts angewiesen ist, um unabhängig zu agieren und Erfahrungen aus einem Kontext in den anderen zu übertragen. Ein System, das mit allen notwendigen Mitteln ausgestattet ist, um Wissen zu entwickeln, auszubauen und aufrechtzuerhalten.

Maschinen helfen, kontinuierlich intelligenter zu werden

Es liegt in unserer Verantwortung, unser Wissen mit diesen Maschinen zu teilen, als würden wir es mit unseren Kindern, Partnern oder Kollegen teilen. Das ist der einzige Weg, um diese Maschinen, bestehend aus Hard- und Software, in einen Status zu überführen, den wir als intelligent beschreiben. Nur damit helfen wir ihnen, kontinuierlich intelligenter zu werden, und legen damit die Grundlage, ein selbst lernendes System zu schaffen. Hierzu werden in der KI-Forschung drei unterschiedliche Typen von künstlichen Intelligenzen unterschieden:

Starke KI: Bei einer starken KI handelt es sich um eine selbstbewusste Maschine, die über Gedanken, Gefühle, ein Bewusstsein und die dazugehörigen neuronalen Verknüpfungen verfügt. Wer sich allerdings schon auf eine Realität wie in den Science-Fiction-Filmen *Her* oder *Ex Machina* freut, wird sich noch etwas gedulden müssen. Eine starke KI existiert derzeit nicht, und es wird noch eine unbestimmte Zeit dauern, bis diese Form existieren wird.

Schwache KI: Die meisten Anwendungsfälle im Bereich der künstlichen Intelligenz fokussieren sich aktuell darauf, Lösungen für ein sehr spezielles Problem zu bieten. Diese sogenannten schwachen KIs sind sehr gut darin, spezifische Aufgaben zu lösen wie zum Beispiel das Empfehlen von Songs auf Pandora oder Analysen, um die Tomatenzucht in einem Gewächshaus zu optimieren.

General-KI: Eine General-KI ist in der Lage, Aufgaben aus unterschiedlichen Bereichen und Ursprüngen zu bearbeiten. Hierzu besitzt sie die Fähigkeiten, die Trainingsintervalle von einem Bereich zu einem anderen zu verkürzen, indem sie die gesammelten Erfahrungen aus dem einen Bereich in einem anderen, anders gearteten Bereich anwenden kann. Der hierfür notwendige Wissenstransfer ist dann möglich, wenn eine semantische Verbindung zwischen diesen Bereichen existiert. Hinzu kommt: Je stärker und verdichteter diese Verbindung ist, desto schneller und einfacher lässt sich der Wissensübergang erreichen.

Welche Anforderungen stellt künstliche Intelligenz an IT-Umgebungen?

Neue Generation von Infrastruktur-Technologien

Künstliche Intelligenz hat derzeit das Potenzial, nicht nur existierende Infrastrukturen zu verbessern, sondern auch eine neue Generation von Infrastruktur-Technologien voranzutreiben. Denn als ein wichtiger Technologie-Trend hat KI neben der Entwicklung einer ganz neuen Generation von Programmier-Frameworks auch die Anforderungen an eine neue Generation von Hardware-Technologien beeinflusst, um KI-Applikationen skalierbar zu betreiben. So sollte eine Infrastruktur in der Lage sein, bei Bedarf ein Deep-Learning-Framework wie Tensorflow oder Torch über Hunderte oder gar Tausende Knoten bereitzustellen, die direkt mit der optimalen GPU-Konfiguration zur Verfügung stehen. Nachfolgend eine Auswahl der wichtigsten Anforderungen an Infrastrukturen, die KI-Anwendungen unterstützen:

Unterstützung gängiger KI-Frameworks: Infrastrukturen müssen in der Lage sein, KI-Applikationen, die auf gängigen KI-Frameworks wie Tensorflow, Caffe, Theano oder Torch betrieben werden, auf dieselbe Art und Weise zu unterstützen wie Web-Applikationen oder

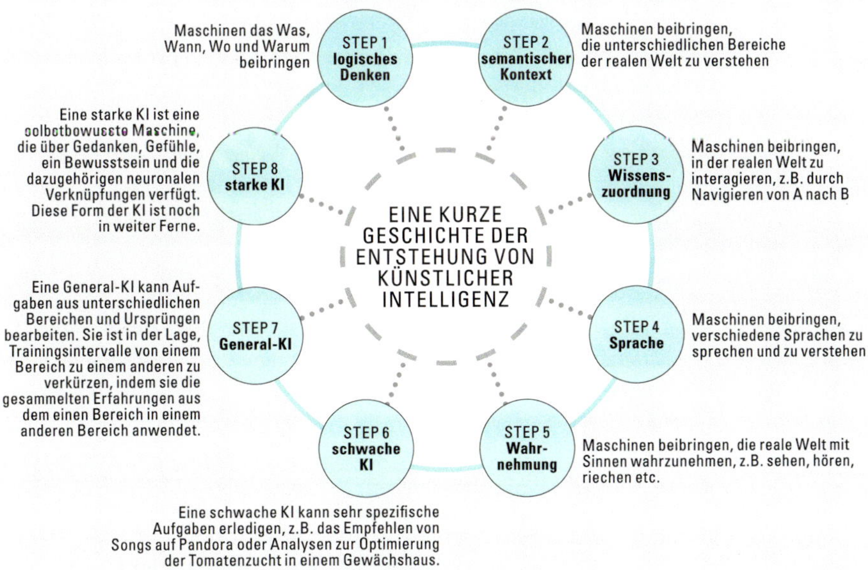

Abb. 3.2: Die Entwicklung der künstlichen Intelligenz (KI) *Quelle: Arago*

Back-End-Prozesse. Somit sollte eine Infrastruktur sich nicht ausschließlich auf ein KI-Framework beschränken, sondern das Portfolio im Interesse von Entwicklern möglichst großzügig gestalten.

Auf GPU optimierte Umgebung: Um sicherzustellen, dass eine Infrastruktur willkürlich jeden KI-Prozess ausführen kann, muss sie GPU-Umgebungen für das Bereitstellen schneller Rechenleistung zur Verfügung stellen. Mit der Azure N-Serie ist Microsoft einer der Vorreiter in diesem Bereich.

Management-Umgebung und -Tools: Eine der größten Herausforderungen aktueller Infrastrukturumgebungen ist der Missstand von verfügbaren Management-Tools für den Betrieb von KI-Frameworks. Hier ist insbesondere das direkte Zusammenspiel der KI-Frameworks mit der Infrastruktur unumgänglich, um für eine bestmögliche Abstimmung und somit Leistung zu sorgen.

KI-integrierte Infrastruktur-Services: Infrastruktur-Anbieter müssen und werden dazu übergehen, KI-Funktionen nicht nur zu unterstützen, sondern KI als einen zentralen Bestandteil ihres Infrastruktur- und Service-Stacks zu integrieren. Diese Form der KI-definierten Infrastruktur wird nicht nur die Intelligenz von Cloud-Services und Cloud-Applikationen erhöhen, sondern zudem den Betrieb und Aufbau der Infrastrukturen durch den Kunden vereinfachen.

Machine Reasoning: Infrastruktur-Anbieter, die ihren Kunden Technologien für das Machine Reasoning bereitstellen, helfen diesen, Probleme in unklaren und insbesondere sich ständig verändernden Umgebungen zu lösen. Auf Basis des Machine Reasoning ist eine KI-Umgebung in der Lage, dynamisch auf den sich fortwährend ändernden Kontext zu reagieren und den besten Handlungsablauf zu wählen. Dies erfolgt, indem die bestmöglichen Wissenskombinationen zusammengeführt werden, um Lösungen zu finden. Durch maschinelles Lernen (Machine Learning, ML) werden die Ergebnisse anschließend anhand von Experimenten optimiert.

Technologien und Anbieter für den Einsatz von künstlicher Intelligenz

KI-Services von Cloud-Plattformen

Im Laufe der letzten Jahre wurden enorme Investitionen in KI-Funktionalitäten auf Cloud-Plattformen getätigt. Insbesondere die führenden Public-Cloud-Anbieter, darunter Amazon, Microsoft und Google, liegen hier weit vorne. Aber auch viele Platform as a Service-Anbieter haben ihre Angebote um KI-Services erweitert. Die aktuelle KI-Technologie-Landkarte besteht derzeit aus drei Hauptgruppen:

- Cloud-Machine-Learning-Plattformen: Technologien wie Azure Machine Learning, AWS Machine Learning oder Google Machine Learning ermöglichen die Nutzung eines Machine-

Learning-Modells unter dem Einsatz proprietärer Technologien. Auch wenn Google Cloud ML auf Tensorflow setzt, erlauben die meisten Cloud-basierten ML-Services nicht das Ausführen von KI-Applikationen, die zum Beispiel in Theano, Torch, Tensorflow oder Caffe geschrieben wurden.

- KI-Cloud-Services: Technologien wie Microsoft Cognitive Services, Google Cloud Vision oder Natural-Language-APIs erlauben es, komplexe KI- beziehungsweise Cognitive-Computing-Fähigkeiten anhand eines einfachen API-Aufrufs zu verwenden. Mit diesem Ansatz können Unternehmen Applikationen mit KI-Fähigkeiten entwickeln, ohne selbst in die dafür notwendigen KI-Infrastrukturen zu investieren.

- Technologien für Private- und Public-Cloud-Umgebungen: Technologien wie HIRO von Arago sind darauf ausgelegt, sowohl auf Public-Cloud-Umgebungen wie Amazon Web Services oder Private-Cloud-Umgebungen wie etwa Openstack oder VMWare betrieben zu werden. Sie ermöglichen es Unternehmen, auf Basis einer General-KI kontextübergreifende KI-basierte Geschäftsmodelle zu entwickeln und zu betreiben.

Mit der Weiterentwicklung von KI-Technologien müssen sich gleichzeitig auch Infrastruktur-Umgebungen von einem unterstützenden Modus hin zu einem Modell transformieren, in dem KI-Applikationen so gleichwertig unterstützt werden, wie es heute bei Web-Applikationen und -Services der Fall ist.

KI-RELEVANTE KATEGORIEN UND IHRE ANBIETER

- **Machine Learning:** Rapidminer, Context Relevant, H20, Datarpm, Lift Igniter, Spark Beyond, Yhat, Wise.io, Sense, Graph Lab, Alpine, Nutonian
- **Conversational KI/Bots:** Mindfield, Semantic Machines, Maluuba, Mobvoi, Kitt.ai, Clara, Automat, Wit.ai, Cortical.io, Idibon, Luminoso
- **Vision:** Clarifai, Chronocam, Orbital Insight, Pilot.ai, Captricity, Crokstyle
- **Auto:** Nutonomy, Drive.ai, AI Motive, Nauto, Nexar, Zoox
- **Robotics:** Ubtech, Anki, Rokid, Dispatch
- **Cybersecurity:** Cyclance, Sift Science, Spark Cognition, Deep Instict, Shift Technology, Dark Trace
- **Business Intelligence:** Data Robot, Trifaca, Tamr, Esigopt, Paxata, Dataminr, Crowd Flower, Logz.io
- **Ad, Sales und CRM:** Talk IQ, Deepgram, Persado, Appier, Chors, Insidesales.com, Drawbridge, Digital Genius, Resci
- **Healthcare:** Freenome, Cloud Medx, Zebra, Enlitic, Two AR, iCarbonX, Atomwise, Deep Genomics, Babylon, Lunit
- **Text Analysis:** Textio, Fido.ai, Narrative
- **Internet of Things:** Nanit, Konux, Verdigris, Sight Machine
- **Commerce:** Bloomreach, Mode.ai
- **Fintech & Insurance:** Cape Analytics, Kensho, Numerai, Alphasense, Kasisto

Anwendungsbereiche für künstliche Intelligenz

Aktuelle Beobachtungen zeigen, dass Unternehmen primär damit beginnen, KI-Technologien in ihren IT-Umgebungen einzuführen, um diese automatisiert und autonom zu betreiben. Strategisch handelt es sich hiermit um genau den richtigen Schritt. Denn sämtliche Daten eines Unternehmens werden auf IT-Systemen gespeichert. Es ist daher sinnvoll, der KI den Zugriff auf diese Systeme und somit die Unternehmensdaten zu ermöglichen, um nach den IT-Systemen ebenfalls schneller damit fortzufahren, Geschäftsprozesse autonom zu betreiben. Dazu setzen Unternehmen bereits heute auf IT-Managementsysteme, die in der Lage sind, vollständig automatisiert das existierende Wissen der IT-Umgebung zu nutzen. Damit lässt sich vorherbestimmen, wann beispielsweise das Speicher-Back-End eines E-Mail-Servers nicht mehr ausreichend Speicherplatz besitzt. Dies lässt sich simpel anhand des durchschnittlichen E-Mail-Aufkommens pro Tag vorhersagen. Wird ein bestimmter Schwellenwert erreicht, fügt das System automatisch beziehungsweise autonom weiteren Speicherplatz aus einem Storage Pool (Software-defined Storage) oder einem angebundenen Cloud-Storage-Anbieter hinzu.

Wie Unternehmen aus der Old Economy auf Infrastruktur-Ebene sowohl ihre IT als auch die Geschäftsprozesse autonom betreiben, zeigen vier Beispiele:

- Compucom Systems nutzt künstliche Intelligenz, um Cloud, Rechenzentren und Infrastrukturlösungen zu optimieren.
- UBS setzt auf künstliche Intelligenz, um Effizienz und Effektivität zu verbessern und gleichzeitig das geistige Eigentum zu schützen.
- Virtusa Polaris integriert künstliche Intelligenz in seine Kore Managed IT Solutions®-Plattform.
- Kloeckner implementiert künstliche Intelligenz, um seine Digital-Strategie zu unterstützen.

Künstliche Intelligenz hat einen großen Einfluss auf den gesamten Enterprise Stack, indem nahezu jeder Unternehmensbereich disrup-

tiv auf den Kopf gestellt werden kann. Mögliche Anwendungsbereiche sind unter anderem:

- Ersatz wiederholbarer und manueller Aufgaben
- medizinische Diagnose und Gesundheitswesen
- automatisierter Kundenservice
- Verbesserung der Kundeninteraktion
- Echtzeit-Übersetzung und Spracherkennung
- Identifizierung von Anomalien
- Einkaufsvorhersagen
- Betrugsaufdeckung
- Empfehlungsunterstützung
- Marktdatenanalyse
- automatisiertes Trading

Der moderne Enterprise Stack muss vollständig mit künstlicher Intelligenz definiert werden, will man ein KI-fähiges Unternehmen schaffen. Denn nur, wenn Unternehmen ihr Wissen gezielt einsetzen und dies mit ihren angrenzenden Umgebungen kombinieren und damit ihre eigene KI erschaffen, werden sie in Zukunft wettbewerbsfähig sein.

Die Zukunft liegt in einem KI-fähigen Unternehmen

Stellen Sie sich vor, dass jeder Prozess von einer KI gesteuert werden kann und wird. Denn mit einer KI lässt sich jeder Prozess innerhalb eines Unternehmens automatisieren. Hierbei handelt es sich um einen wichtigen Aspekt auf dem Weg zu neuen Geschäftsmodellen, da eine KI-betriebene Organisation Unternehmen befähigt, finanzielle Ressourcen und Talent wesentlich effizienter einzusetzen.

Mehrwert für Unternehmen durch Nutzung von KI

KI ist der nächste logische Schritt nach dem Cloud Computing und profitiert gleichermaßen von dessen Erfolg. Die Cloud ist der Antrieb aus einem technologischen Blickwinkel. Bei KI geht es um den Mehrwert für das Unternehmen, indem sie zu intelligenteren Anwendungen führt. Auf Basis komplexer Analysen verfeinern KI-Anwendungen im Hintergrund die Kundenansprache und passen Produkte und Dienste besser an die jeweiligen Bedürfnisse an. Immer mehr Unternehmen wie Netflix, Spotify, Amazon, Airbnb, Uber oder Expedia setzen bereits auf KI-basierende Funktionsweisen, die auf umfangreiche Datenverarbeitungs- und Analyseaufgaben zurückgreifen, um enger mit ihren Kunden zu interagieren. Als Teil der Strategie befähigt eine KI Unternehmen dazu, ihren Geschäftsbetrieb und dessen Abläufe zu verbessern, unter anderem durch

- ein verbessertes Verständnis ihrer Kunden anhand von Interaktionen und des Verhaltens aus der Vergangenheit;
- eine neuartige Bedienung von Applikationen durch die Veränderung der Kundeninteraktion von der Tastatur- hin zur Spracheingabe;
- eine tiefergehende Kundenbeziehung anhand von Advanced Virtual Assistants, die das Kundenerlebnis verbessern;
- kundenspezifische Produkte und Dienstleistungen, angepasst an die Kundenanforderungen;
- Vorhersagen durch Analysen von Kundendaten, -interaktionen und -verhalten aus der Vergangenheit und in Echtzeit;
- »gesprächiger« sein, mittels Smart Personal Assistants und Bots;
- Erweiterung bestehender Produkte, Dienste, Anwendungen und Prozesse.

Unternehmen sollten im Kontext ihrer KI-Strategie den langfristigen Einsatz einer General-KI berücksichtigen, die drei typisch menschliche Eigenschaften vereint, mit denen Unternehmen in die Lage versetzt werden, ihre IT- und Geschäftsprozesse zu steuern:

Verstehen (Understanding): Mit dem Erstellen einer semantischen Landkarte (aus Daten) versteht die General-KI die Welt, in welcher sich das Unternehmen mit seiner IT und dem Geschäftszweck befindet.

Lernen (Learning): Anhand von Lerneinheiten erhält die General-KI die Best Practices und Gedankengänge von Experten. Hierzu wird das Wissen in granularen Stücken vermittelt, welche einen separaten Teil eines Prozesses beinhalten.

Lösen (Solving): Mit dem Konzept des Machine Reasoning lassen sich Probleme in unklaren und insbesondere sich ständig verändernden Umgebungen lösen. Die General-KI ist damit in der Lage, dynamisch auf den sich fortwährend ändernden Kontext zu reagieren und den jeweils besten Handlungsablauf zu wählen.

René Büst ist Director of Technology Research bei der Arago GmbH. Zuvor war er Senior Analyst und Cloud Practice Lead bei der Crisp Research AG sowie Principal Analyst bei New Age Disruption und Mitglied des weltweiten Gigaom Research Analyst Networks.

Eines sollte jedoch nicht vergessen werden: Bei künstlicher Intelligenz geht es nicht nur darum, existierende Prozesse zu verbessern, vielmehr wird sie in den kommenden fünf bis zehn Jahren die Spielregeln verändern. Sie wird Innovationszyklen beschleunigen und zu neuen Geschäftsmodellen führen. KI-Anwendungen besitzen bereits heute den notwendigen Reifegrad, um die Effizienz einzelner Prozesse zu erhöhen. Allerdings sollte KI nicht ausschließlich aus diesem operativen Blickwinkel betrachtet werden, sondern auch aus einem strategischen, um technische Möglichkeiten für neue Applikationen und Anwendungsfälle zu evaluieren und damit einen echten Mehrwert für Kunden, Partner sowie die eigenen Mitarbeiter zu schaffen.

Neben dem »War for Talent« und der Unfähigkeit großer Unternehmen, sich effektiv zu verändern, sehen sich etablierte Unternehmen weiteren Herausforderungen gegenübergestellt. Gerne wird die Gefahr des Mitbewerbs durch neue Marktteilnehmer unterschätzt. Dabei wird es sich zukünftig nicht etwa um die bekannten Wettbewerber handeln, sondern um Hightech-Unternehmen, die unaufhaltsam in renommierte Märkte einmarschieren. Mit unvorstellbaren finanziellen Mitteln dringen diese Unternehmen in bekannte Wettbewerbslandschaften auch renommierter Unternehmen ein und kapern den gesamten Kundenlebenszyklus. Folglich müssen am Markt etablierte Unternehmen schlagkräftige Antworten finden, wenn sie morgen weiterhin existieren wollen. Künstliche Intelligenz ist eine Antwort und ein kraftvolles Hilfsmittel im Werkzeugkasten von Unternehmen, um sich der Wettbewerbssituation zu stellen.

Prof. Dr. Sebastian Stiller

Algorithmen muss und kann man verstehen

Von Einstiegsgehältern bis zu Investitionsplänen, vom Urlaubsfoto bis zur internationalen Sicherheitsarchitektur – nahezu alle Bereiche werden gegenwärtig von einer Debatte über die Digitalisierung und verwandte Begriffe wie Big Data oder künstliche Intelligenz aufgeschreckt. Es vergeht kein Tag ohne einen Zeitungsartikel oder eine Tagung zur Digitalisierung. Viele Debattenbeiträge diskutieren weitreichende Folgen. Das Nächstliegende bleibt regelmäßig ungeklärt: die Bedeutung dieser Begriffe und die sachlichen Grundlagen der ohne Zweifel spürbaren Umwälzungen. Es muss bezweifelt werden, dass diese Grundfragen ausgeblendet werden, weil ohnehin schon jeder Bescheid weiß.

Einige der Schlagworte in diesen Debatten haben wissenschaftlich keine klare Bedeutung und funktionieren gerade deshalb so gut. Der Wissenshorizont, vor dem die Debatten geführten werden, enthält mehr Science-Fiction-Filme als Lehrbücher aus Mathematik und Informatik. Wo ohne Grundkenntnis diskutiert wird, verliert sich die Debatte in extremen Positionen. Sie oszilliert zwischen Hype und Paranoia. Das Verhalten von Verbrauchern schwankt zwischen fundamentaler Ablehnung und naivem Zugreifen. Entscheidungsträger, denen die Sachkenntnis für eine differenzierte Entscheidung fehlt, treiben zwischen »Das betrifft uns alles nicht!« und »Wir müssen jetzt mal was mit KI machen!«.

Trotz der Worthülsen ist das Thema substanziell wichtig. Es ist zu wichtig, um uninformierte Entscheidungen zu treffen – sowohl auf gesellschaftlicher als auch auf unternehmerischer Ebene. Wir brauchen eine vernünftige und differenzierte Diskussion, um gesellschaftlichen Interessenausgleich, verantwortliche Innovation und wirtschaftlichen Erfolg zu gewährleisten. Die gute Nachricht ist, dass man sich das für Entscheidungsträger notwendige Grundwissen ohne grandiose mathematische Begabung aneignen kann – nicht mit dem Lesen eines Artikels, aber wahrscheinlich innerhalb von ein bis zwei Wochen.

Was passiert bei der Digitalisierung?

Die erste Frage lautet: Was ist eigentlich passiert? Digitaluhren waren schließlich schon Ende der 1980er-Jahre kein Hexenwerk. Tatsächlich zu beobachten ist ein enormer Zuwachs an Verfügbarkeit und Verarbeitbarkeit von Daten. Dieser Zuwachs ist zweifelsohne nachhaltig. Heute betrifft er insbesondere, aber nicht ausschließlich, alltägliche und persönliche Daten. Verfügbarkeit und Verarbeitung von Daten klingt sehr harmlos, hat aber unseren Alltag und unsere politischen Debatten transformiert, verändert täglich Wissenschaft und Technik und wirft die Geschäftsmodelle ganzer Branchen über den Haufen.

Sowohl Verarbeitung als auch Verfügbarkeit von Daten beruhen zu großen Teilen auf Algorithmen. Deren Bedeutung für die Verarbeitung von Daten liegt auf der Hand. Aber auch die Verfügbarkeit entsteht erst durch Komprimierung, Verschlüsselung, Kodierung zur robusten Übermittlung oder klugen Speicherung für schnellen Zugriff. All das beruht ebenfalls auf Algorithmen. Dass die Daten dabei digital vorliegen, ist eher zufällig. Wenn morgen Daten besser analog oder quantendigital verarbeitet werden könnten, wäre algorithmisch einiges zu ändern. Die Digitalisierung und damit die Bedeutung von Algorithmen ginge aber unvermindert weiter. Algorithmisches Denken liegt im Kern der tiefgreifenden Veränderungen unserer Zeit. Wer die Digitalisierung mehr als nur an der Oberfläche verstehen will, muss sich mit dem algorithmischen Denken vertraut machen.

Algorithmisches Denken verstehen lernen

Algorithmisch zu denken bedeutet, sich zu überlegen, wie man sich etwas überlegt. Das ist die Grundidee. Wenn man eine Denkweise so gut verstanden hat, dass man ihre Prinzipien präzise festhalten und ihre Durchführung getrost auslagern kann – an andere oder an eine Maschine –, dann hat man einen Algorithmus geschaffen. Daher stammt auch das Wort »Algorithmus«. Es leitet sich von der lateinischen Variante des Namens des persischen Gelehrten Al-Chwarizmi ab. Er lebte im achten Jahrhundert in Bagdad und konnte gut bestimmte algebraische Gleichungen lösen. Aber das reichte ihm nicht. Er wollte die Prinzipien verstehen, mit denen er und jeder andere die Lösung jeder solchen Gleichung finden kann. Das Ergebnis war damals nicht ein Computerprogramm, sondern ein menschenlesbares Buch.

Die Idee, sich zu überlegen, wie man sich etwas überlegt, hat sich besonders deutlich in der Mathematik entwickelt, ist aber keinesfalls darauf beschränkt. Algorithmisch zu denken ist für den Menschen vollkommen natürlich. Dieses Grundprinzip findet auf ganz verschiedene Denkweisen Anwendung. Spielregeln, eine Verfassung oder die Straßenverkehrsordnung sind algorithmisch gedacht. Man sucht nach guten Prinzipien, die für eine unüberschaubare Vielzahl möglicher Situationen stets zur wünschenswerten Entscheidung führen.

Algorithmen – das Fast Food des Denkens

Sich zu überlegen, wie man sich etwas überlegt, wird oft mit einem Kochrezept verglichen. Aus diesem Verständnis ergibt sich sofort eine fundamentale Kritik an Algorithmen. Algorithmen sind sozusagen das Fast Food des Denkens. Eine algorithmische Entscheidung führt zu einem Einheitsbrei, in dem die Differenzierung für den Einzelfall verloren geht. Der Vergleich mit dem Kochrezept ist eingängig, kritisch – und falsch. Ein Kochrezept führt immer zum gleichen Gericht, unabhängig vom Anlass, den Gästen, der Jahres- und der Tageszeit. Hätte Al-Chwarizmi in sein Buch geschrieben »Es kommt immer 5 heraus«, trügen Algorithmen heute nicht seinen Namen. Hingegen besteht die Kunst eines guten Algorithmus darin, wenige kluge Prinzipien zu finden, die sich in eine so große Vielfalt ausprägen, dass sie jedem Einzelfall gerecht werden können. Ein Kochalgorithmus müsste die Prinzipien angeben, nach denen sich für jeden Anlass das perfekte Essen zaubern lässt.

Ein Algorithmus ist immer nur so gut wie seine Analyse

Dennoch steht jede Anwendung eines Algorithmus in dem Spannungsverhältnis von Vereinfachung und Vielfalt. Algorithmen sind per se weder gut noch schlecht. Sie sind noch nicht einmal automatisch richtig. Technisch gesehen ist ein Algorithmus ein Satz von Regeln, um Daten umzuformen. Was diese Umformung bedeutet, für welche Eingabedaten das Ergebnis eine Bedeutung hat und ob sie überhaupt zu einem Abschluss gelangt, ist alles andere als selbstverständlich. Ein Algorithmus ist immer nur so gut wie seine Analyse. Jeder kann sich alle paar Minuten einen neuen Algorithmus einfallen lassen. Die Leistung des Algorithmikers besteht darin, zu verstehen, was ein Algorithmus in der Vielfalt der Fälle, auf die er angewendet wird, bewirkt. Ohne Analyse sind Algorithmen nur Datenschütteln. Entscheidend ist es, aufgrund der Analyse den richtigen Algorithmus zu wählen.

Man kann sich die Sache mit den Algorithmen – historisch etwas naiv – durch den König eines kleinen Reichs verdeutlichen. Er ist ein guter König: Gerecht, klug und fleißig, sitzt er jeden Tag zu Gericht, darum bemüht, bestmöglich zu entscheiden. Nun wächst sein Königreich, und er kann nicht mehr alle Entscheidungen selbst treffen.

Also schreibt er ein Gesetzbuch. Darin legt er die Prinzipien fest, nach denen er seine Entscheidungen trifft. Er überlegt sich, wie er sich seine Urteile überlegt. Er erschafft seinen Algorithmus.

Wenn die Strukturen, für die man Verantwortung trägt, größer und komplexer werden, führt kein Weg am algorithmischen Denken vorbei. Das gilt für Wissenschaftler, die große Datenmenge berücksichtigen oder komplexe Systeme bauen wollen. Und es gilt für jedes Unternehmen, das auf eine skalierende Geschäftsidee setzt. Wenn wir die großen und komplexen Strukturen, in denen wir leben, nach unseren Vorstellungen gestalten wollen, dann müssen wir algorithmisch denken. Wenn wir möchten, dass Systeme und Produkte nicht nur irgendwie funktionieren, sondern ressourceneffizient und leistungsstark unsere Bedürfnisse befriedigen, dann müssen wir in Wirtschaft und Technik noch sehr viel intensiver algorithmisch arbeiten.

Algorithmen begründen Machtanspruch

Skalierung braucht Algorithmen, und umgekehrt zielt das algorithmische Denken immer auf Skalierung. In dem Ansatz, sich einmal in Ruhe zu überlegen, wie man sich etwas überlegt, liegt notwendigerweise etwas Ausgreifendes – ein Machtanspruch. Wenn einer das beste Verfahren gefunden hat, algebraische Gleichungen zu lösen, braucht man die anderen nicht mehr, die auch ein bisschen algebraische Gleichungen lösen können. Es gibt keinen Grund, das zweitbeste Lösungsverfahren zu verwenden. Deshalb lohnt es sich, viel Mühe auf das beste allgemeine Verfahren zu verwenden und dieses anschließend mit verschwindenden marginalen Kosten breit anzuwenden. Kein Wunder also, dass die Big Five der IT-Wirtschaft in ihren Forschungsabteilungen schon Praktikanten bereitwillig horrende Vergütungen zahlen. Diese Abteilungen sind keine Profitcenter. Es sind Sammelbecken, um die weltweit besten Ideen ins Haus zu holen.

Zugang zu Wissen, Kommunikation und Märkten

Der Machtanspruch, der ganz selbstverständlich mit dem algorithmischen Denken einhergeht, erklärt auch, weshalb große IT-Unternehmen Schlagzeilen mit Themen machen, die wir bisher meist im Zusammenhang mit Staaten kannten – etwa Zensur oder Persönlichkeitsrechte. Je grundlegender ein algorithmisches Prinzip ist, desto besser kann es skalieren. Algorithmische Lösungen prägen daher Grundlegendes, wie etwa neue Infrastruktur. Sie ermöglichen den Zugang zu Wissen, zu Kommunikation, zu Märkten oder neue Wege im Zahlungsverkehr.

Dass Algorithmen diese Infrastruktur prägen, ist vernünftig und kaum zu ändern. Damit ist aber keineswegs entschieden, wie diese Prägung ausfällt. Eine Gesellschaft kann und muss sich nach wie vor

darum bemühen, die grundlegenden Strukturen nach ihren Wertvorstellungen zu gestalten. Allerdings müssen diese Wertvorstellungen algorithmisch umgesetzt werden. Es ist schlicht falsch, zu glauben, es gäbe nur die eine algorithmische Lösung, oder anzunehmen, die Notwendigkeit algorithmischer Lösungen würde auch das Prinzip vorschreiben, nach dem sich diese Lösungen richten müssen. Unsere Gesellschaft kann ebenso wenig ohne Algorithmen existieren wie Staaten ohne Gesetze. Es kommt jedoch darauf an, die Algorithmen nach unseren Maßstäben zu prägen. Für Unternehmen in Europa und Deutschland liegt darin eine Chance, für die hiesigen Kunden passendere Lösungen anzubieten, als sie international vorgefunden werden. Voraussetzung ist, dass Unternehmen und Kunden Algorithmen nicht mehr als Black Box auffassen, sondern die Kompetenz besitzen, ihre Vorstellungen in Algorithmen nachzufragen, also die für sie richtigen Algorithmen zu wählen.

Was zählt, sind die richtigen Algorithmen

Kehren wir noch einmal zu dem kleinen König zurück. Idealerweise wird er auch regeln, wer sein Gesetzbuch auf welche Fälle anwenden darf und wann seine Richter Rücksprache suchen sollen. Er wird damit selbst abschätzen, wie gut sein Algorithmus dem Einzelfall gerecht wird und welchen Einspruch er zulässt. Soweit das Idealbild. Tatsächlich schreibt der König sein Gesetzbuch nicht selbst. Kein Mensch benutzt ausschließlich oder auch nur vornehmlich Algorithmen, die er selbst entworfen hat. Daraus entsteht ein wesentlicher Unterschied. Ein Außenstehender verkauft dem König das Gesetzbuch, und oft hat auch dieser das Buch nicht selbst geschrieben oder seine Folgen durchdacht. Im Verkaufsgespräch wird er den König sicherlich nicht darauf hinweisen, welche Schwächen das Gesetz hat, wann man Rücksprache halten und wann man Einspruch erlauben sollte. Die Leidtragenden sind zunächst die Kunden des Königs. Am Ende aber ist es der König selbst, dem jedes einzelne Fehlurteil zur Last gelegt werden wird. Er trägt die Verantwortung.

Wir benutzen Algorithmen in verantwortlichen Entscheidungen wie eine Art Berater – sei es der Einzelne mit einer Suchmaschine im Internet oder ein Unternehmen mit einer Kundentypisierung. Von einem Berater möchte ich wissen, wie er arbeitet, nach welchen Prinzipien und auf welcher Grundlage er urteilt, in welchen Fragen man ihm trauen kann und wie weit man sich überhaupt auf ihn verlassen kann. Diese Fragen muss man sich auch stellen, wenn man einen Algorithmus verwendet und dennoch seine eigene Verantwortung ernst nimmt.

Verantwortung muss wissen, wie ein Algorithmus urteilt

Das Beipiel Suchmaschine

Das scheint ein bisschen viel verlangt. Schließlich kann nicht jeder Verbraucher und auch nicht jeder Entscheidungsträger Mathematik oder Informatik studieren. Aber das ist auch nicht nötig. Nehmen wir das Beispiel moderner Suchmaschinen. Den grundlegenden Algorithmus, mit dem Webseiten sortiert werden, kann man nicht verstehen, ohne spezialisiert studiert zu haben. Der Algorithmus setzt jedoch ein Kriterium um. Im Falle der Suchmaschinen ist dies der sogenannte Page Rank. Wie dieses Kriterium auf eine sehr große Menge von Webseiten schnell angewandt wird, ist mathematisch anspruchsvoll und für den Umgang mit der Suchmaschine praktisch irrelevant. Das Kriterium selbst aber, den Page Rank, kann sich jeder vernünftige Mensch in einer halben Stunde erklären lassen.

Wer dieses Kriterium einmal gesehen hat, wird nie wieder glauben, dass dadurch die Arbeit einer guten Nachrichtenredaktion, eines Arztes oder eines Wissenschaftlers ersetzt werden kann. Aber wer sich vergegenwärtigt, wie viele Webseiten zu sortieren sind, wird verstehen, dass man mit einem Kriterium dieser Qualität gut beraten ist, auch wenn man sich nicht blind darauf verlassen kann. Die Kenntnis des Kriteriums ermöglicht einen verantwortlichen Umgang.

Diskussion eröffnen

Die Kriterien gehören auf den Tisch. Über sie kann man in den meisten Fällen mit etwas Vorbildung, aber ohne tiefere mathematische Kenntnisse diskutieren. Diese Diskussion ist die Grundlage dafür, dass wir die richtigen Algorithmen auswählen können. Es ist trügerisch, auf eine allgemeine Algorithmen-Überwachung zu hoffen, die dem Einzelnen die Verantwortung abnimmt. Sicherlich gibt es Anwendungen, die eine hoheitliche Überwachung rechtfertigen. Aber es wird auch Bereiche geben, in denen Verbraucher und Unternehmen die Freiheit eigenverantwortlichen Handelns behalten müssen. Und für diese Verantwortung müssen beide ein bisschen mehr wissen, als dies zurzeit der Fall ist.

Kriterien müssen auf den Tisch

Das algorithmische Denken ist beinahe so vielfältig wie das menschliche Denken selbst. Entsprechend vielfältig ist die Art der Kriterien. Dennoch kann man sich mit einigen grundlegenden Ideen vertraut machen, sodass es leichterfällt, nachzufragen, wie ein Algorithmus funktioniert.

Google selbst ist durch zwei algorithmische Ideen groß geworden. Die erste war der Page Rank. Die zweite betraf die Einnahmenseite des ursprünglichen Geschäftsmodells, genauer gesagt, die Preisfindung für die Anzeigen zu den Suchanfragen. Selbstverständlich brauchte man dafür eine algorithmische Lösung, sonst hätte man nie eine relevante Anzahl an Anzeigen handhaben können. Dass Google damals nicht etwa eine Machine-Learning-Lösung gewählt hat, sondern eine Auktion, also ein Prinzip aus der Algorithmischen Spieltheorie, ist ein Beispiel für eine sachverständige Auswahl des richtigen Algorithmus.

Transparenz muss sein – mit Augenmaß

Gelegentlich möchten Anbieter algorithmischer Lösungen die Kriterien nicht auf den Tisch legen, aus Furcht, dass sonst ihr Wettbewerbsvorteil verloren ginge oder sogar die Funktionstauglichkeit des Algorithmus kompromittiert würde. In der Tat kann man nicht die genaue Funktionsweise von Spamfiltern oder vergleichbaren Methoden in Suchmaschinen öffentlich machen, ohne dass diese Funktionen Gefahr laufen, umgangen zu werden. Das bedeutet aber nicht, dass man auf ein vernünftiges Maß an Transparenz verzichten muss. Auch ein Automobilbauer kann und muss Kunden und Aufsichtsbehörden Kenntnis seiner Technologie geben – der Aufsicht mehr als dem Kunden, aber beiden wahrheitsgemäß und hinreichend für das jeweilige berechtigte Interesse. Ein solcher vernünftiger Ausgleich ist auch bei Algorithmen zu erreichen. Der Anbieter von Algorithmen sollte selbst ein Interesse an möglichst hoher Transparenz haben, denn je besser der Kunde die Kriterien eines Algorithmus versteht, desto breiter kann er diesen verantwortlich einsetzen.

Ein wichtiges algorithmisches Prinzip mit viel Medienecho ist das sogenannte Maschinelle Lernen. Grundsätzlich handelt es sich hierbei um statistische Verfahren. Es sind Schätzungen. Beispielsweise wird aus den Filmen, die ich bisher gesehen und bewertet habe, und den Bewertungen anderer geschätzt, ob mir ein für mich neuer Film gefallen wird. Wenn er mir dann doch nicht gefällt, habe ich natürlich nicht den falschen Filmgeschmack, sondern das Verfahren hat sich verschätzt.

Was bei einem solchen statistischen Verfahren als Schätzung meines Filmgeschmacks entsteht, ist in der Regel amorph und für den Menschen unzugänglich. Aber man kann angeben, welche Daten berücksichtigt worden sind und nach welchen Prinzipien sie verarbeitet wurden. Die Güte eines solchen Verfahrens muss meist experimentell beurteilt werden. Für die Filmempfehlung eines Streaming-Dienstes kann man sich selbst ein Bild von der Qualität des Verfahrens machen. An anderer Stelle muss man fragen, wie ein solches Verfahren in Tests abgeschnitten hat, auf Basis welcher Daten die Tests durchgeführt wurden und ob der Anwendungsbereich für statistische Verfahren geeignet ist. Grundsätzlich ist schon viel gewonnen, wenn man sich bewusst macht, dass es sich um ein statistisches Verfahren handelt. Für eine Filmempfehlung ist das vielleicht unkritisch. Für eine etwas gezieltere Platzierung von Werbung kann es ebenfalls helfen. Für eine letztgültige Entscheidung mit Tragweite für eine einzelne Person ist ein statistisches Kriterium fast immer ungeeignet.

Prof. Dr. Sebastian Stiller ist Professor für Mathematische Optimierung an der TU Braunschweig. Seine Forschungsschwerpunkte liegen in der kombinatorischen Optimierung, insbesondere der Robusten Optimierung und der Algorithmischen Spieltheorie. Neben der Arbeit an theoretischen Grundlagen hat er zahlreiche Praxisprojekte insbesondere in den Bereichen Verkehr und Logistik durchgeführt.

Künstliche Intelligenz im Wortsinne gibt es nicht

Maschinelles Lernen macht den größten Teil dessen aus, was heute unter dem reichlich unglücklichen Namen »künstliche Intelligenz« firmiert. Künstliche Intelligenz im Wortsinn gibt es nicht. Die haltlose Vermenschlichung real existierender statistischer Verfahren, die unter dem gleichen Namen laufen, aber solide Wissenschaft sind, führt zu einer wenig sachdienlichen Debatte. Auf der einen Seite werden die entscheidenden Fragen an die Qualität der statistischen Verfahren verdeckt, weil man, anstatt zu erklären, orakelt, die Verfahren würden »wie Menschen« entscheiden. Auf der anderen Seite führt diese Vermenschlichung häufig zu esoterischen Debatten, die Ängste und Fantasien beflügeln, aber an der Sache geradewegs vorbeiführen.

Maschinelles Lernen hat gerade in der Bild- und Spracherkennung für gewaltige Fortschritte gesorgt und wird, zusammen mit anderen algorithmischen Prinzipien an der richtigen Stelle eingesetzt, weiteren Fortschritt ermöglichen. In anderen Bereichen wäre es schlicht einfältig, Maschinelles Lernen zu verwenden. Am Ende des Tages sind es Algorithmen wie andere auch.

Algorithmen zu verstehen ist fundamental für echte Innovation, verantwortliche Nutzung und nachhaltigen Erfolg. Das gilt für Verbraucher und Unternehmen genauso wie für Politik und staatliche Institutionen.

Dr. Pero Mićić, Stefan Schnack

Werden **Blockchains** Wirtschaft und Verwaltung **revolutionieren**?

Im Jahr 2027 sollen nach einer Prognose des Weltwirtschaftsforums rund 10 Prozent des weltweiten Bruttoinlandsprodukts (BIP) über Blockchains abgewickelt werden. Heute sind es weit unter 1 Prozent. Allgemein wird der Technologie ein großes Potenzial zugesprochen: Fast alles soll sie demokratisieren, vieles revolutionieren, manches sogar disruptieren, also überflüssig machen. Zweifellos wird sie neue Märkte schaffen. Doch wer wird eigentlich wie genau von der Blockchain-Technik profitieren?

Was ist die Blockchain?

Die 500 Jahre alte doppelte Buchhaltung hat den Vorteil, dass jeder Buchungsbetrag an zwei Stellen festgehalten wird. So gibt es eine gewisse Konsistenzkontrolle. In Blockchains wird derselbe Vorgang an Tausenden oder gar Millionen Stellen notiert. Die Blockchain ist eine dezentrale, gemeinsam genutzte Datenbankstruktur. Ihre wichtigsten Vorzüge sind ihre hohe Transparenz und Sicherheit. Unter dem Pseudonym Satoshi Nakamoto hat im Jahre 2008 eine bis heute unbekannte Person oder Gruppe das der Technologie zugrunde liegende Konzept »Bitcoin: A Peer-to-Peer Electronic Cash System« in die Weltöffentlichkeit gebracht. Ein Jahr später wurde eine Referenzsoftware dazu veröffentlicht. Die Blockchain-Technologie beruht auf Open-Source-Basis.

Diese Technologie macht jede Art von Information eindeutig überprüfbar. Eine zentrale beglaubigende Instanz, etwa eine Bank, ein Makler oder andere Intermediäre, ist nicht mehr nötig. Auf der Blockchain basieren unter anderem die Krypto-Währungen Bitcoin und Ether. Aber ihr Potenzial geht weit darüber hinaus. Eine immer größere Zahl an Unternehmen prüft den Einsatz der Blockchain-Technologie, um bestehende Prozesse zu optimieren, neue Geschäftsfelder zu erschließen oder neue Geschäftsmodelle zu entwickeln. Unzählige Blockchain-Start-ups entwickeln Lösungen, die traditionelle Branchen zu disruptieren drohen.

Alle Nutzer der Blockchain besitzen eine Kopie des Transaktionsprotokolls bei gleicher Datengrundlage. Das heißt, die jeweils aktuelle Version des Protokolls befindet sich auf einer sehr großen Anzahl von Rechnern. Datensätze und Transaktionen, sogenannte »Blocks«, werden aneinandergehängt und bilden eine Kette, die »Chain«. Durch Speicherung des Hashwertes – ein Wert fester Länge, zum Beispiel 128 Bit, codiert als hexadezimale Zeichenkette – des vorangehenden Datensatzes im jeweils nachfolgenden und die dezentrale Verteilung können die Daten nachträglich nicht manipuliert werden. Die Validierung erfolgt durch die Teilnehmer des Netzwerks. Dies garantiert die Einmaligkeit einer Transaktion oder Werteinheit, im Gegensatz zu anderen kopierbaren digitalen Gütern. Da die Datenbank chronologisch linear erweitert wird, können sämtliche Transak-

tionen zu jedem Zeitpunkt nachvollzogen werden – bis zum ersten Block, dem sogenannten Genesis-Block. Gleichzeitig steigt mit jedem zu validierenden Block aber auch die benötigte Rechenleistung. Die Größe von Blockchains wächst exponentiell.

Smarte Verträge und das Internet der Werte

Prozesse einfach und preiswert automatisieren und beschleunigen

In Zukunft werden sensible Daten und Werte, zum Beispiel personenbezogene Daten, Finanztransaktionen, Verträge etc., über Blockchains organisiert werden. Wirtschaftliche und administrative Prozesse können einfach und preiswert automatisiert und beschleunigt werden. Es ist möglich, rechtsgültige Verträge ohne Notare zu schließen. Ethereum ist eine solche Plattform, auf der in Zukunft Verträge geschlossen werden und Eigentumsübertragungen erfolgen sollen – und das zu minimalen Kosten. In der Finanzbranche etwa werden Transaktionskosten erheblich sinken. »Smart Contracts«, also online geschlossene, sich selbst einlösende Verträge (Wenn-dann-Prinzip), werden die Basis für das Internet der Rechte und Werte bilden. Es wäre weniger die nächste Evolutionsstufe des heutigen Internets der Information und des Wissens als vielmehr die Schlüsseltechnologie für das »Internet of Everything«, das Menschen, Prozesse, Daten und Dinge vernetzt. Notarisierungs-, Zertifizierungs-, Patentierungs-, Legitimierungs- und Authentifizierungsplattfomen werden auf Blockchains basieren.

Anwendungsbeispiele für die Blockchain-Technologie

- **Finanzbranche:** Krypto-Währungen ermöglichen Zahlungen und Überweisungen weltweit in Echtzeit und mit niedrigeren Transaktionsgebühren. Auf Basis der Blockchain-Technologie können zudem Mikro- und Nanozahlungen effizient abgewickelt werden. Finanzierungen und Kredite lassen sich vom Antrag über die Bewilligung bis hin zur letzten Rate sicher und weitgehend automatisiert organisieren.

- **Gesundheitswesen:** Patientendaten können mithilfe der Blockchain sicher in elektronische Patientenakten integriert und die Zugriffsrechte auf die Akten digital verwaltet werden. Durch die bessere Nutzung von Synergien und die Vermeidung von Doppeluntersuchungen können Kosten gesenkt werden. Smart Contracts bilden die Basis für verhaltensabhängige Versicherungstarife. Der Beitrag steigt zum Beispiel automatisch, wenn sich der Versicherte falsch oder anders als vereinbart verhält.

- **Online-Handel:** Smarte Verträge automatisieren, dass Produkte im B2B-, B2C- und C2C-Online-Handel erst dann versendet werden, wenn die Zahlung eingegangen ist. Oder umgekehrt: Gezahlt wird erst, nachdem das Produkt zugestellt wurde. Künstler und Kreative erhalten den größten Teil der Einnahmen aus Lizenzgebühren (Downloads, Streamings etc.) unter Umgehung von Intermediären (Plattformen, Online-Shops etc.).

- **Logistik:** Mithilfe der Blockchain-Technologie können Logistikprozesse und Materialflüsse in immer komplexeren Wertschöpfungsketten optimiert werden. Da logistische und vertragliche Informationen automatisiert ausgetauscht werden, können Prozesse entbürokratisiert und beschleunigt werden. Container, Waggons und Pakete lassen sich weltweit sicher authentifizieren und in Echtzeit nachverfolgen. Die lückenlose Sendungsverfolgung schützt zudem wirksam vor Produktpiraterie.
- **Industrie:** Industrielle Anwendungsszenarien für die Blockchain-Technologie sind vielversprechend. Beispiele sind die lückenlose Wartungsdokumentation von Anlagen und Maschinen und die automatisierte Auslösung und Abrechnung von Produktionsschritten mittels Maschine-zu-Maschine-Kommunikation. Produktionsdaten können sicher dokumentiert und verschiedenen Akteuren gestuft zugänglich gemacht werden. Der eindeutige Nachweis, dass Design- und Produktionsdaten zu einem Zeitpunkt X existiert haben, wird dabei helfen, Patentansprüche zu verteidigen.
- **Mobilität:** Auch im Bereich Mobilität könnte die Blockchain-Technologie breit eingesetzt werden, etwa um über Smart Contracts den Zugang zu Carsharing-Fahrzeugen zu regeln, Strom für E-Mobilität abzurechnen oder Fahrzeugdaten sicher zu dokumentieren und zu speichern. Zudem könnte sie wirksam davor schützen, dass Daten und Systeme für autonomes Fahren manipuliert werden.

Denkt man diese Beispiele weiter, eröffnen sich ungeahnte Möglichkeiten und Chancen.

Dezentralisierte autonome Organisationen

Operatives Geschäft ohne menschliches Zutun

Dezentralisierte autonome Organisationen (DAO) sind Unternehmen, deren operatives Geschäft ganz ohne menschliches Zutun funktioniert. Blockchains würden klassische Unternehmensstrukturen radikal verändern. Die Organisation wird durch in Computerprogrammen kodierte Regeln geleitet. Transaktionen werden über eine Blockchain abgewickelt. Als Unternehmen könnte eine DAO wirtschaftlich aktiv sein, über Eigenkapital verfügen, Verträge abschließen und sogar Roboter beschäftigen. Die zunehmende Automatisierung und Fortschritte im Bereich der Künstlichen Intelligenz könnten der Verbreitung von DAOs in den nächsten Jahren und Jahrzehnten Vorschub leisten. Noch völlig unklar ist, wie die rechtlichen Rahmenbedingungen für Blockchain-basierte Unternehmen und Organisationen aussehen sollen.

Digitale Verwaltung und digitaler Staat

Auch im E-Government kann die Blockchain-Technologie Verwaltungsprozesse vereinfachen, zum Vorteil sowohl der Bürger als auch der Behörden. Register für Unternehmen, Fahrzeuge, Grundstücke oder Immobilien können in Echtzeit für jeden transparent und fälschungssicher geführt werden. Zusätzlich wird vermieden, dass Bürger Dokumente gleichen Inhalts mehrmals einreichen müssen. Die Schweizer Stadt Zug bietet als erste Kommune weltweit eine E-ID auf Blockchain-Basis. Die digitale Bürger-Identität soll es den Schweizern ermöglichen, städtische Dienstleistungen rechtssicher über eine App in Anspruch zu nehmen. Sämtliche Ausweispapiere wären darin zusammengefasst. Auch ein effizienteres Steuersystem ließe sich realisieren. Alle steuerlich relevanten Vorgänge und Daten könnten direkt und teilweise automatisiert erfasst und Steuereinnahmen besser organisiert und verwaltet werden. Das Resultat ist ein betrugssicheres Steuersystem, das dem Staat höhere Einnahmen garantiert. China plant, die Blockchain zukünftig für sein Steuersystem zu nutzen. Auch die Staatsausgaben könnten transparenter und missbrauchssicherer gestaltet werden, indem digitale Coins an einen konkreten Zweck gebunden werden. E-Government-Vorreiter in Europa ist Estland. Die Bürger des baltischen Staates können Hunderte von E-Government-Diensten nutzen, die auf dem Blockchain-Prinzip basieren. Interessant ist die Technologie auch für E-Voting. Wahlen und direktdemokratische Abstimmungen wären sicher vor Manipulationen. Die Anwendungsfälle scheinen unzählig, auch über die Grenzen traditioneller Staaten hinaus. Die Plattform »Bitnation«, der erste global agierende Staatsleistungsanbieter, ermöglicht zum Beispiel mit »Smart Love« eine Blockchain-basierte Eheschließung, ohne Standesamt oder Priester. Flüchtlingen wird im »Bitnation Refugee Emergency Response«-Programm leicht und unbürokratisch zu einem Identitätsnachweis verholfen.

Etablierte Marktplätze umgehen

Es gibt allerdings auch eine Kehrseite der Medaille, vor allem im Hinblick auf die Möglichkeit totaler Transparenz: So könnte die Blockchain-Technologie auch für eine lückenlose staatliche Kontrolle der Bürger in autoritären Systemen missbraucht werden. Ihre demokratische Anwendung ist durch die Blockchain selbst nicht gesichert.

Die Ermächtigung des Einzelnen: Werden traditionelle Geschäftsmodelle disrumpiert?

Die Digitalisierung verändert Märkte, Unternehmen und Geschäftsmodelle. Doch droht die eigentliche Disruption erst durch die Blockchain? Bestehende Marktplätze können umgangen und verstärkt neue Vertriebskanäle genutzt werden, über die sich Güter und Werte einfacher und fairer tauschen lassen. Interaktionen erfolgen direkt zwischen den Beteiligten (peer to peer), vorbei an den traditionellen

Händlern und Intermediären. Die Blockchain könnte sich zu einem wichtigen Treiber der Sharing Economy entwickeln. Das Ridesharing-Start-up Arcade City aus den USA ermöglicht es zum Beispiel, dass Fahrer und Mitfahrer einander direkt kontaktieren. Dies bedroht das Geschäftsmodell eines Vermittlers wie Uber, des Unternehmens, das selbst immer wieder beispielhaft als »Digital Disruptor« zitiert wird und in den letzten Jahren die Taxi-Branche in arge Bedrängnis gebracht hat. Während Uber bis zu 25 Prozent des Fahrpreises an Provision verlangt, sollen Transaktionsgebühren bei Arcade City deutlich geringer ausfallen. Die Fahrpreise werden nicht diktiert, sondern zwischen Fahrer und Fahrgast ausgehandelt. Die Blockchain als Infrastruktur der wachsenden Sharing Economy stärkt die Kundenmacht und fördert Unternehmergeist, wobei die Grenzen zwischen Kunde und Anbieter fließend werden. Da die Menge des privat in Eigenanlagen produzierten Stroms steigt, wird beispielsweise ein direkter Handel auf Basis der Blockchain-Technologie für alle Beteiligten attraktiv. Die großen Energiekonzerne können dabei umgangen werden.

Neue Kundenmacht durch Blockchains

Zugang in die Blockchain Economy finden Anwender über sogenannte Dapps, das sind dezentrale Apps mit Blockchain-Back-End, die ganz oder teilweise autonom funktionieren. Sollte die Technologie tatsächlich breit angewendet werden, würde eine ganz neue Art der Kundenmacht entstehen. Traditionelle Anbieter und Vermittler hätten das Nachsehen. Doch ganz ohne Intermediäre wird es nicht gehen. Die Infrastruktur für die Blockchains muss von jemandem bereitgestellt werden. Diese digitalen Intermediäre sowie die Betreiber riesiger Computerfarmen für das Mining würden über Transaktionskosten verdienen.

Viele Unternehmen haben die Zeichen der Zeit erkannt und kooperieren bereits mit Start-ups, Technopreneuren und Entwicklern, um neue Geschäftsmodelle auf Basis der Blockchain-Technologie zu entwickeln. IBM hat eine kommerzielle Cloud-Lösung für Unternehmen auf Basis der Technologie vorgestellt: Blockchain as a Service. Energiekonzerne, Banken und Versicherungen loten ebenfalls die Einsatzmöglichkeiten der Blockchain für sich aus. Wer den Disruptoren zuvorkommt, hat eine hohe Überlebenswahrscheinlichkeit.

Hürden und Herausforderungen

Eine rasche Verbreitung der Blockchain-Technologie wäre mit enormen CO_2-Belastungen verbunden. Der Ressourcenverbrauch von Public Blockchains ist hoch. Eine einzige Bitcoin-Transaktion verbraucht so viel Energie wie zwei private Haushalte in den USA an einem Tag. Mit der wachsenden Blockchain steigt zudem der Rechenaufwand. Langfristig wird es also nötig sein, die benötige Energie möglichst klimaneutral zu erzeugen.

In Zukunft wird es immer mehr auf Blockchain-Technologie basierende Anwendungen geben. Eine Herausforderung wird es daher sein, frühzeitig einheitliche Standards zu entwickeln, um die Interoperationalität zwischen den verschiedenen Blockchain-Plattformen branchen- und länderübergreifend zu gewährleisten.

Zwar ist die Blockchain an sich nicht manipulierbar, aber eine Sicherheitslücke bei den für die Krypto-Währung Ether verwendeten Wallets, den virtuellen Portemonnaies, ermöglichte es Hackern 2017, umgerechnet über 30 Millionen Euro zu stehlen. Die Fehler von heute führen allerdings auch zu der besseren Blockchain von morgen. Bislang ungelöst ist das Problem, dass virtuelle Währungen selbst für kriminelle Zwecke genutzt werden, beispielsweise zur Geldwäsche, Terrorismusfinanzierung oder für den Drogenhandel im Darknet.

Dr. Pero Mićić ist Vorstand der Future Management Group AG. Er berät die Führungsteams und Zukunftsexperten großer Konzerne und führender Mittelständler zu Ergebnissen und Methoden der unternehmerischen Zukunftsforschung und begleitet sie bei der Umsetzung in praktische Marktchancen und Strategien.

Stefan Schnack ist bei der Future Management Group AG (FMG) verantwortlich für die Identifizierung und Aufbereitung des FMG-Zukunftswissens. Er publiziert zu Zukunftsfragen und Zukunftsmärkten, ist unter anderem Autor und Layouter der FMG-Reihe *Market Foresights* und hat die redaktionelle Leitung des FutureNet.

Blockchain-Technologie hat das Potenzial, die Art und Weise, wie wir Geschäfte machen und abwickeln, drastisch und für alle Zukunft radikal zu verändern.

Oliver Merx

Neue Innovationshöhen und **Marktakzeptanz** erreichen durch **Ko-Innovation**

In der digitalen Welt wird das koordinierte Zusammenspiel von Unternehmen immer wichtiger – auch und gerade dann, wenn es um die Entwicklung von Innovationen geht. Vor diesem Hintergrund gewinnt Ko-Innovation zunehmend an Relevanz.

Bei Ko-Innovation schließen sich zwei oder mehr Firmen zusammen, um Innovationen gemeinsam zu entwickeln. Zum Teil wird das Ergebnis auch gemeinsam vermarktet. Die Anzahl der Unternehmen, die Ko-Innovation nutzen, wächst rasant: Daimler, SAP und die Telekom gehen diesen Weg ebenso wie viele Mittelständler und Startups. Treiber dieses rasant zunehmenden Trends ist insbesondere die Digitalisierung:

- Sie vernetzt Branchen und Services mit- und untereinander.
- Durch sie entstehen laufend neue hoch spezialisierte Services und Wettbewerber.
- Sie ermöglicht komplett neue Geschäftsmodelle (z. B. Sharing).
- Spezifischere Kundenwünsche nehmen mit den Möglichkeiten ebenfalls zu.
- Die Technik entwickelt sich nonstop exponentiell weiter.
- All das beschleunigt Innovationszyklen und verkürzt Vermarktungszeiten.

Fehlendes interdisziplinäres Know-how, hohe Investitionskosten, sich laufend ändernde Kundenwünsche und begrenzte Zeitfenster lassen das Risiko des Scheiterns von Innovationen zunehmend größer werden. Um dieser Gefahr entgegenzuwirken, wurden im Laufe der letzten Jahre viele Innovationsprozesse gezielt geöffnet. Waren früher streng geheime »Skunk Works«[1]-Ansätze die Regel, so arbeiten heute Unternehmen immer häufiger mit Kunden, Partnern und zum Teil auch mit Wettbewerbern zusammen.

Blockchain und Automobil als Beispiel

Akteure und Prozesse innovativ vernetzen

Ko-Innovation setzt Offenheit voraus; das kann für das eine oder andere Unternehmen bereits eine Herausforderung sein. Erforderlich ist außerdem eine kollaborative Kultur. Ist diese vorhanden, stellt sich die Frage nach den strategischen Möglichkeiten und Grenzen von Ko-Innovation. Neue Chancen eröffnet die Blockchain-Technologie[2]: Mit ihr können unterschiedliche Akteure und Prozesse innovativ miteinander vernetzt werden. Das gilt innerhalb von Unternehmen ebenso wie zwischen Unternehmen der gleichen Branche und/oder unterschiedlicher Industrien.

1 Siehe https://de.wikipedia.org/wiki/Skunk_works.
2 Ausführlich zur Blockchain: https://de.wikipedia.org/wiki/Blockchain.

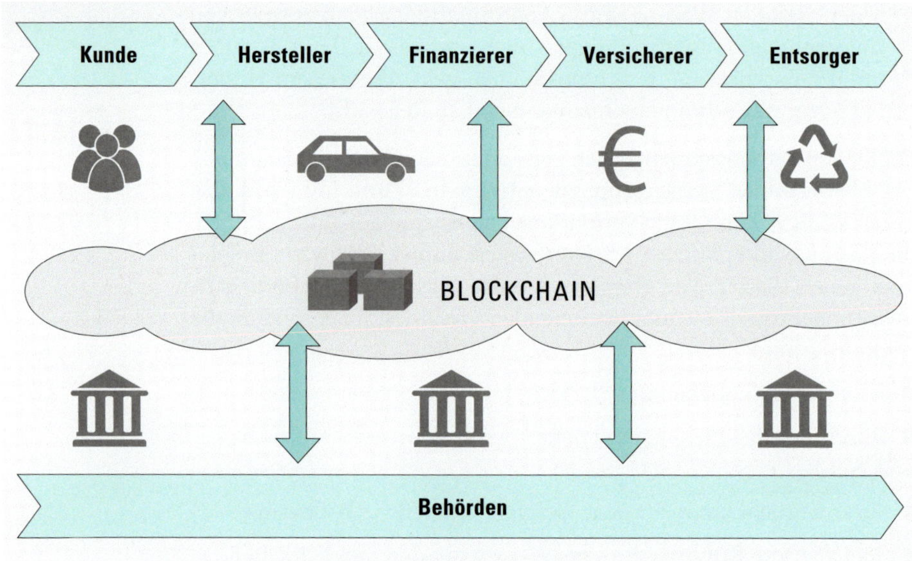

Abb. 4.1: Cross-Industry-Potenziale der Blockchain am Beispiel des Automobils

Quelle: Oliver Merx

Die Cross-Industry-Potenziale und der Mehrwert von Ko-Innovation im Kontext der Blockchain lassen sich anhand des Automobils exemplarisch veranschaulichen[3] (siehe Abb. 4.1). Folgende Informationen können zum Beispiel mittels Blockchain integriert und fälschungssicher gespeichert werden:

- Nachweis der Verwendung und des korrekten Einbaus von Originalteilen, logistische Details zur Auslieferung des fertigen Produkts, Dokumentation von Verkaufs- und Anmeldungsdetails wie Zulassung, Führerschein, Finanzierung und Versicherung des Fahrzeugs, Nutzung des Fahrzeugs durch unterschiedliche Nutzer, Speichern der Nutzung mit fälschungssicherem Tacho, Dokumentation der finalen Fahrzeugentsorgung u. v. m.

- Der jeweils aktuelle Stand kann allen Beteiligten im Sinne einer »ewigen«, vertrauenswürdigen Wahrheit zur Verfügung gestellt werden. Das Besondere daran: Keiner der Beteiligten hat diesbezüglich den »Single Point of Control«.

- Dieser Umstand ist einerseits der Schlüssel zur Vertrauenswürdigkeit. Zugleich ist die Neutralität ein wichtiger Aspekt, der die Relevanz von Ko-Innovation verdeutlicht: Wenn das Ergebnis von den Beteiligten unterschiedlicher Industrien getragen werden soll, müssen diese auch bei der Entwicklung diesbezüglicher Innovation kooperieren.

3 Siehe dazu auch http://www.munich-startup.de/27099/blockchain-digitale-welt/.

Das gilt nicht nur beim Automobil: Die Blockchain macht Wertschöpfungsketten aller Art potenziell sicherer und vertrauensvoller – sie vermag zudem etablierte Wertschöpfungsketten neu zu definieren oder miteinander zu verschmelzen, etwa durch den Wegfall von Intermediären. Sie kann Vertrauen zwischen Akteuren entstehen lassen, die bislang nie miteinander kommuniziert haben. Das Resultat: Viele Prozesse werden durch Einsatz der Blockchain schneller, effizienter und sicherer – vorausgesetzt, dass sich die notwendigen Beteiligten finden und zusammenarbeiten.

Internet der Dinge und Konsortien

Zusammenarbeit zwischen Mensch und autonomer Maschine

Das Automobil-Beispiel ist schon ein komplexer Anwendungsfall. Die Kombination von Blockchain mit dem Internet of Things (IoT) ist aber vermutlich noch komplexer, zumal dabei nicht nur Menschen, sondern auch autonome Maschinen agieren. Trotz oder gerade wegen dieser Komplexität wird bereits an allen Ecken und Enden an den dafür erforderlichen Blockchain-Komponenten gearbeitet. Beispielsweise hat SAP nicht nur ein eigenes Ko-Innovation Lab, das Unternehmen hat im September 2017 zudem eine Ko-Innovation-Initiative für das Zusammenspiel von IoT und Blockchain gestartet.[4] An ihr sind neben SAP-Mitarbeitern auch IT-Dienstleister und Anwender-Unternehmen aus unterschiedlichsten Industrien beteiligen.

Der Vorteil dieses Ansatzes liegt auf der Hand:

- Viele digitale Innovationen können kaum mehr von einem Unternehmen allein bewältigt werden – selbst Global Player wie SAP benötigen den Input verschiedener Experten, Partner und Kunden, um zukunftsfähige Produkte zu entwickeln.

- Im Kern geht es bei solchen Initiativen darum, rund um hoch dynamische Themen wie die Blockchain interdisziplinäre Communities zu etablieren und so domänenübergreifende Ecosysteme zu bilden. Diese helfen im Idealfall dabei, alle beteiligten Unternehmen erfolgreicher zu machen.

- Eine wichtige Voraussetzung von Ko-Innovation ist die Entwicklung eines gemeinsamen Verständnisses und Vorgehensmodells. Die Entwicklung von einheitlichen Methoden, Services und Schnittstellen besitzt für den Erfolg von Ko-Innovation jedenfalls hohe Relevanz. Abgestimmte Vorgehensmodelle helfen dabei, komplexe Materien besser zu verstehen. In der Regel bilden sie im Rahmen von Ko-Innovation den »Backbone« für die Entwicklung kundenorientierter Produkte und realistischer Geschäftsmodelle.

4 https://siliconangle.com/blog/2017/09/28/sap-says-wants-build-blockchain-based-ecosystem-internet-things/.

- Für Ko-Innovation werden im Rahmen der Blockchain aktuell verschiedene (agile) Methoden parallel verwendet, beispielsweise Design Thinking, Rapid Prototyping, Business Model Canvas u. a. Eine spezifischere, auf die Blockchain abgestimmte Methode gibt es bislang noch nicht. Sie könnte die interdisziplinäre Kollaboration innerhalb und zwischen Unternehmen vereinfachen.

In Anbetracht der zuvor ausgeführten Umstände verwundert es nicht, dass sich im Umfeld der industrieübergreifenden Blockchain besonders viele Unternehmen zusammenschließen, um gemeinsam Basis-Technologien, Module und Anwendungsbeispiele zu entwickeln. So gibt es inzwischen verschiedene Konsortien, die mal mehr, mal weniger eng und offen zusammenwirken:

- Ein offenes, industrieübergreifendes Konsortium ist beispielsweise Hyperledger mit 19 Kernunternehmen und mehr als einhundert weiteren Mitgliedern. Diese entwickeln nicht nur die Basistechnologie der Blockchain weiter, sie schaffen auch einen Quasi-Standard.[5]
- Beispiele für branchenspezifische Konsortien sind das R3-Konsortium (Banking)[6] und das B3I-Konsortium (Rückversicherung)[7]. Hier werden zum Teil eigene technische Lösungen entwickelt. In jedem Fall werden Anwendungsbeispiele gemeinsam definiert, umgesetzt und erprobt.
- Ein themengebundenes Beispiel ist Titanium[8] – ein Konsortium mit Cyber-Security-Fokus. Es besteht aus 15 Partnern. Diese kommen sowohl aus dem öffentlichen Sektor als auch aus spezialisierten Unternehmen.

Unterschiedliche Interessen unter einen Hut bringen

Das kooperative Zusammenspiel von mehreren Unternehmen ist eine typische Herausforderung von Ko-Innovation. Dabei gilt es nicht nur, eine hohe Komplexität zu bewältigen, sondern auch, die häufig unterschiedlichen Interessen der Beteiligten unter einen Hut zu bekommen.

Abgrenzung, Ergänzungen und Alternativen

Ko-Innovation bietet Chancen, schafft aber auch neue Herausforderungen. Beides gleichermaßen zu bewerten erfordert eine Gesamtsicht, die auch die Alternativen und Ergänzungen zu Ko-Innovation berücksichtigt.

Die Blockchain-Technologie ermöglicht es Unternehmen, Innovationen in unterschiedlichen Modellen (mit) zu entwickeln und an ihnen

5 https://www.hyperledger.org.

6 https://www.r3.com.

7 http://b3i.tech/home.html.

8 Siehe https://www.btc-echo.de/eu-5-millionen-euro-forschungsprojekt-blockchain-ueberwachung/.

Corporate Innovation	**Eigenentwicklung von Innovationen; die Intellectual Property (IP) bleibt voll und ganz beim Unternehmen.**
Open Innovation	Das Unternehmen lässt Partner und Kunden an der Entwicklung von Innovationen (teilweise) mitwirken, behält aber die IP meist für sich. Die Grenzen zu den drei nachfolgenden Varianten sind fließend.
Geschlossene konsortiale Ko-Innovation	Zielgerichtete gemeinsame Entwicklung durch zwei oder mehr Partner im Rahmen eines geschlossenen Konsortiums; Aufwände und IP werden i. d. R. zwischen den Partnern geteilt (Beispiel R3 und B3I); Ziel ist häufig die Entwicklung gemeinsamer Branchen-Standards.
Offene konsortiale Ko-Innovation	Zielgerichtete gemeinsame Entwicklung zwischen zwei und mehr Partnern im Rahmen eines Konsortiums; das Ergebnis wird als Open Source zur Verfügung gestellt (Bsp.: Hyperledger). Häufig besteht ein Cross-Industry-Fokus. Typisches Ziel ist die Entwicklung von universellen Basistechnologien, Modulen und Methoden.
Cross-Industry-Transfer-Innovation	Erfordert keine konsortiale Struktur. Man überträgt Innovationen systematisch oder assoziativ von einem industriellen Kontext in einen anderen (z. B. Anwendungsfälle aus dem Energiesektor oder dem Banking-Umfeld in die Logistik).

Abb. 4.2: Möglichkeiten für Innovationen im Umfeld der Blockchain *Quelle: Oliver Merx*

zu partizipieren, angefangen bei der Eigenentwicklung bis zur Einbeziehung von Kunden und Partnern in unterschiedlichen Intensitäten der Partnerschaft und Verwertung der Innovationsergebnisse (siehe Abb. 4.2). Es gibt keinen Königsweg; in der Regel ergänzen sich die Ansätze. Teilweise ist auch ein »Springen« zwischen den verschiedenen Wegen möglich. Ein aktuelles Beispiel für derartiges »Hopping« ist das R3-Konsortium: Sowohl J.P. Morgan als auch Santander haben zwischenzeitlich das Konsortium verlassen[9] – vermutlich auch deshalb, um eigene Wege zu erforschen. Ob und in welchem Umfang bei diesem Solo die Grenzen der Corporate Innovation erkundet wurden, lässt sich nur erahnen. Beide Unternehmen sind wieder zum R3-Konsortium zurückgekehrt.

Egal ob Banken, Versicherungen, IT-Beratungshäuser oder Software-Hersteller: Der klassische Ansatz des »Single Point of Innovation« befindet sich in der digitalen Welt auf dem Rückzug. Es reicht eben kaum noch, Produkte oder Services hinter verschlossenen Türen auszutüfteln und mit einem Big Bang auf den Markt zu werfen. Denn Kundenbedürfnisse werden immer individueller, weshalb Kunden immer öfter in den Innovationsprozess eingebunden werden müssen. Zudem wird der Lebenszyklus von Produkten immer kürzer; vor allem sind (digitale) Produkte kaum mehr fertig, wenn sie auf den Markt kommen – vielmehr ist ihre Weiterentwicklung eine Art »Permanent Beta«-Prozess.[10]

9 https://www.btc-echo.de/santander-verlaesst-r3/.
10 http://de.megatrends.wikia.com/wiki/Permanent_Beta.

Trotz alledem ist Corporate Innovation nach wie vor elementar. Die Frage ist lediglich, wo sie im Idealfall anfängt und wo sie aufhören sollte. Ko-Innovation und Corporate Innovation können sich sinnvoll ergänzen. Es besteht kein Entweder-oder-Verhältnis, sondern eine Sowohl-als-auch-Relation. Ko-Innovation hilft einerseits dabei, die digitale Innovationshöhe, quasi die Absprungmarke der Corporate Innovation, zu erhöhen. Zugleich schafft sie eine viel höhere Marktakzeptanz durch Standards und gesteigertes Produktvertrauen durch hohe Nachhaltigkeit (siehe Abb. 4.3).

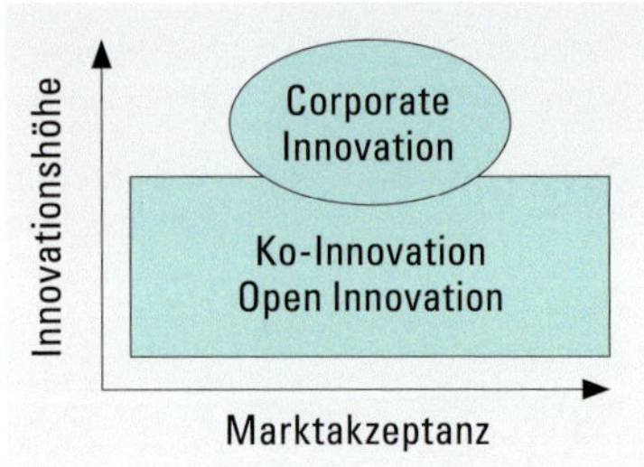

Abb. 4.3: Ergänzung von Ko-Innovation und Corporate Innovation

Quelle: Oliver Merx

Das Synergiepotenzial trifft auch auf die Blockchain selbst zu, da diese eine recht junge Technologie ist:

- Sie steckt nach wie vor in den Kinderschuhen, muss von vielen erst einmal verstanden und interdisziplinär und iterativ weiterentwickelt werden.
- Beim Aufbau dieses »Basiswissens« sind Ko-Innovation und Open Innovation in vielerlei Hinsicht alternativlos – nicht zuletzt deshalb, weil echte Blockchain-Experten aktuell ebenso rar sind wie belastbares Erfahrungswissen bei Produktiv-Systemen zur Blockchain.
- Bei spezifischen Themen auf höherer Ebene können Unternehmen trotzdem ihre USPs oder ein spezifisches »Geheimwissen« aufbauen. Das gilt insbesondere bei internen Blockchain-Projekten, da bei diesen in der Regel keine anderen Unternehmen beteiligt sind.

Ein und dasselbe Unternehmen kann nach dieser Logik parallel in unterschiedlicher Form aktiv werden: Es kann sich an einem Open-Source-Konsortium beteiligen, um technische Grundlagen zu verstehen und diese mitzugestalten. Es kann sich gleichzeitig an einem geschlossenen Branchen-Konsortium beteiligen, um spezifische Anpassungen einer Industrie zu prägen. Darüber hinaus kann es Spezialisierungen bilden und eine USP im Hinblick auf Innovationen ausarbeiten (s. Abb. 4.4).

Welche Wege man dabei geht, hängt von verschiedenen Einzelfaktoren ab:

- Das Bilden geschlossener (brancheninterner) Konsortien ist ein anspruchsvoller Prozess. Letztlich müssen sich dabei potenzielle Wettbewerber an einen Tisch setzen.

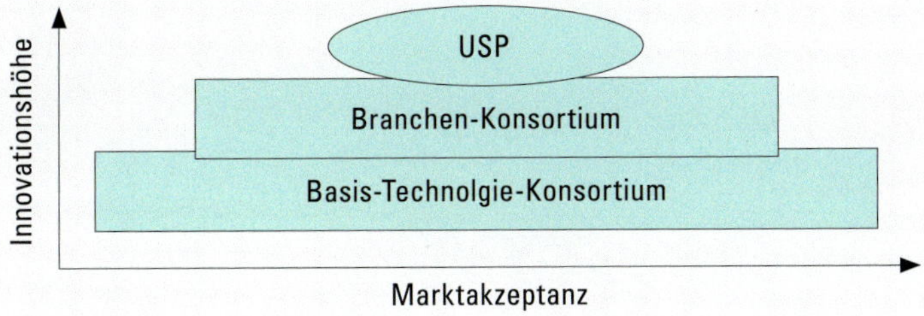

Abb. 4.4: Möglichkeit für Unternehmen, parallel in unterschiedlicher Form aktiv zu werden *Quelle: Oliver Merx*

- Diese habe nicht nur zum Teil konkurrierende Interessen; sie sind auch in der Regel nicht im gleichen Umfang oder der gleichen Art bei der Lösungsfindung beteiligt. So kann der eine Konsortialpartner Geld einbringen, ein anderer bereits vorhandenes Wissen, ein dritter sonstige Ressourcen. Die diesbezügliche Balance zu finden ist nicht immer einfach.
- Die Bewältigung der Komplexität zum Aufbau von Konsortien ist hoch. Es müssen Treffen organisiert sowie Roadmap und Inhalte zeitnah abgestimmt werden. Zugleich stellt sich die Frage, wie die IP der einzelnen Mitglieder geschützt werden kann beziehungsweise wie die Verwertung der Ergebnisse am Ende erfolgen soll. Häufig ist das Ziel die Ausgründung eines Unternehmens, etwa eines Start-ups, an dem die Mitglieder des Konsortiums beteiligt sind.
- All dies ist aufwendig, und wie die bereits erwähnten Beispiele von J.P. Morgan und Santander zeigen, kann es zwischen den Mitgliedern von Konsortien zu Unstimmigkeiten kommen. Insofern kann es tatsächlich sinnvoll sein, selbstbewusst eigene Wege zu gehen und eigene Ecosysteme rund um das eigene Unternehmen aufzubauen.

Ergänzung durch Transfer-Innovation

Gleich, welchen Weg man letztendlich wählt: Der »Joker« im Rahmen von branchenübergreifenden Konstellationen ist das Prinzip der Transfer-Innovation[11]. Ein bekanntes Beispiel dafür ist die Fließbandfertigung im Automobilbau. Henry Ford entwickelte sie in Anlehnung an die industrielle Fleischverarbeitung. Er vollzog folglich den Transfer einer innovativen Lösung aus dem industriellen Kontext A in den industriellen Kontext B.

11 https://de.slideshare.net/conventioncamp/nn-transferinnovation-am-beispiel-der-versicherungsbranche.

Ko-Innovation erhöht Marktakzeptanz

Im digitalen Umfeld ist Transfer-Innovation häufig zu finden. Das gilt insbesondere für den Transfer von Best Practices und Methoden. Die usergerechte Oberflächengestaltung von Apps und Webseiten wurde beispielsweise im B2C-Umfeld viel früher perfektioniert als im B2B-Sektor. Die Übertragung entsprechender Erkenntnisse im Rahmen der B2C2B-Kette[12] hat zwar nicht immer die Innovations-Höhe verändert, wohl aber die Akzeptanz von Produkten im Markt signifikant erhöht. Da Marktakzeptanz ein unverzichtbares Element von Innovation ist, kann der Wert entsprechender Transfer-Innovation kaum überschätzt werden.

Transfer-Innovation spielt im Kontext der Blockchain unter anderem bei folgenden Themen eine Rolle:

- Bei der technischen Umsetzung von Privacy- und Zugriffsrechten: Wer darf was schreiben, wer was lesen? Hier kann die Logistik-Branche von der Banking-Branche lernen (oder umgekehrt).
- Im Fall eines Anbieterwechsels: Der Vorgang hat bei Energieversorgern eine große strukturelle Ähnlichkeit mit dem bei Versicherungsunternehmen und Banken.
- Beim Wegfall von Intermediären: Dieser Anwendungsfall hat viele industrieübergreifende Ähnlichkeiten.

Wichtig ist bei diesen und ähnlichen Fällen, eine Art »Röntgenbild« des Anwendungsfalls zu erstellen. Darauf basierend kann die branchenübergreifende Übertragbarkeit validiert werden.

12 http://www.anumhussain.com/presentations/b2c2b-content-strategy.

Gleiches gilt für die Übertragung von Methoden wie Lean Start-up, Design Thinking und/oder Rapid Prototyping. Was in einem bestimmten Kontext entwickelt wurde, wird anschließend in neuem Kontext eingesetzt. Die aktive Teilnahme an offenen Cross-Industry-Projekten und -Konsortien kann so von großem Wert sein.

Spezialisierten Portalen kommt dabei eine wichtige Rolle zu. Insbesondere Ko-Innovation-Plattformen wie die des Blockchain.Metalab[13] sind hervorzuheben. Entsprechende Lösungen ermöglichen es, gleichzeitig verschiedene Innovationsformen im Rahmen von Cross-Industry-Projekten zu begleiten:

- Die gemeinschaftliche Entwicklung branchenübergreifender Vorhaben, insbesondere die Entwicklung von Methoden, die sich aus der Zusammenführung verschiedener Best Practices ergibt.
- Das Prinzip der Transfer-Innovation kann umfassend unterstützt werden, indem Anwendungsbeispiele unterschiedlicher Branchen dargestellt und im Hinblick auf die Transfermöglichkeiten bewertet werden.
- Last but not least können besondere Herausforderungen mit der gesamten Community einer solchen Plattform gemeistert werden. Dabei werden die besten Ideen prämiert.

Oliver Merx ist Ko-Initiator des Blockchain.Metalabs. Er arbeitet als Digital Business Development Manager in einem IT-Consulting-Unternehmen in München. Zuvor war er als Manager, Berater und Software-Entwickler bei namhaften Start-ups, Verlagen und Internet-Dienstleistern tätig.

Potenziale gemeinsam heben

Das Prinzip der Ko-Innovation ist im Rahmen der sich rasant weiterentwickelnden Blockchain-Thematik in vielerlei Hinsicht alternativlos, da einzelne Player allein kaum die Potenziale der Technologie realisieren können. Die Frage ist daher nicht, *ob* man Ko-Innovation betreibt, sondern ebenso *wie*: als Ergänzung neben der klassischen Corporate Innovation oder durch Anwendung systematischer oder assoziativer Transfer-Innovation.

Die Vorteile der potenziell gesteigerten Innovationshöhe und der höheren Marktakzeptanz korrelieren dabei nicht selten mit den Herausforderungen erhöhter Komplexität beim offenen und/oder geschlossenen Zusammenspiel mehrerer Unternehmen. Jedes Unternehmen, das sich für Blockchain interessiert, sollte in jedem Fall die verschiedenen Möglichkeiten von Ko-Innovation ausloten.

---

13 http://blockchain.metalab.biz.

Teil II –
Aktuelle B2B-Services aus der Praxis

Dr. Michael Mirz

Branchen-Special »Handel«

Die digitalisierte Customer Journey wird Wirklichkeit

Noch nie wussten Händler so viel über die Customer Journey wie heute: wie Käufer ihre Kaufentscheidung vorbereiten, welchen Mustern sie beim Wechsel zwischen On- und Offline-Kanälen folgen, welche Versand- und Rückgabeverfahren sie bevorzugen oder welche Treuegutschriften sie am häufigsten in Anspruch nehmen. Dennoch war es noch nie schwieriger, Kunden zu binden. Warum ist das so?

Während Händler heute mithilfe riesiger Datenbestände jeden einzelnen Aspekt des Kundenerlebnisses genauestens analysieren können, sind ihre Prozesse insgesamt oft schlecht aufeinander abgestimmt. Egal ob inkonsistente Marketingaktivitäten oder fehljustierte Kanäle – in manchen Momenten erleben Kunden echten Mehrwert, in anderen haben sie den Eindruck, dass ihre Bedürfnisse überhaupt nicht berücksichtigt werden.

Um das zu ändern, müssen Händler aus dem Alltag heraustreten und die Customer Journey aus einem neuen Blickwinkel ganzheitlich betrachten. Der Händler muss jeden Schritt der Kaufentscheidung seines Kunden kennen, einen Erlebnisbogen vom ersten bis zum letzten Schritt des Kunden schaffen und durch vernetzte Prozesse und Systeme unterstützen. Erst dann kann er die Customer Journey zu einem sehr individuellen, end-to-end-optimierten Kauferlebnis machen. Und er muss auch wissen, was seinen Kunden immer wieder zurückkehren lässt. Nur so kann er langfristige Kundenbeziehungen gezielt unterstützen.

Wie stimmig ist das Kundenerlebnis in der heutigen Einkaufswelt mit ihren vielen Kanälen und Kontaktpunkten? Was wünscht sich der Kunde wirklich? Und erfüllt der Händler diese Erwartungen?

Die Komplexität der Customer Journey

Nie waren Kaufvorgänge komplexer als heute. Der Handel weiß das. Früher ein linearer Prozess, ist die Customer Journey heute ein komplexes, oft unvorhersehbares Geschehen mit einer Reihe von Interaktionen, die sich auf viele Kanäle und Geräte erstrecken und weder einen eindeutigen Beginn noch ein klares Ende haben. Immerhin recherchiert fast die Hälfte der Kunden online, bevor Sie den Kauf im Laden tätigen. Rund ein Viertel der Käufer orientiert sich im Geschäft und kauft dann online. Ein Drittel recherchiert im Geschäft Produkt- und Preisinformationen mit dem mobilen Gerät. Hier ist die wirklich interessante Frage jedoch nicht, *wie*, sondern *warum* Kunden verschiedene Kanäle nutzen: Käufer machen ihre Entscheidung davon abhängig, was für sie gerade der einfachste Weg ist.

Aufbau eines neuen Customer-Experience-Zyklus

Die gebotenen Annehmlichkeiten stehen für den Kunden an erster Stelle, und der Handel muss darauf reagieren. Der Weg der Kaufvorbereitung sollte so flexibel gestaltet werden, dass er die Kundenbedürfnisse erfüllt – und gleichzeitig die Ziele und den Erfolg des Handels nicht aus dem Auge verliert.

Der neue Customer-Experience-Zyklus muss dafür fünf spezielle Phasen des Käuferverhaltens im Omnichannel berücksichtigen: Recherche, Entscheidung, Kaufabwicklung, Überlegung und Überprüfung. Im Gegensatz zu früher beginnt oder endet die Beziehung des Händlers zu einem Kunden nicht mehr mit jedem Kaufvorgang aufs Neue, vielmehr muss der Handel Kundeninteressen kontinuierlich pflegen.

Schritt 1: Recherche

Kunden legen Wert auf eine sorgfältige Recherche vor dem Kauf – in einer zunehmend unsicheren Welt möchten sie sichergehen, dass sie die richtige Entscheidung treffen. Nicht alle Käufer wählen den gleichen Weg für ihre Produktrecherche, und das macht es zusätzlich schwierig. Rund drei Viertel der Kunden vergleichen Preise lieber online als im Geschäft – basierend darauf scheint E-Commerce der bessere Recherche-Weg zu sein. Jedoch stellen rund die Hälfte der Verbraucher ihre Fragen zum Produkt lieber im Laden und etwa gleich viele wünschen sich Beratung und Empfehlungen durch Fachverkäufer. Also spielen auch Fachgeschäfte und ihr qualifiziertes Personal eine wichtige Funktion bei der Recherche. In dieser Phase sind Konsistenz und kontextuelle Relevanz also absolut entscheidend: Käufer möchten über alle Kanäle auf die für sie relevanten Informationen zugreifen können – und Online-Informationen sollen genauso informativ sein wie die Produktangaben im Geschäft, während sich E-Commerce genauso persönlich anfühlen soll wie die Beratung durch den Verkäufer im Laden. So können Kunden den für sie angenehmsten Kanal wählen, während sie gleichzeitig die Erfahrung machen, dass ihre Bedürfnisse erfüllt werden. Der Händler kann also seinen Kunden nicht in einen bestimmten Kanal zwingen, nur weil es für ihn dort einfacher ist (siehe Abb. 5.1).

Dazu braucht es die richtigen Technologien, um die Stärken aller Absatzkanäle zu bündeln. Werden beispielsweise die Mitarbeiter eines Ladengeschäfts mit mobilen POS ausgestattet, können sie mit einer Fingerbewegung direkt auf die Fülle von Produktinformationen, -preisen und -verfügbarkeiten zugreifen, die online zur Verfügung stehen. Online erwartet der Käufer in der Recherche-Phase einen wirklichen Mehrwert. Der könnte aus individualisierten Empfehlungen auf der Grundlage früherer Internetbesuche und Kaufaktivitäten oder aus dem Angebot von Chat-Funktionen bestehen, über die detaillierte Fragen zu einem Aspekt gestellt werden können, der für ihn persönlich große Bedeutung hat.

Schritte 2 und 3: Entscheidung und Kaufabwicklung

Sobald ein Käufer seine Kaufentscheidung getroffen hat, kommt der »letzte Schritt im Kundenservice« ins Spiel. Spätestens hier muss der Händler sein Bestmögliches geben, um den Interessenten zum Kaufabschluss zu bewegen. Dazu muss er dem potenziellen Käufer die richtigen Tools in die Hand geben – Tools, die eine positive Kaufentscheidung begünstigen und den Bezahlvorgang – egal ob im Laden oder online – so einfach wie möglich gestalten. Beides geht Hand in Hand. Das Konzept des letzten Schritts im Kundenservice hat im Ladengeschäft besondere Bedeutung, was mit der anspruchsvoller werdenden Rolle der Verkäuferinnen und Verkäufer vor Ort zusammenhängt, die mehr und mehr Einfluss auf Erfolg oder Misserfolg von Verkaufschancen haben. Rund die Hälfte der Käufer erwirbt nach der Beratung durch einen Fachverkäufer im Geschäft ein höherwertiges Produkt und ein Drittel kauft zusätzliche Artikel ein.

Hier spielen neueste Technologien und Tools für den Laden eine bedeutende Rolle. Rund 40 Prozent der Käufer empfinden, dass mit mobilen Geräten ausgestattete Verkäufer bessere Informationen und persönlicheren Service liefern können. Auch können Käufer so den Kauf an jedem beliebigen Ort im Laden abschließen – was wiederum die Wichtigkeit von Annehmlichkeit und Mobilität unterstreicht. Kein geringer Teil der Käufer bricht den Einkauf ab, weil die Schlange vor der

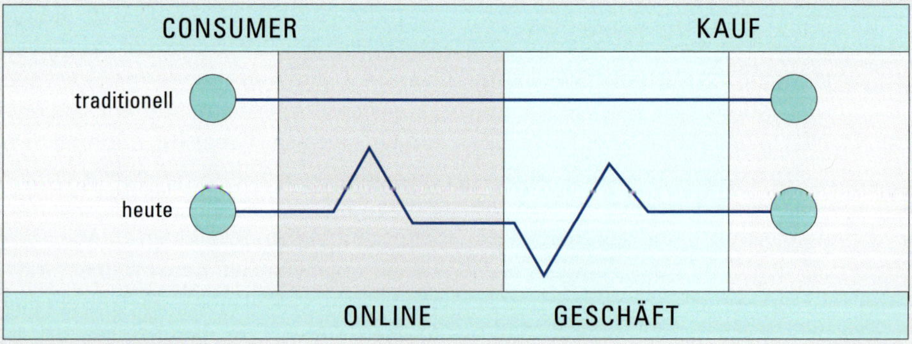

Abb. 5.1: Die Wahl des Kanals – online oder im Geschäft – erfolgt abhängig vom Grad der Annehmlichkeit

Quelle: KPS Consulting

Kasse zu lang ist. Das trifft auch für den Online-Einkauf zu: Wenn sich die Bezahlseite zu langsam aufbaut, umständliche Authentifizierungsprozesse erforderlich sind, brechen Online-Käufer ihren Einkauf ab. Problemlose und immer schnellere, einfachere Bezahlung trägt ganz entscheidend zum erfolgreichen Geschäftsabschluss bei. Die Anzahl mobiler Bezahlvorgänge wird auf jeden Fall weiter zunehmen.

Schritt 4: Überlegung

Lieferoptionen, Fulfillment-Logistik und Rücksendungen sind nicht zu unterschätzende Elemente der Omnichannel Customer Experience. Gleichzeitig wirken sie sich direkt auf die Ertragskraft aus. Deshalb muss die Überlegungsphase bewusst in den Customer-Experience-Zyklus eingebaut werden.

Viele Händler betrachten noch immer den Zahlungsvorgang als endgültigen Geschäftsabschluss. Ein Verkauf ist aber erst dann einer, wenn der Kunde sich entscheidet, die Ware tatsächlich zu behalten, und das Geschehen nach dem Bezahlvorgang beeinflusst die Beziehung des Kunden zum Händler und die Wahrscheinlichkeit weiterer Käufe.

Besonders im Internethandel führt das, was nach der Bestellung passiert, entweder zu Upselling-Möglichkeiten oder zur Verärgerung der Kunden. Eine versandkostenfreie Lieferung beeinflusst die Kaufentscheidung und rund ein Drittel der Käufer zieht eine Bestellung, bei der Versandkosten anfallen, nicht einmal mehr in Erwägung. Auch Rücksendungen spielen eine große Rolle, die Hälfte aller Kunden bestellt grundsätzlich nicht bei Firmen, die keine versandkostenfreie Rücksendung anbieten; inzwischen erwarten bereits zwei Drittel die Möglichkeit, Waren über jeden Kanal zurückzugeben.

Retailer müssen über ihr gesamtes Werteangebot nachdenken: Wie beeinflusst es die einzelnen Verkäufe und wie wirkt es sich insgesamt auf die Kundenbeziehungen aus?

Warenrücksendungen sind ein gutes Beispiel für Transaktionen, die auf den ersten Blick wie ein Verlustgeschäft erscheinen, sich aber tatsächlich langfristig als Gewinn herausstellen können. Wenn ein Neukunde fünf Artikel einkauft, von denen er vier zurücksendet, könnte er das als Beleg dafür werten, wie das Unternehmen für ihn arbeitet. Die Rücksendung ist Bestandteil seiner Recherche. Wenn der erlebte Service gut war, wird er immer wieder einkaufen, sobald er das richtige Produkt gefunden hat, das seinen Anforderungen entspricht.

Cross-Channel-Überlegung: Click and Collect – online bestellen, im Geschäft abholen –, das ist die sich in Europa am schnellsten ausbreitende Fulfillment-Methode. Die meisten Collect-in-Store-Services weltweit gibt es mittlerweile in Großbritannien. Hier bevorzugen potenzielle Käufer solche Händler, die ein kostenloses Click-and-Collect-Verfahren anbieten.

Da diese Option aus Annehmlichkeitsgründen gewählt wird, sollte das Vor-Ort-Erlebnis für den Kunden schnell und problemlos zur Verfügung stehen, Das ist nicht immer einfach in einer Zeit, in der Fachverkäufer in ihrem Arbeitsalltag ständig weitere Aufgaben übernehmen müssen. Wer allerdings die richtige Click-and-Collect-Strategie wählt, spürt den Nutzen: Fast die Hälfte der Kunden, die ihre Bestellung im Laden abholen, schaut sich bei dieser Gelegenheit nach weiteren Produkten um, und immerhin ein Drittel kauft direkt bei der Abholung weitere

Artikel ein. Das erhöht die Chance auf zusätzliche Umsätze in der Zukunft.

Schritt 5: Überprüfung

Dieser Schritt wird im Kontext der durchgängigen Customer Experience am häufigsten übersehen. Die hohe Wettbewerbsintensität des modernen Einzelhandels erfordert es nicht nur, die Einkaufsreise des Kunden vom Anfang bis zum Ende zu optimieren, sondern vor allem auch, Anreize zu schaffen, damit die Kunden wiederkommen. Man kann also von einem zyklischen Modell ausgehen – Händler möchten Käufer kontinuierlich dazu motivieren, sogenannte Kunden fürs Leben zu werden. Viele investieren schon in Kundenbindungsprogramme. Sie betrachten diese Aktivitäten jedoch als isolierte Maßnahmen, statt zu untersuchen, wie die Interaktionen oder Transaktionen jedes einzelnen Kunden für die langfristige Wertschöpfung genutzt werden könnten. Wenn Kundenbindung gelingen soll und Umsätze steigen sollen, müssen Kundentreuekonzepte untrennbar mit Wert für Konsumenten verbunden sein.

Es gibt ein starkes Bedürfnis nach personalisierten Anreizen für den individuellen Kunden: Es wird mehr erwartet, als einfach Punkte oder Gutscheine sammeln zu können. Kunden wünschen sich personalisierte Belohnungen, die sich an ihren früheren Einkäufen und Gewohnheiten orientieren. Auch gibt es den Wunsch nach nicht transaktionsbezogenen Anreizen: Kunden wollen eine Belohnung, wenn sie in sozialen Medien Werbung für ihren Lieblingshändler machen. Sie wünschen sich eine Honorierung für abgegebene Produktbewertungen oder einen vorzeitigen Zugriff auf neue Produktkollektionen. Auch wollen sie Werbegeschenke in jedem Kanal einlösen können – unabhängig davon, wo sie Punkte oder Preise gesammelt haben.

Ein leistungsstarkes Treueprogramm ist ein wirkungsvolles Mittel, die Beziehung zwischen Händlern und Kunden aufzuwerten und eine positive Markenwahrnehmung zu fördern. Es trägt außerdem dazu bei, dass Händler jeden Kauf als eine Episode im gesamten Kundenzyklus betrachten. Und mit dieser Einstellung können sie die nächste Episode einleiten: auf den Customer Lifetime Value achten und die übergeordneten Anforderungen, statt jede Transaktion als isolierte Begegnung zu betrachten. Je besser der Händler seine einzelnen Kunden kennt, umso größer wird der wahrnehmbare Wert für die Kunden.

Den neuen Zyklus aufbauen: keine Angst vor radikalen Entscheidungen

Händler müssen sich die neue Customer Journey in Phasen, aber auch als sich ständig weiterentwickelnden Prozess vorstellen. Das ist eigentlich paradox, weil es oft die Probleme mit den Prozessen sind, die die meisten Händler davon abhalten, die End-to-end-Experience zu optimieren.

Der moderne, datenorientierte Einzelhandel hat bei vielen Händlern zu der Besessenheit geführt, alle Kundeninteraktionen bis ins Kleinste zu analysieren, statt das große Ganze ihres geschäftlichen Umfelds im Auge zu behalten. Das führt bisweilen dazu, dass Zeit und Ressourcen für die Erzielung kleiner Vorteile aufgewendet werden, statt die benötigte durchgängige Agilität anzustreben, damit die unterschiedlichen Kundenerwartungen erfüllt werden können.

Zur Lösung dieses Problems müssen Händler mit der Feinjustierung der Elemente einzelner Systeme aufhören. Das funktioniert heutzutage nicht mehr. Stattdessen sollten sie einen interessierten, offenen Innovationsansatz anvisieren.

Man darf keine Angst vor radikalen Entscheidungen haben: Wenn die heute von Handelsunternehmen eingesetzten Technologien die Kundenanforderungen nicht erfüllen, wird das auch in Zukunft nicht der Fall sein. Deshalb sollten die Bemühungen und Investitionen eher in ganz neue Technologien fließen, die einen zügigen Wandel ermöglichen und Prozesse so gestalten, dass die Kundenbedürfnisse im Mittelpunkt stehen.

Dazu muss sich der Händler unbedingt mit den (Miss-)Erfolgen jedes einzelnen Prozesses beschäftigen. Standardprozesse müssen effizient sein. Das lässt sich relativ einfach erreichen. In diese Kategorie fallen rund 80 Prozent der Prozesse des KPS-Best-Practice-Prozesskatalogs. Händler können hier zukunftsfähige Prozesse quasi per Mausklick auswählen. Rund 20 Prozent der Prozesse im Handel sind jedoch spezifisch für ein Unternehmen und unterscheiden sich deutlich vom Wettbewerb. Der volle Fokus und die zusätzlichen Bemühungen müssen sich auf die 20 Prozent konzentrieren. Hier sind spezielle Prozess- und Technologiekompetenzen gefragt.

Diese hochwertigen Prozesse richtig zu gestalten ist entscheidend für hervorragende Kundenerlebnisse und einen reibungslosen Übergang der Konsumenten zwischen den einzelnen Phasen unseres Consumer-Experience-Zyklus. Nur in einem Umfeld, in dem Händler Prozesse und Technologie optimal nutzen, erreichen sie einen maximalen Return on Investment und langfristige Ertragsstärke.

Dr. Michael Mirz ist Vice President bei KPS. Er leitet große KPS-Transformationsprojekte mit den Schwerpunkten Omnichannel, Supply-Chain-Optimierung und Unternehmensrestrukturierung.

Innovation ins Unternehmen bringen

Viele Händler wagen den Schritt nicht. Aus Angst, dass gewählte Technologien oder der Implementierungspartner nicht die richtige Wahl für echte Innovationen sind, verharren sie in einer Art Schockstarre. Dabei müssen sie gerade jetzt in einen agilen kontinuierlichen Transformationsmodus gehen und Prozesse und Technologien radikal und innerhalb kürzester Zeit zukunftsfähig machen. Nur so können sie wirklich innovative und neue Wege gehen, ohne sich durch bestehende System- oder Prozesskomplexitäten einschränken zu lassen.

Ein verbessertes Einkaufserlebnis veranlasst eher zum Kaufabschluss und trägt zur Erhöhung des Bestellwertes bei. Und am wichtigsten ist: Zufriedene Kunden bleiben mit größerer Wahrscheinlichkeit ihren bevorzugten Einzelhändlern treu. In einer Zeit, in der Verbraucher aus allen Richtungen mit Informationen und Angeboten bombardiert werden, können der Wert von Markenbotschaftern und das Vertrauen in die Marke nicht hoch genug eingeschätzt werden.

Kerstin Karuschkat, Sabine Maas

Change Management

Mit den Mitarbeitern gemeinsam die Firma neu erfinden

Weltweit befinden sich Unternehmen im Umbruch. Disruptive Entwicklungen, die Notwendigkeit agiler Arbeitsmethoden und nach wie vor die Digitalisierung zwingen Unternehmen zum Um- und Neudenken. Wer seine Firma verändern oder neu erfinden will, braucht Führungskräfte, die mit einer klaren Verhaltensstrategie ihre Teams steuern, und Mitarbeiter, die angstfrei, motiviert und zielorientiert mit anpacken. Veränderungen verunsichern und werden nicht automatisch von allen Mitarbeitern mitgetragen. Damit Veränderung gelingen kann, braucht es eine auf die Unternehmensstrategie abgestimmte Verhaltensentwicklung der gesamten Organisation, die eine erfolgreiche Transformation ermöglicht.

Veränderungen erzeugen Angst

Kultureller Wandel, strukturelle Reorganisation, unternehmerische Neuausrichtung – ohne Veränderungen geht es heute nicht mehr. Aber Veränderungen erzeugen Angst. Die Mitarbeiter haben Sorge, eventuell nicht mehr gebraucht zu werden oder nicht qualifiziert genug für die nächsten Schritte zu sein. Andere fürchten, ihre gute Position zu verlieren. Die Ängste der Mitarbeiter bei Veränderungen sind vielfältig, oft auch diffus, werden den Transformationsprozess aber auf jeden Fall begleiten. Selten werden sie allerdings offen kommuniziert, was eine Bearbeitung in der direkten Konfrontation verhindert.

Was also ist zu tun? Als Erstes muss die Führungskraft die eigenen Ängste und die der Mitarbeiter akzeptieren und anerkennen. Als Zweites braucht es eine mehrstufige Verhaltensstrategie, die die Handlungssicherheit verstärkt und die Emotionen aktiv managt.

Verhaltensstrategie ist Chefsache

Eine neue Entwicklungsstufe des Unternehmens erfordert ein erweitertes Führungsverständnis und veränderte Mitarbeiterentwicklungen. Grundsätzlich gilt für die Verhaltensstrategie: Sie setzt oben an. Es ist viel schwieriger, aus dem mittleren Management heraus oder als IT- und Technik-Chef einer Organisation Verhalten zu mobilisieren. Es ist unerlässlich, dass die gesamte Führungsmannschaft unter der Leitung des CEO den mentalen Neustart beginnt. Zudem ist es wichtig, dass die Führung maximal drei zentrale Botschaften mit der Verhaltensstrategie verbindet.

Erfolgreiche Transformation in drei Schritten

Um nachhaltige Verhaltensänderungen zu implementieren, braucht es nicht nur Zeit, sondern vor allem einen ausgestalteten Prozess, der Mitarbeiter zielgruppengerecht informiert, zum richtigen Zeitpunkt einbindet, Etappenerfolge aufzeigt und von innovativen Ideen profitiert.

Phase 1: Klare und deutliche Botschaften

Zu Beginn des Prozesses ist es besonders wichtig, die Gefahren für das Unternehmen eindeutig zu benennen. Nur so erzeugt man in Ihrer Organisation die notwendige Bereitschaft für die Veränderung und sorgt dafür, dass Ihre Mitarbeiter sich mit der Situation beschäftigen. Die Digitalisierung – angetrieben durch neue technologische Entwicklungen – führt dazu, dass sich Marktbedingungen teilweise in kürzester Zeit radikal verändern und damit etablierte Geschäfts- und Service-Modelle erodieren lassen (Disruptive Change). Um den Mitarbeitern diese Bedrohung deutlich vor Augen zu führen, ist es wichtig, diese konkret anzusprechen und unmissverständlich aufzuzeigen. Auch wenn die Bedrohung so weit führt, dass unter Umständen ein kompletter Geschäftsverlust die Folge ist.

Entscheidend bei der Kommunikation ist: gleichzeitig einen Lösungsvorschlag benennen und aufzeigen, welches neue Verhalten die Organisation entwickeln muss, um auch zukünftig im Wettbewerb bestehen zu können. Nur wenn die Mannschaft das Ziel kennt, kann sie darauf hinarbeiten. Um die Mitarbeiter für den gemeinsamen Veränderungsprozess zu gewinnen, sind interaktive Veranstaltungsformate, in denen das Management die Organisation trifft, ein guter Weg. In diesen Veranstaltungen kann man Botschaften transportieren, sehen, wo die Teams stehen, und ein erstes strukturiertes Feedback der Mitarbeiter erhalten, das eine bessere Steuerung der Prozessdynamik ermöglicht. Das Management gibt Sicherheit durch die Möglichkeit, Fragen zu stellen, Unklarheiten aus dem Weg zu räumen und in einer konzentrierten Aktion die wichtigsten Inhalte zu kommunizieren.

In der heutigen Zeit sind permanente Veränderungen in den meisten Unternehmen fester Bestandteil der Jobs. Chefs dürfen und müssen die Bereitschaft zur Veränderung folglich von ihren Mitarbeitern einfordern. Niemals sollte von sicheren Jobs oder anderen Rahmenbedingungen gesprochen werden, die man nicht garantieren kann. Versprechen dagegen darf man, dass die Firma am besten performt, wenn alle jeden Tag veränderungsbereit sind. Dazu ist es gut, die Stärken der Mitarbeiter auf der Verhaltensebene zu benennen, die dazu beitragen, die Transformation erfolgreich zu gestalten (zum Beispiel mutige Entscheidungen auch unter Unsicherheit zu treffen). Das ist nicht mit Motivation gleichzusetzen – motivieren kann jeder nur sich selber.

Phase 2: Jede Idee ist möglich – die Mitarbeiter werden innovativ

Ist eine Organisation für die notwendige Erneuerung von Verhalten und Organisation gewonnen, stellt sich die Frage nach dem Wie. Die Antwort lautet: Die Führungskräfte und Mitarbeiter werden das tun – sie können die Firma neu erfinden. Was es dazu braucht? Ein strukturiertes Vorgehen, anhand dessen agile Projektteams in einem definierten Rahmen erfolgsrelevante Themen erarbeiten, Ideen entwickeln und mit gleichzeitigem Verhaltenscoaching auf strategische (Verhaltens-)Ziele einzahlen. Dafür hat 3k das »Erfolgslabor« entwickelt, das den Teamerfolg fördert, die Zusammenarbeit optimiert und dafür sorgt, dass die Mitarbeiter gemeinsam in die Ergebnisverantwortung gehen. Notwendige Rahmenbedingungen: den Mitarbeitern Raum und Zeit für Neues geben, sie frei über Ideen, Entwürfe, Konzepte, Produkte, Technik, Vertrieb etc. nachdenken lassen. Und dabei Alt und Jung, Kaufleute und Techniker, Bedenkenträger und Strategen mischen. Wichtig ist: Es gibt keine Einschränkungen, jede Idee ist möglich.

Am Ende steht ein neuer Entwurf der Organisation und des Verhaltens, der eine Erneuerung möglich macht. Darüber darf dann die CEO-Ebene entscheiden. Maximal 50 bis 60 Prozent sind tatsächlich realisierbar, diese Einschränkung wurde bereits zu Beginn des Projektes kommuniziert. Die Aufgabe des Managements: Die entstandenen Ideen und den Spirit sowie die Verhaltensveränderung der Menschen, die ihre Ergebnisse präsentieren, wertschätzen.

Phase 3: Radikal, strategisch, miteinander – die Feinplanung

Alles darf hinterfragt und neu gedacht werden, möglichst radikal: Herstellungsprozesse, Rollen, Verantwortungen, Büros u.v.m. Dabei muss allen Beteiligten klar sein, dass es hier erst einmal um Konzepte und noch nicht an die Umsetzung geht.

In dieser Phase erfolgt auch das Coachen des Gruppenverhaltens, um die Veränderung nachhaltig und über alle Ebenen hinweg zu implementieren. Blockaden im Verhalten der Organisation können gefunden, aufgedeckt und gelöst werden.

Eine erfolgreiche Feinplanung kann die Umsetzung erheblich erleichtern. Schließlich haben die Experten und die schlauen Mitarbeiter die Strategie mitentwickelt und kennen die Notwendigkeit für die angestoßenen Aktivitäten. Aus Betroffenen werden somit tatsächlich Beteiligte. Management und Führungsteam müssen nur noch die Ergebnisse beraten und entsprechende Entscheidungen treffen. Die neue Business-Strategie wird im Zusammenspiel mit der Verhaltensstrategie an Dynamik und Effizienz gewinnen.

Ganzheitliches Konzept

Um Transformationen erfolgreich zu gestalten, sind ganzheitliche Konzepte notwendig, die individuell auf die Situation des Unternehmens zugeschnitten werden und deren Prozesse sinnvoll ineinandergreifen. So stellt das erwähnte »3k Erfolgslabor« nur einen Baustein der Transformation dar, der in Verbindung mit weiteren Produkten von 3k erfolgreich eingesetzt wird. »3k Transform⁺« beispielsweise begleitet die Transformation über alle erläuterten Phasen hinweg. Dabei wird der »emotionale Jump Start« der Organisation zu einer neuen Einheit gestaltet. Das One-Team-Verhalten steht im Fokus und lässt Gemeinsamkeiten wichtiger werden als Konflikte. Durch gemeinsam entwickelte Zielsetzungen mit Blick auf das neue Verhalten bauen die Mitarbeiter Blockaden ab und lassen sich auf die Veränderungen ein. Deutsche Unternehmen am Markt profitieren aktuell von diesem Produkt, indem es sie darin unterstützt, ihre Internationalisierungsstrategie auf der Verhaltensebene skalierbar und erfolgreich umzusetzen.

Um die nachhaltige Implementierung von Verhaltensstrategien zu gewährleisten, spielen die Führungskräfte eine Schlüsselrolle. Das gelebte Führungsverständnis muss dabei auf die neue Verhaltensstrategie einzahlen. Zur Professionalisierung des Führungsverhaltens entlang den geänderten Rahmenbedingungen kann die »3k Führungswerkstatt« eingesetzt werden. Dabei entwickeln Führungskräfte/Talente ihr Verhalten und Führungsfähigkeiten im Team weiter. Bestehende Synergien werden gehoben und das Führungsteam wächst zusammen und ist vernetzt. Das neue Verhalten wird für alle operationalisierbar vermittelt und erlernt; so kann es in der gesamten Organisation durch die Führungskräfte vorgelebt und unterstützt werden.

Im Zuge sich verändernder Bedingungen am Markt haben viele Unternehmen längst die Business-Strategie zur Digitalisierung ihrer Firma ausgearbeitet oder mit dem Umbau einer deutschen Organisation zu einem globalen Konzern begonnen. Allerdings werden bei den strategischen Überlegungen die Mitarbeiter häufig nicht von Anfang an mit einbezogen.

Kerstin Karuschkat und **Sabine Maas** sind Managing Directors bei 3k. Sie haben sich auf die Arbeit mit Vorständen und Management-Teams spezialisiert. Diese begleiten sie in Transformationsprozessen bei der effizienten und wirkungsvollen Umsetzung ihrer Unternehmensvisionen in konkretes Führungsverhalten.

Dieses Versäumnis ist eine Schwäche, die Entwicklungen bremsen und blockieren kann. Jegliche Transformation sollte von einer Verhaltensstrategie begleitet und unterstützt werden, damit eine nachhaltige Veränderung möglich ist. Ihre Mitarbeiter müssen die Verhaltensstrategie mitgestalten, um sie zu verinnerlichen und in der Organisation leben zu können – nur so kann Ihr Unternehmen langfristig erfolgreich bleiben.

Holger Bartels

Digitalisierung

Aufbau eines Data Intelligence Centers

Mit der zunehmenden Digitalisierung, insbesondere der fortschreitenden Vernetzung von Maschinen, erhalten Unternehmen immensen Zugriff auf neue Daten. Hinzu kommen Daten aus öffentlichen Quellen, mit denen sie ihre eigenen Informationen anreichern können. Diese Masse an Daten sollten Unternehmen über gezielte Analysen für sich nutzbar machen, zum Beispiel durch das Identifizieren verborgener Muster oder das Offenlegen von völlig neuen Korrelationen.

Um all dies effektiv zu operationalisieren, ist sehr zu empfehlen, dass Unternehmen ein Data Intelligence Center aufbauen. Ein solches Center bündelt Methoden, Tools und Prozesse rund um die Datenanalyse, sorgt so in Zusammenarbeit mit den Fachbereichen für mehr Umsatz und identifiziert Kosteneinsparpotenziale. Wie? Indem es wichtige unternehmerische Fragen beantwortet sowie bessere und genauere Analysen liefert. Zum Beispiel, indem es Daten aus allen Unternehmensbereichen mischt. Indem es interne mit externen Daten anreichert. Und schließlich, indem es Analyseergebnisse in konkrete Handlungen umsetzt.

Worauf sollten Unternehmen achten, wenn sie ihre Datenanalysekompetenzen in einem speziellen Team bündeln wollen? Wo liegen die Fallstricke und wie lässt sich der gesamte Datenschatz heben? Nachfolgend einige Lessons learned.

Aufgaben eines Data Intelligence Centers

Die Aufgaben eines Data Intelligence Centers sind vielfältig, die Kompetenzen herausfordernd. Es sollte daher folgende Bereiche abdecken:

- Auswahl und Bereitstellen von Big Data Tools und Technologien
- Visualisierung der Ergebnisse und deskriptive Statistik
- Predictive und Prescriptive Analytics
- Modellierung und Simulation
- Data Mining
- Aufbau und Bereitstellung einer hybriden Dateninfrastruktur in Abstimmung mit der Unternehmensarchitektur (Enterprise Architecture)
- Entwicklung von speziellen Applikationen und Plug-ins

Ein Data Intelligence Center beschäftigt sich im Kern mit drei Kompetenzfeldern:

- Erstens muss es eine Datenarchitektur für das Datenmanagement aufbauen. Dazu muss die passende IT-Infrastruktur mit Hard- und Software installiert sein. Das Datenmanagement verdichtet die Daten, entscheidet, ob es Anwendungen aus der Cloud braucht oder in der Lage sein muss, Daten in Echtzeit zu verarbeiten.
- Zweitens stellt ein Data Intelligence Center Datenanalytiker bereit. Sie bringen die mathematisch-statistische Methodenkompetenz ins Team. Dazu gehören unter anderem Zeitreihenanalysen für prädiktive Analysen.
- Drittens sollte ein Data Intelligence Center über Industrie- und Prozess-Know-how verfügen, also typische Abläufe im Unternehmen oder zumindest der Branche kennen. Eine reine Fokussierung auf Hard- und Software und theoretische Analytiker sowie auf das Briefen über Fachbereiche greift zu kurz.

Organisation der Zusammenarbeit

Wie aber organisiert man die Zusammenarbeit zwischen Analytikern, Datenmanagern und Businessanalysten am besten? Von allem mindestens ein Paar: also zwei Analytiker, zwei Datenmanager, zwei Businessanalysten. Denn im Tandem arbeitet es sich produktiver. Man kann sich austauschen, ausprobieren, neue Wege gehen und individuelle Kompetenzen einbringen. Hier gilt also das klare Prinzip: Das Ganze ist mehr als die Summe seiner Teile.

Das Problem: Es gibt kaum gute Leute auf dem Markt, auch wenn die Bezeichnungen noch so verheißungsvoll sind. Ob Business Big Data Analyst, Data Warehouse Analyst oder Data Scientist: Die Unternehmen suchen verzweifelt nach erfahrenen Analysten. Allein über Stepstone wurden Mitte Dezember 2017 mehr als 4.200 Data-Warehouse-Analysten gesucht.

Die Alternative: selbst ausbilden und dafür guten Nachwuchs direkt von den Universitäten holen. Hier aber nicht nach einem Data Scientist suchen, denn dieses Berufsbild ist neu und in vielen Hochschulen gibt es noch keinen passenden Studiengang. Stattdessen ist es besser, nach einem R-Entwickler zu suchen. R ist eine freie Programmiersprache für statistische Berechnungen und Grafiken. Und das Wichtigste: R ist Hype an den Unis.

An einem Datenanalysten kommt trotzdem kein Unternehmen vorbei. Es muss im Team wenigstens einen erfahrenen Data Scientist geben, der Algorithmen schreiben kann und echtes praxisnahes Analytics-Know-how mitbringt. Dafür kann man dann aber auch etwas mehr Geld in die Hand nehmen.

Verfügbarkeit von Ansprechpartnern sicherstellen

Die Spezialisten im Data Intelligence Center haben in der Regel kein Fachbereichs-Know-how, sind also keine Produktions-, Finanz- oder Logistikexperten. Diese Kompetenz muss aus den Fachbereichen kommen. Allerdings taucht häufig das Problem der zu geringen zeitlichen Verfügbarkeit auf. Nur nebenbei ist zu wenig. Daher ist es ratsam, dass die Fachbereiche Mitarbeiter definieren, die einen festgelegten Anteil ihrer Arbeitszeit explizit dem Data Intelligence Center zur Verfügung stehen. Eine andere Möglichkeit ist es, Datenanalysten in die Fachbereiche zu setzen. Aber woher nehmen?

IT-Experten und Mitarbeiter in den Fachbereichen trennt neben Zeit ein weiteres Problem: Sie denken und handeln grundverschieden. Linienorganisationen arbeiten weniger agil und haben meist kein Projektmanagement im eigentlichen Sinne. Entwicklerteams hingegen arbeiten heute meist agil, zum Beispiel auf Basis der Scrum-Methodik.

Der Data Scientist wiederum funktioniert in keiner der beiden Richtungen. Er kennt weder Projektmanagement noch Scrum, sondern setzt in der Regel auf das branchenübergreifende Prozess-Modell **CR**oss **I**ndustry **S**tandard **P**rocedure for **D**ata **M**ining (**CRISP DM**). CRISP DM besteht aus sechs Phasen: das Business verstehen mit Formulierung von Problemstellung, Ausgangslage, Zielsetzung und Festlegung von Erfolgskriterien (Business Understanding); den Datenbestand sichten, dessen Qualität bewerten und gegebenenfalls erhöhen (Data Understanding); die Daten so aufbereiten, dass Data-Mining-Techniken auf sie angewendet werden können (Data Preparation), Modelle erstellen und testen (Modeling); feststellen, ob die entwickelten Modelle der definierten Problemstellung und den Business-Erfolgskriterien gerecht werden (Evaluation); und zum Abschluss die Anwendung der Ergebnisse sowie Kontrolle und Instandhaltung der erstellten Modelle (Deployment).

Während die CRISP DM-Methodik und Scrum der Datenanalysten und Entwickler noch gut harmonieren, ist es deutlich schwieriger, die Fachbereiche methodisch einzubetten. Gelingt das nicht oder nicht ausreichend, muss mit erhöhtem Projektaufwand und schlimmstenfalls mit einem Scheitern gerechnet werden.

Kenntnisse in die Fachbereiche tragen

Verzeichnen die Unternehmen erste Erfolge mit ihrem Data Intelligence Center, öffnet sich oftmals eine Schleuse und alle Fachbereiche wollen von den Ergeb-

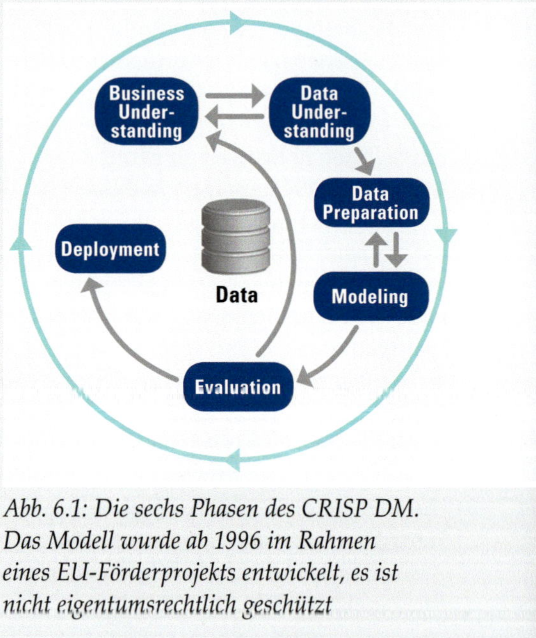

Abb. 6.1: Die sechs Phasen des CRISP DM. Das Modell wurde ab 1996 im Rahmen eines EU-Förderprojekts entwickelt, es ist nicht eigentumsrechtlich geschützt

nissen profitieren. Dann entwickeln sich die Datenanalysten schnell zu Flaschenhälsen. Daher ein Tipp: möglichst vermeiden, der einzige Bereich zu sein, der Analytics macht. Hilfreich ist es, die Kenntnisse in die Fachbereiche zu tragen, sodass diese bis zu einem gewissen Maß selbst Analysen aufsetzen können. Die können auch Nicht-Entwickler über Dashboards zusammenstellen und visualisieren.

Definitiv braucht ein Data Intelligence Center für den Start einen internen Sponsor, also einen Fachbereich, der auf die Unterstützung eines Datenanalysten brennt. Dies sind dann die internen Auftraggeber, die erfolgreiche Projekte gern positiv nach innen verkaufen, da sie in der Regel von den Ergebnissen der Analysen profitieren. An diesem Erfolg wollen schließlich alle teilhaben. Schnell wird so deutlich, dass Datenanalytik eine unternehmensweite Aufgabe ist.

Stellt sich Euphorie ein, sollte ein Data Intelligence Center nicht den Fehler begehen, zu viele Projekte auf einen Schlag zu beginnen. Stattdessen gilt es zu fokussieren und zu priorisieren. Denn weniger kann mehr sein. Besser sich die Projekte herauspicken, die die schnellsten und größten Erfolge versprechen. Dazu können die Datenanalysten gemeinsam mit der Geschäftsführung klare Ziele definieren und basierend auf diesen Zielen Schritt für Schritt in die Umsetzung gehen.

Die richtigen Prioritäten setzen

Use Cases helfen dabei, die richtigen Projekte zu identifizieren. Es gibt inzwischen eine Vielzahl von branchentypischen Anwendungsfällen, an denen sich Unternehmen orientieren können. Deren Wertbeitrag lässt sich auf einer Neun-Felder-Matrix abbilden, bei der die y-Achse zeigt, was ein Use Case konkret bringt, und die x-Achse die Machbarkeit abbildet. Von schwierigen Projekten mit geringem Wertbeitrag sollten Data Intelligence Center zunächst die Finger lassen.

Holger Bartels ist Managing Consultant und Experte für Data Analytics bei der Managementberatung Detecon International.

Sind die Use Cases evaluiert, wird abgewogen, wo sich die Nutzen-Aufwand-Verhältnisse am besten darstellen. Wichtig ist dabei die konkrete Definition von Schwellenwerten für Resultate, die übertroffen werden sollen. Vielfach werden Anwendungsfälle nicht umgesetzt, weil nicht klar ist, ob die Ergebnisse, die erzielt wurden, wirtschaftlichen Erfolg begründen oder nicht. Auch sollte ein solcher Proof of Concept nicht zu eng gefasst sein und nur einen Teilprozess beleuchten, sondern weitere Kriterien wie Fachlichkeit und Domain-Know-how umfassen.

In vielen Unternehmen sind die vorhandenen Datenbestände wahre Schätze, die es zu heben gilt. Analysen von großen Datenmengen und deren intelligente Filterung und Verknüpfung sind Voraussetzung, um zukünftige Handlungsalternativen zu diskutieren und Entscheidungen zu treffen. Das ist der Nutzen, der sich aus dem Aufbau eines Data Intelligence Centers ergibt.

Dr. Fedi El Arbi, Georg Knöpfle

Digital Labour

Digitale Disruption und die Zukunft der Arbeit

Eine Vielzahl an aufkommenden digitalen Technologien wie künstliche Intelligenz, Robotik, Blockchain, Internet of Things oder 3D-Drucker führt zu einer Disruption der bestehenden etablierten Business-Modelle. Effiziente und automatisierte Prozesse, schnellere Innovationszyklen und Time to Market sowie Datenanalysen werden zunehmend zu einem entscheidenden Wettbewerbsvorteil.

Die digitale Disruption setzt die Organisation und ihr Betriebsmodell unter Druck, entweder um neue Dienstleistungen zur Unterstützung von Wachstum zu integrieren, zum Beipiel unter Berücksichtigung von Präferenzen neuer (digitaler) Kunden sowie Unterstützung von neuen Produkten, Dienstleistungen, Vertriebskanälen und Pricing-Modellen, oder um Kosten massiv zu reduzieren, beispielsweise durch Prozessoptimierung und -automatisierung oder durch bessere Allokation und Auslastung der internen Ressourcen.

Das produzierende Gewerbe musste sich seit dem Anfang der 1970er-Jahre mit ähnlichen Kräften auseinandersetzen. Im Zuge der Globalisierung sah es sich unter anderem damit konfrontiert, just in time liefern zu müssen und sich gemäß den Lean-Management-Grundsätzen effizient aufzustellen. Um diesen Herausforderungen gerecht zu werden, wurden unter anderem immer mehr Roboter in der Produktion eingesetzt.

Roboter gehören mittlerweile in das Alltagsbild einer jeden Produktion. Auch für viele Bereiche der Verwaltung wird dies bald der Fall sein. Dabei handelt es sich nicht unbedingt um Maschinen, sondern vielmehr um eine Software, die unsere IT-Systeme wie ein menschlicher Anwender zu bedienen versteht. Neben Skalierbarkeits- und Effizienzvorteilen ist ein wesentlicher Pluspunkt dieser Roboter, dass zur Automatisierung von Prozessen kein Eingriff in die bestehende Architektur mehr notwendig ist, d.h., es müssen auch keine aufwendigen Schnittstellen programmiert werden. Roboter, kurz: Bots, greifen auf alle Systeme zu, mit denen der menschliche Benutzer ebenfalls arbeitet (MS Outlook, Excel oder SAP) – nur eben schneller und ohne eventuelle (Datenübertragungs-)Fehler. Hier gilt oft der Grundsatz: Kann man es einem Menschen erklären, kann man es auch einem Roboter beibringen.

Robotik in der Verwaltung als Effizienzkatalysator

Der Fachbegriff für Robotik in der Verwaltung lautet »Digital Labour« und bietet Unternehmen völlig neue Möglichkeiten für Effizienzsteigerungen. In den großen Systemen der Unternehmen lässt die Automatisierung oft zu wünschen übrig. Hier setzt man nun auf Roboter, welche die notwendigen manuellen Eingriffe automatisieren. Dies ist besonders wichtig, weil viele IT-Abteilungen mit den Anforderungen, die Digitalisierung und große Technologiewechsel an sie stellen – etwa die Umstellung auf SAP S/4 HANA –, überfordert sind. Fachabteilungen sind mit Technologien der digitalen Arbeit in der Lage, Automatisierungen unabhängig von der IT-Abteilung voranzutreiben, zum Beispiel durch ein funktionales oder unternehmensweites Center of Expertise für Digital Labour. Folglich wird unter anderem die Standortfrage, etwa für Shared Services, zweitrangig, da transaktionale Tätigkeiten völlig automatisiert werden, was mehr Potenzial als Lohnkostenarbitrage bietet. Auch der Markt für Business Process Outsourcing (BPO) unterliegt dadurch starken Disruptionen. So zeigte eine KPMG-Studie, dass mehr als 50 Prozent der befragten CFOs verschiedener Branchen planen, bereits ausgelagerte Prozesse wieder »einzusourcen«, um die Kostenvorteile durch Automatisierung zu heben.

Unternehmen läuten mit der Einführung von Digital-Labour-Technologien einen Prozess laufender Verbesserungen ein. Aufwendige Entwicklungen können durch günstige Roboter ersetzt werden und Automatisierung kann auch an Stellen umgesetzt werden, für die sich bisher kein Business Case gerechnet hat. Grundsätzlich wird mit den neuen Technologien der gleiche Entwicklungsweg beschritten, der bereits in der Produktion in den 1970er- bis 2000er-Jahren beschritten wurde – nur eben schneller. So benötigte ein deutsches Telekommunikationsunternehmen nur wenige Jahre, um bestimmte Prozesse auf rund 1.500 Roboter zu übertragen. Diese Technologie wiederum leistet vielen Vorgehensweisen der Produktionsoptimierung in der Verwaltung Vorschub, denn die Digitalisierung von Prozessen bedeutet gleichzeitig auch ihre Industrialisierung. Dies erfordert ein Denken in End-to-End-Prozessketten sowie die Vermeidung früherer Fehler.

An dieser Stelle ist es wichtig, zu betonen, dass Roboter sicherstellen können, dass Wachstumsziele erreicht werden – ohne Anstellung weiterer Mitarbeiter, welche in vielen Fällen ohnehin schwer zu finden sind.

Digital Labour – Science Fiction oder Realität?

Wenn die Robotik in der Lage ist, bei Jeopardy, Go und Poker zu gewinnen, und autonom fahren und parken kann, stellt sich doch die Frage, warum sie nicht auch in der Lage sein sollte, relativ einfache Unternehmensvorgänge wie das Buchen von Rechnungen, die Bearbeitung

Basierend auf einem Excel Sheet erstellt ein Roboter eine neue Einkaufsorder in SAP (Transaktion ME21N).

www.kpmg.de/RPA-Einkaufsordner

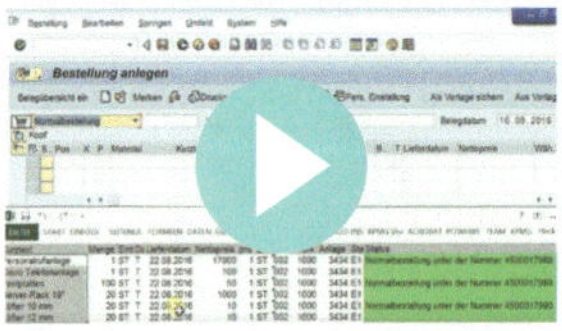

Hier ansehen:

Abb. 7.1: Excel-basierte Einkaufsorder

Quelle: KPMG

von Kreditanträgen oder das Durchsehen von Bewerbungen vollständig und alleine zu übernehmen. Grundsätzlich gibt es nur sehr wenige Prozesse, die sich nicht eignen würden. In der Praxis werden einfache Robotiklösungen vor allem deshalb eingesetzt, weil sie sich schnell rechnen und es in Unternehmen eine große Anzahl von Einsatzmöglichkeiten gibt. Bereits nach einer Einsatzdauer von nur drei bis sechs Monaten zahlt sich ein normaler Roboter aus. Zudem sind sie im Vergleich zu klassischer Software schneller entwickelt. Dazu benötigt es oftmals kein Informatikstudium – ein mehrwöchiges Training reicht.

Digital Labour deckt das gesamte Kontinuum der Prozessautomatisierung ab: von der einfachen Prozessautomatisierung, genannt Robotic Process Automation, bis hin zu kognitiven Systemen und allen Kombinationen dazwischen.

- Robotic Process Automation (RPA) ist die einfache regelbasierte Abarbeitung von Unternehmensprozessen, geeignet für einfache Arbeiten zum Beispiel in der Buchhaltung, die Ticketanlage im IT-Service, Datenübertragung zwischen verschiedenen Systemen oder auch Datenextraktion und Aufbereitung von Berichten im Unternehmensreporting. So kann ein Roboter basierend auf einem Excel Sheet einen Einkaufsorder in SAP erstellen (siehe Abb. 7.1).
- Kognitive Systeme zeichnen sich durch die Verarbeitung natürlicher Sprache, durch maschinelles Lernen oder durch künstliche Intelligenz aus. Sie eignen sich für Gebiete mit unstrukturierten Informationen wie beispielsweise die Verarbeitung von E-Mails im Bestelleingang, die Buchung von eingehenden Rechnungen ohne Bestellbezug oder die Abwicklung von Schadensfällen mit Erkennung der bei der Versicherung eingereichten Fotos. So haben die Prüfer von KPMG mit IBM Watson die Kontrollmechanismen des Darlehensbewertungssystems einer Bank getestet. Nach der herkömmlichen Methode hätten sie Darlehensstichproben aus dem Portfolio der Bank analysiert; nun aber haben sie mithilfe einer kognitiven Software das komplette Darlehensportfolio des Mandanten überprüft, ein Rating für das Kreditrisiko erteilt und etwaige Ausreißer ermittelt.

Eines ist klar: Bei einer Technologie mit einem Einsparungspotenzial von bis zu 70 Prozent der Kosten werden viele Tätigkeiten vom Menschen auf Maschinen verlagert werden. Bei diesen Projekten ist die wahre Herausforderung nicht die Technologie selbst, sondern das Change Management. Denn der Erfolg solcher Initiativen erfordert die Kooperation der Wissensträger einer Organisation und Prozessänderungen, die von den Mitarbeitern mitgetragen werden müssen – genau wie bei der Automatisierungswelle in der Produktion.

Die neuen Technologien unterstützen einen großen Trend: Wie auch in der Produktion werden sich unsere Tätigkeiten vom Arbeiten *im* System zum Arbeiten *am*

System verschieben. Das bedeutet, dass zum Beispiel Mitarbeiter einer Buchhaltung zukünftig keine Belege mehr selbst buchen, sondern den von Robotern ausgeführten Vorgang überwachen und laufend an neue Anforderungen anpassen.

Wie auch bei der Produktionsfunktion ist ein neues Skillset erforderlich: Der Verwaltungsmitarbeiter der Zukunft kombiniert Business-, Prozess- und IT-Wissen, um Prozesse zu digitalisieren. Verschiedene Fragen zum Betriebsmodell sind im Vorfeld zu klären: die Anforderungen der Businessmodelle an die Organisation, die Verankerung eines Code of Ethics, die Aufgabenverteilung hinsichtlich Identifizierung, die Priorisierung und Portfoliosteuerung der Robotik-Initiativen sowie Aufbau, Wartung und Steuerung der Roboter.

In diesem Zusammenhang ist die Rolle des CFO für die digitale Transformation entscheidend: Von ihm oder ihr wird erwartet, Digitalisierungspotenziale zu identifizieren, Digitalisierungsstrategien (mit) zu gestalten, einen Wert aus Daten zu schaffen und die Umsetzung der Digital-Labour-Initiativen zu steuern. Allerdings sind sich viele Unternehmen noch nicht sicher, ob ihre CFOs dieser Aufgabe gewachsen sind, wie die aktuelle KPMG-Umfrage »The View from the Top« unter mehr als 500 Führungskräften aus sechs Kontinenten zeigt (siehe Abb. 7.2).

Dr. Fedi El Arbi ist Manager Consulting der KPMG AG Wirtschaftsprüfungsgesellschaft am Standort München.

Georg Knöpfle ist Partner, CIO & CFO Consulting bei der KPMG AG Wirtschaftsprüfungsgesellschaft.

Chief Executive Officers (CEOs) erwarten von CFOs, dass sie neue Wege beschreiten und sich als strategische Partner bewähren. Sie sollen neue Technologien nutzen, Kosten senken, rentables Wachstum erzeugen und Wettbewerbsvorteile schaffen.

Wie die aktuelle KPMG-Umfrage »The View from the Top« unter mehr als 500 Führungskräften aus sechs Kontinenten zeigt, sind sich viele Unternehmen nicht sicher, ob ihre CFOs dieser Aufgabe gewachsen sind.

70% der CEOs von Spitzenunternehmen sagen, dass Technologie die Zukunft des CFO am stärksten beeinflussen wird, aber nur etwas mehr als die Hälfte glaubt, dass CFOs den Einsatz neuer Technologien effektiv prüfen.

63% dieser CEOs erklärten, die Arbeit des CFO werde in den nächsten drei Jahren an Bedeutung gewinnen, aber ein Drittel befürchtet, dass CFOs darauf nicht vorbereitet sind.

Abb. 7.2: Höhere Ansprüche an CFOs.
Die Messlatte für CFOs liegt immer höher und digitale Arbeit wird sehr wahrscheinlich ein entscheidender Faktor ihrer Zukunft werden

Quelle: KPMG

Frank Olschewski

Digital Strategy Excellence

Die Methode PIE: Predict, Involve, Embed – Prognostizieren, Involvieren, Einbetten

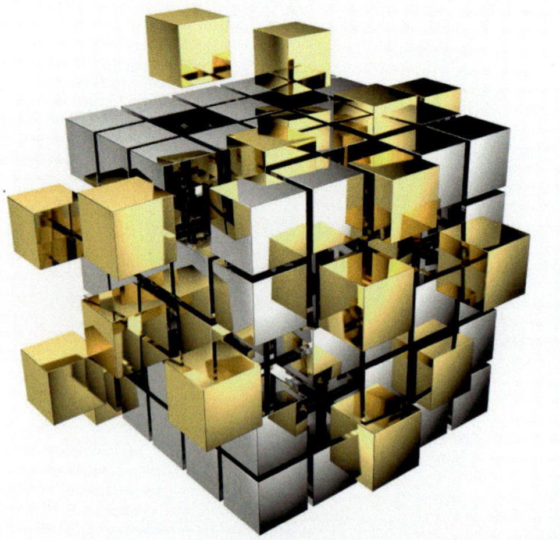

Digitale Unsicherheit trifft jeden. Wie im *Wall Street Journal* vom 8.9.2017 zu lesen war, muss sogar Uber »sein US-Auto-Leasing-Geschäft wegen unhaltbar hoher Verluste einstellen (...), weil sie zu einer überraschenden Erkenntnis kamen: Der durchschnittliche Verlust pro Fahrzeug war etwa 18-mal höher als angenommen.« Wie konnte dieser Gigant der Sharing Economy so kläglich scheitern? Wie können wir solche Desaster verhindern? Wir müssen das Wesen der Digitalisierung und ihre Wirkung auf Organisationen verstehen, um diese Frage zu beantworten und daraus zu lernen.

Unsicherheit in einer komplexen Welt

Die digitale Wirtschaft ist ein Teufelskreis. Technologie und Kapital verstärken sich wechselseitig in der Wirtschaft (Abb. 8.1). Dies erhöht die Innovationsgeschwindigkeit, aber auch die Anfälligkeit der Unternehmen, bedingt durch folgende Faktoren:

- erhöhte Änderungsgeschwindigkeit und -rate durch Skalierbarkeit, Reproduzierbarkeit und weltweite Erreichbarkeit digitaler Lösungen
- Absorption neuer Technologien ins tägliche Leben mit nachhaltigen Veränderungen für Geschäft, Wirtschaft und gesellschaftliche Normen
- minimale Vorhersehbarkeit des Wettbewerbs: in einer digitalen Welt ist es für Angreifer deutlich einfacher, in Wertschöpfungsketten über Branchen hinweg einzugreifen
- Anonymisierung und Verlust der Vertrauenswürdigkeit des Gegenübers

- Untergrabung von Kundenbeziehungen über digitale Kanäle
- Bindung von Kunden an leistungsstarke digitale Marktplattformen

Digitalisierung macht die Dinge komplizierter. Die Komplexität durch wechselseitige dynamische Abhängigkeiten im digitalen System wird drastisch erhöht. Am Ende wird alles und jeder digital mit jedem und allem verbunden sein. Änderungen propagieren weitere Änderungen innerhalb dieses eng gewobenen multidimensionalen Netzes, die sich potenziell verstärken. Im Unterschied zu den meisten Industrien rollt Facebook neue Services weltweit mit extrem hoher Geschwindigkeit aus. Künstliche Intelligenz, Big Data und Web-Technologien ersetzen Menschen in Recruiting und Verkauf. Bots veröffentlichen »Nachrichten«, verbreiten politische Meinungen und ahmen Massenkundenverhalten nach.

Echte Ahnungslosigkeit

Wenn eine Organisation nicht in der Lage ist, in einer solchen komplexen Umgebung zu lernen und sich anzupassen, wird Misserfolg zur Regel. Was passiert dabei mit den Führungskräften? Werden sie die Kontrolle verlieren? Vermutlich ja! Wie der Fall Uber zeigt, können selbst die Superstars das Ziel erheblich verfehlen.

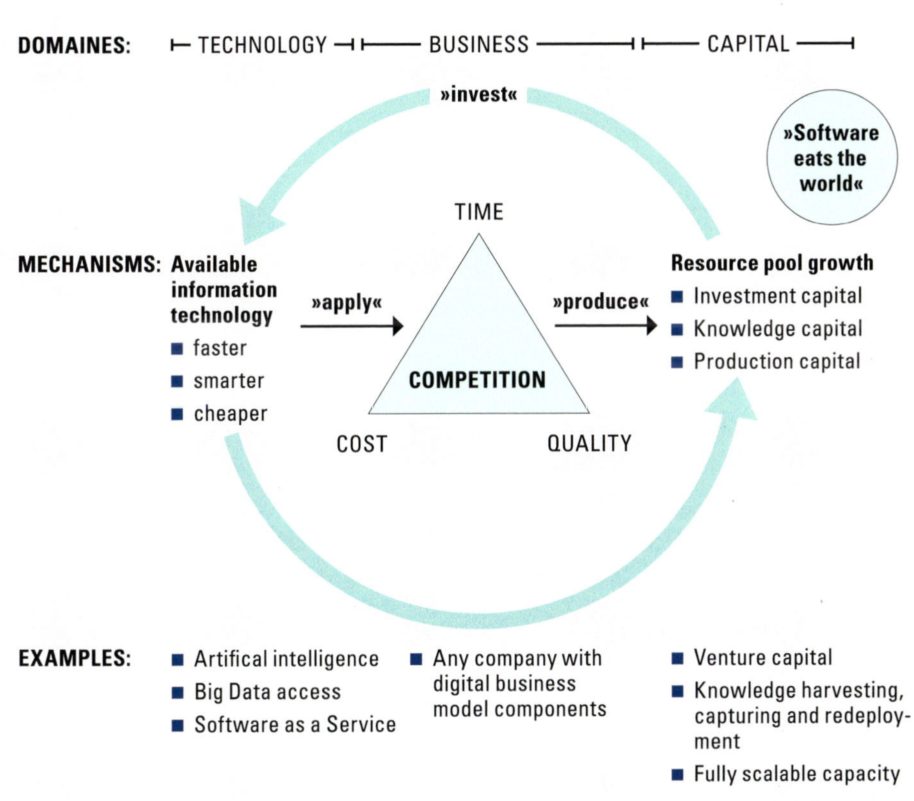

Abb. 8.1: Digitale Wirtschaft *Quelle: Theron*

Menschen und Manager fühlen sich hilflos, überfordert und dem Unbekannten ausgesetzt. Wie werden die digitale Gesellschaft und ihre Unternehmen aussehen? Was wird dieses System zusammenhalten? Was wird in harten Konkurrenzkämpfen stark machen?

Versuch und Irrtum, das Gebet aller Agilitätspropheten, ist ein effektiver, aber nicht effizienter Lernansatz. Er zahlt sich nur für sogenannte Hyperscale-Unternehmen aus (siehe Abb. 8.2), digitale Riesen mit einem globalen Geflecht von Beziehungen bei gleichzeitig minimalen Grenzkosten der Veränderung. Jede Innovation wird genügend Kunden finden, um für ihre Investition zu bezahlen. Die meisten bestehenden Geschäfte und Unternehmen sind aber keine Hyperscaler wie Facebook oder Google.

Für viele Unternehmen ist die Denkweise eines Hyperscalers zu weit weg von ihrem Kerngeschäft und ihrer Identität. Die meisten Unternehmen befinden sich in der Nähe der »Old School«, haben im Vergleich zu Google relativ wenige Kundenbeziehungen und betreiben ein Geschäftssystem mit beträchtlichen Fixkosten. Die gleiche Logik gilt für den »Hard Web«-Genotyp. Fehler kosten hier zu viel Geld und Zeit, wie auch beim »Soft Spot«-Genotyp, der mit begrenzter Kundenbasis arbeitet. Diese Unternehmen können dem blinden »Trial and Error«-Ansatz nicht folgen, wenn sie überleben wollen.

Den Pudding an die Wand nageln

»Trial and Success« ist ein weitaus wirtschaftlicherer Ansatz. Hierzu muss die Organisation lernen, wie sie schnell lernt.

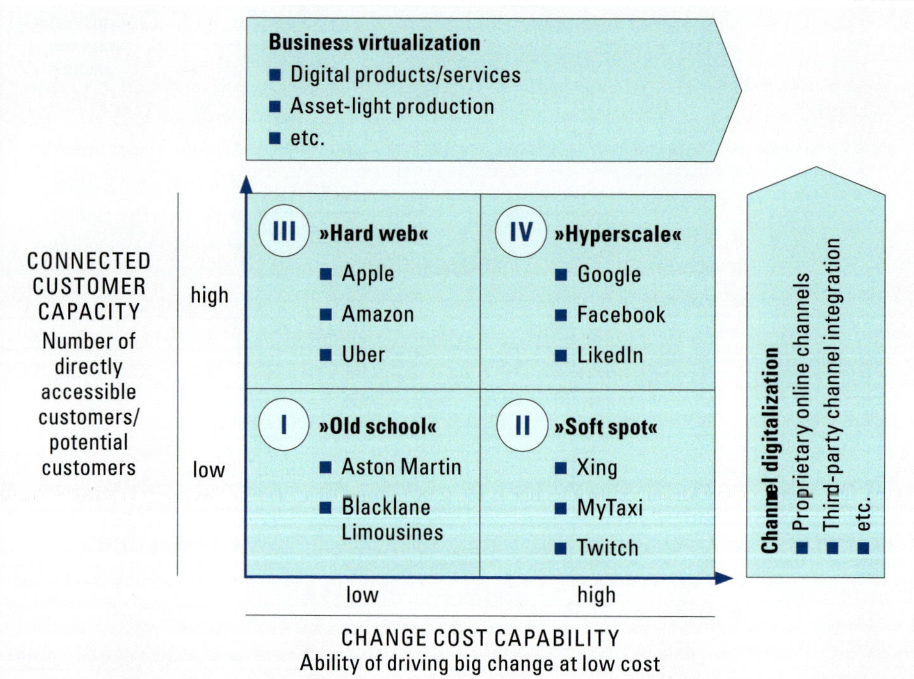

Abb. 8.2: Digitale Genotypen *Quelle: Theron*

Diese Aufgabe ist, wie einen Pudding an die Wand zu nageln. Mit einem Nagel allein wird das nicht funktionieren. Theron verfolgt einen Ansatz, genannt »PIE« – Predict Involve Embed, was so viel bedeutet wie Prognostizieren[1], Involvieren und Einbetten. PIE ersetzt einen willkürlichen Ansatz durch Anleitung – für eine einzelne Person, aber auch für eine ganze Organisation.

Der PIE-Bausatz im Überblick (siehe Abb. 8.3):

- Der Behälter: »Trial and Success« beginnt mit einer Prognose des Ergebnisses einer Entscheidung, qualifiziert durch ein Konfidenzmaß
- Die Schlaufe: Systematische Einbeziehung aller relevanten Stakeholder und ihrer persönlichen Konfidenzniveaus
- Der Nagel: Einbettung des Ziels durch formale Verknüpfung der Prognose mit den Finanzplänen des Unternehmens

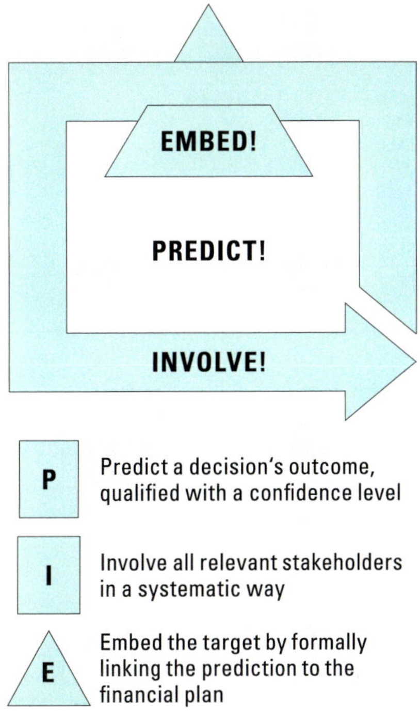

Abb. 8.3: Übersicht zu PIE *Quelle: Theron*

Prognose

Kern von PIE ist die Erstellung einer Prognose zum Ergebnis einer Geschäftsentscheidung, kombiniert mit einem persönlichen Konfidenzniveau. Die Prognose leitet den Prozess der Verhaltensänderung im Team. Die Methode bietet greifbare Vorteile:

- Geschäftshypothesen als Wahrscheinlichkeitsaussagen zu formulieren etabliert Chancen-und-Risiko-Management für alle Geschäftsaktivitäten und bei allen Mitgliedern der Organisation. Schwache Warnsignale werden früh erkannt.
- Prognosen sind präzise, prägnant, einfach zu kommunizieren und gut zu kumulieren. Skalierte Team-Prognosen sind klarer als subjektive Begriffe wie »recht gut«, »ziemlich niedrig« und ähnliche. PIE vermeidet Ignoranz und orientiert Aussagen an der Wirklichkeit.
- Die Diskussion individuell empfundener Konfidenzniveaus – die Bandbreite von Ergebnissen, die die richtige Antwort in beispielsweise 80 Prozent der Fälle enthält – macht Selbstüberschätzung oder -unterschätzung sichtbar.

Involvieren

Teamwork muss die Koordination durch hierarchische Kontrollstrukturen ersetzen. Nicht eine einzelne Funktion beherrscht die Komplexität. Vielmehr überspannen effektive Teams Funktionsgrenzen, Organisationen und Firmen. Hierar-

1 Danny Hernandez, »How our company learned to make better predictions about everything«, in: Harvard Business Review, 15. Mai 2017.

chische Berichterstattung wird lateraler Kommunikation, gemeinsamen Zielen und Leistungskriterien untergeordnet. PIE katalysiert diesen Wandel.

- Präzisere Prognosen durch Gruppenintelligenz: Ein großer Wissenspool von Mitarbeitern und Führungskräften untermauert die Prognosen.
- Lernen auf breiter Ebene: Teams lernen Unterschiede wertzuschätzen und ihr Wissen zu erweitern.
- Verständnis für Wandel: Unterschiedliche Ansichten werden durch ein gemeinsames Verständnis der Kosten- und Umsatztreiber angeglichen. So entwickelt sich das Team in Richtung »Superprognostikern«.[2]

Einbetten

PIE ersetzt das oft schwache Nutzen-Inkasso von Projekten durch einen kontinuierlichen Schätzprozess, dessen Werte in die Finanzplanung einfließen. Wenn Vorhersagen des Teams zum Kern der Pläne werden, übernimmt die Organisation die Verantwortung für deren Erreichung.

- PIE akzeptiert nur eine einzige Quelle für die Wahrheit, und das ist die tatsächliche, gemeinsam getragene Prognose. Wenn neue Beobachtungen auftauchen, müssen Prognosen überprüft und auch Finanzpläne angeglichen werden.
- PIE benötigt Balance! Die Anpassung von Finanzplänen ist mühevoll, da sie Formalitätsketten vom Projekt zur Öffentlichkeit und der Finanzwelt auslöst. Mit diesem Wissen versuchen Teammitglieder, es gleich beim ersten Mal richtig zu machen. Andererseits ist Time to Market das wichtigste Gut im digitalen Markt.

2 Philip Tetlock, Dan Gardner, Superforecasting, Random House Books, London 2016

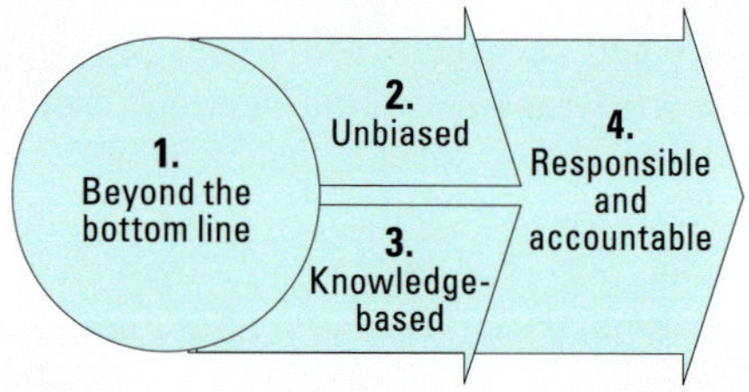

Abb. 8.4: Die vier Unterscheidungsmerkmale von PIE *Quelle: Theron*

Das Management muss die richtige Balance finden und die Verantwortung für Go- bzw. No-go-Entscheidungen auf Basis der Beobachtungen und eigener Beurteilung übernehmen.

Was macht PIE besser?

Die meisten Unternehmen erstellen ständig Business Cases. PIE unterscheidet sich davon in vier wesentlichen Merkmalen (siehe Abb. 8.4):

1. Beyond the bottom line: PIE berücksichtigt gesamtheitlich alle Aspekte inklusive Chancen, Markteinführungszeit, kritischer Meilensteine, technischer Errungenschaften, Risiken etc.

2. Unbiased: PIE eliminiert versteckte Verzerrungen in Best-/Worst-Case-Szenarien. Die PIE-Methode neutralisiert politische Agenden, Machtungleichgewichte, verzerrte Datensätze und andere Faktoren, die Business Cases oft unbrauchbar machen.

3. Knowledge-based: PIE integriert das Wissen des gesamten Teams systematisch in die Entscheidungsfindung.

4. Responsible and accountable: PIE etabliert effektiv Verantwortung im gesamten Team und macht das organisationale Lernen zum Führungsprinzip.

PIE kann viel einfacher und schneller umgesetzt werden als langwierige Transformationsprogramme. Wie diese Programme bringt auch PIE keine schnelle Lösung. Doch es bringt ab dem ersten Tag wertvolles Feedback und schafft eine positive Stimmung.

Mit PIE auf das Wesentliche konzentrieren

PIE fokussiert auf Leistung durch schnelles Lernen (Speed Learning), Teamgeist und Wissenszuwachs. Davon profitieren der Arbeitnehmer und das Unternehmen. Lernen ist schwierig, schafft Ängste und ist zeitraubend, erfordert Energie, Aufmerksamkeit und emotionale Stabilität, die leicht verloren gehen kann. Insbesondere wenn Mitarbeiter befürchten, dass die Digitalisierung ihrem Image als »Jobkiller« gerecht wird. PIE konzentriert sich aktiv auf die wertschöpfende Koexistenz menschlicher und künstlicher Intelligenz. Es lenkt die Aufmerksamkeit zurück auf die eigentliche Aufgabe.

- Speed Learning: Schnelle Veränderungen bedeuten für das Individuum weniger Zeit dafür, dass sich Lernen auszahlt. Durch PIE wird der Lernprozess durch die systematische Verarbeitung prognostizierter Informationen und die kontinuierliche Verbesserung von Feedback-Mechanismen für alle Beteiligten einfacher und schneller.
- Teamgeist: Kritische Entscheidungen werden in Teamarbeit vorbereitet und getroffen. Es fühlt sich an wie »Wir wissen, dass wir es vermasselt haben«, und nicht wie »Du hast versagt«!
- Wissenszuwachs: Die effektive Nutzung digitaler Informationen im Team schafft für das Unternehmen viele neue Möglichkeiten. Digitalisierung kann Wachstum erzeugen und sich so in eine Jobmaschine verwandeln.

Frank Olschewski ist Partner bei Theron im Büro Frankfurt am Main mit den Schwerpunkten Innovation, Wertschöpfung und strategische Geschäftsfeldentwicklung. Er begleitet Klienten bei der Digitalisierung und bei Innovationsvorhaben im Hightech-Sektor.

Offen sein und zuhören

Und schließlich gibt es einen extrem wichtigen informellen Erfolgsfaktor: das Modell »Postheroische Führung«.[3]

- Seien Sie offen! Laden Sie dazu ein, Meinungen zu äußern, hören Sie zu und lernen Sie von Mitarbeitern!
- Nutzen Sie Komplexität, statt sie zu ignorieren! Stellen Sie sich der Herausforderung, mit Komplexität umzugehen. Analysieren Sie die aktuelle Situation, statt auf früher unbestrittene Wahrheiten zurückzugreifen. Lösungen, die gestern richtig gewesen sein mögen, können heute vollkommen falsch sein.
- Sehen Sie Unterschiede als etwas Positives! Akzeptieren Sie Bedenken und gegensätzliche Meinungen als wertvollen Beitrag, betrachten Sie sie nicht als Zeichen mangelnder Loyalität oder von Ignoranz.
- Gehen Sie beim Lernen voran! Verstehen Sie Scheitern als einen fruchtbaren Boden für effektives Lernen. Bestrafen Sie nicht diejenigen, die sich irren, sondern diejenigen, die nicht bereit sind, wieder die Schulbank zu drücken!

3 Siehe beispielsweise Dirk Baecker, Postheroisches Management, Merve Verlag, Berlin 1994; Dirk Baecker, Postheroische Führung, Springer Gabler, Wiesbaden 2015.

Olaf Acker

Digitale Transformation

Auf dem Weg zur Beratung 4.0

Berater beschäftigen sich intensiv mit der Frage, wie sich die Industrien ihrer Kunden im Rahmen der digitalen Transformation verändern – und empfehlen in der Folge immer öfter notwendige und weitreichende Veränderungen. Wie die Beratungsunternehmen selbst mit der Herausforderung »Digitalisierung« umgehen, wird hingegen eher selten thematisiert.

Klar ist: Wer ein glaubwürdiger Partner sein will, muss auch sich und seine Arbeitsweise hinterfragen und entschlossen neue Wege einschlagen. Denn nur Berater, die fundierte theoretische Erkenntnisse (Digital Insight) mit konkreten Erfahrungen (Digital Experience) verknüpfen, können Ausmaß, Stoßrichtung und Implikationen des Wandels umfassend begreifen – zumal Erfahrungen am eigenen Leib bekanntlich besonders lehrreich sind.

Aber welche besonderen Herausforderungen birgt die digitale Transformation für Beratungsunternehmen? Wie verändern sie sich, und vor allem: Woran erkennen Kunden Dienstleister, die nicht nur von der Digitalisierung reden, sondern sie vorleben? Im Wesentlichen sind derzeit Veränderungen in drei Bereichen zu beobachten:

1. Expertise: Projekt-Teams mit Digital-Kompetenz und innovativem Denken

Wirtschaftliche Kompetenz allein reicht heutzutage längst nicht mehr. Wer seine Kunden bestmöglich beraten will, braucht zudem umfassendes technisches und vor allem digitales Know-how – also beispielsweise Experten, die sich mit Cyber Security, Datenanalysen und den Systemen wichtiger Technologieanbieter wie SAP oder Salesforce auskennen.

Genauso unerlässlich ist ein tiefgreifendes Verständnis aktueller technologischer Entwicklungen, zum Beispiel künstlicher Intelligenz und Blockchain. Denn was gestern noch in den Kinderschuhen steckte, kann morgen schon ganze Branchen prägen.

Neben zusätzlichen Kompetenzen ist aber auch ein neues, nutzerzentriertes Denken gefragt. Denn die Digitalisierung verändert eben nicht nur die technischen Rahmenbedingungen, sondern auch die Menschen und ihre Gewohnheiten und Erwartungshaltungen.

Deshalb müssen Berater konsequent den Nutzer in den Mittelpunkt stellen, wenn sie neue Konzepte und/oder Geschäftsmodelle entwickeln. Dabei helfen innovative Methoden wie zum Beispiel das »Design Thinking«. PwC hat in diesem Zusammenhang den BXT-Ansatz entwickelt: Kundenprobleme werden stets von drei Seiten analysiert – der betriebswirtschaftlichen (Business), der des Nutzers (eXperience) und der technologischen (Technology) (siehe Abb. 9.1).

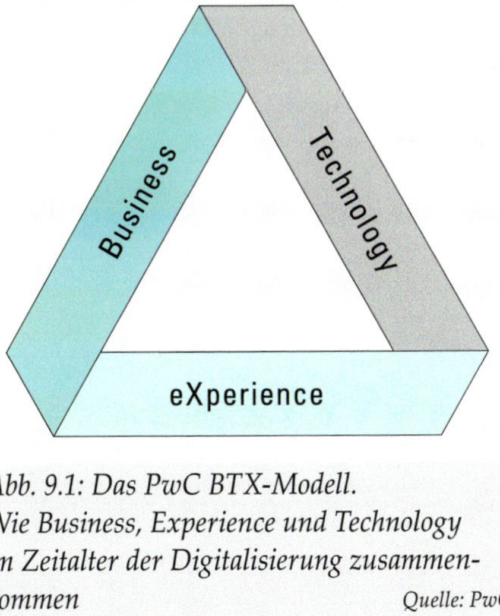

Abb. 9.1: Das PwC BTX-Modell.
Wie Business, Experience und Technology im Zeitalter der Digitalisierung zusammenkommen *Quelle: PwC*

Einen solchen Dreiklang können nur Projektteams leisten, in denen ein breites Portfolio von Kompetenzen und Fähigkeiten vertreten ist (heterogenes Skillset). Beratungsunternehmen müssen deshalb jetzt und in Zukunft besonders entschlossen in hoch qualifizierte Mitarbeiter investieren – durch das Anwerben von Experten, aber auch durch gezielte Weiterbildung.

Für die Kunden birgt ein integrierter Beratungsansatz erhebliche Vorteile. Denn wenn sie für Projekte unterschiedliche Dienstleister engagieren müssen, führt dies erfahrungsgemäß zu einem hohen organisatorischen Aufwand und zu erheblichen Problemen an den Schnittstellen zwischen den beteiligten Unternehmen.

2. Leistungsportfolio: Nicht nur konzipieren, sondern auch umsetzen

Früher reichte es in der Regel, detailliertes Business-Know-how in schriftlicher Form bei den Kunden abzuliefern. Beratungsunternehmen haben deshalb Präsentationen, Textdokumente, Tabellen und Grafiken erstellt, die Ergebnisse erläutert – und alles Weitere dann ihren Kunden überlassen.

Inzwischen haben Unternehmen jedoch weitaus höhere Ansprüche; insbesondere erwarten sie zusätzlich zum »konzeptionellen Output« Unterstützung bei der Umsetzung in die Praxis. Berater müssen deshalb praxisorientierter werden und von der Strategieentwicklung bis hin zu technischen Lösungen eine breite Palette von Dienstleistungen anbieten – und zwar in einer intelligenten Kombination.

Das bedeutet zunächst, dass sie Geschäftsprozesse vom Anfang bis zum Ende durchdenken und dabei nicht nur einzelne Segmente, sondern stets das gesamte Mosaik im Blick haben müssen. Schließlich sind innovative Technologien – etwa in den Bereichen Big Data oder künstliche Intelligenz – nicht nur Mittel zum Zweck, sondern müssen umfassend in das Geschäftsmodell integriert werden.

Hinzu kommt: Kunden wollen immer öfter sehen, erleben und auch testen, wie Anwendungen konkret funktionieren (Show me). Deshalb gilt es, neben Präsentationsfolien und weiterem Papier-Output auch Prototypen zu entwickeln.

Das hat beispielsweise zur Folge, dass Beratungsgesellschaften in der Designphase selbst eine Software programmieren oder eine App entwickeln. Gerade im industriellen Bereich kommen bisweilen sehr komplexe Prototypen zum Einsatz, die mit der Sensorik und Aktorik in der Fabrik und somit in der »echten Welt« kombiniert werden. Auch in der darauffolgenden Umsetzungsphase ist praktische Unterstützung gefragt – zum Beispiel, wenn es darum geht, Cloud-basierte Software anzupassen.

Im digitalen Zeitalter ist übrigens auch umfassender Anpassungsbedarf immer seltener ein Makel, auf den die Kunden empfindlich reagieren – sondern eine Selbstverständlichkeit. Denn angesichts des rasanten Wandels und der damit einhergehenden begrenzten Planbarkeit ist in zunehmendem Maße Tempo gefragt: Unternehmen müssen mit hoher Schlagzahl verschiedene Wege ausprobieren, um schnell die Richtung zu ändern, wenn sie in eine Sackgasse geraten.

Die Devise lautet deshalb »try fast, fail fast«, und genau dies ist auch in der Beratung und besonders beim Prototyping gefragt. Es kommt also nicht in dem Maße auf Perfektion an, wie es früher üblich war. Wer seinen Kunden Geschwindigkeit predigt, muss eben auch selbst schneller werden – ein weiteres Beispiel dafür, dass die digitale Transformation nicht nur neue Kompetenzen, sondern auch ein neues Denken (Mindset) erfordert.

Das breitere Leistungsspektrum, das gut aufgestellte Beratungsgesellschaften ihren Kunden bieten, macht die Projektkonzeption und -steuerung komplexer. Denn die Verantwortlichen müssen längere Prozessketten abbilden, die einzelnen Etappen aufeinander abstimmen und die verschiedenen Experten entsprechend ansteuern. Damit steigt das Risiko im Vergleich zu reinen Papier-Projekten deutlich.

Eine professionelle Organisation mit ausgereiften und effizienten Projektsteuerungsmechanismen wird deshalb für Beratungsunternehmen zu einem immer wichtigeren Erfolgsfaktor.

3. Arbeitsweise: Höhere Effizienz durch Software- und Datennutzung

Darüber hinaus gilt natürlich auch für Consultants: Sie müssen die neuen technischen Möglichkeiten nutzen, um im Arbeitsalltag effizienter zu werden. Ganz besondere Bedeutung kommt in diesem Zusammenhang der Software und den Daten zu. Denn wer sie intelligent einsetzt, kann die Beratungsleistung skalieren – zum eigenen Nutzen und zum Wohle der Kunden. Dabei sind zwei Bereiche zu unterscheiden.

Erstens: Berater entwickeln immer öfter standardisierte Beratungsprodukte in Form einer Software, die Unternehmen dann in Eigenregie einsetzen – zum Beispiel, um Prozesse in Bereichen wie Einkauf, Finanzen oder Compliance zu optimieren. Auf diese Weise erleichtern Beratungsgesellschaften ihren Kunden die Arbeit und erschließen zugleich neue Umsatzquellen.

Dieses Geschäftsfeld entwickelt sich derzeit zwar noch langsam, aber erste Programme haben sich bereits erfolgreich am Markt etabliert. Ein Beispiel ist das eValuation-Tool von PwC, das in wenigen Schritten eine Unternehmensbewertung samt einer branchenspezifischen Benchmark-Analyse ermöglicht.

Zweitens: Berater setzen auch im eigenen Arbeitsalltag moderne Software-Programme und Tools ein, um die Effizienz bei Projekten zu steigern. Dieser Trend ist schon deutlich weiter vorangeschritten als die Entwicklung standardisierter Produkte. Er wird vor allem von den deutlich steigenden Datenmengen getrieben, die Kunden im digitalen Zeitalter bereitstellen. Denn um sie auszuwerten und zu verstehen, sind ausgereifte Big-Data-Lösungen und innovative Visualisierungswerkzeuge gefragt. Darüber hinaus ist zu beobachten, dass Berater-Teams verstärkt Technologien aus dem Bereich der künstlichen Intelligenz nutzen – insbesondere sogenannte Machine Learning Tools.

Dadurch entstehen neue Hebel, um die Effizienz bei Projekten zu steigern und darüber hinaus neue, interessante Erkenntnisse für die Kunden zu gewinnen. Nur Beratungsgesellschaften, die sich in diesen Bereichen auskennen und innovative Tools und Methoden tatsächlich einsetzen, können ihre Kunden auch in Zukunft bestmöglich beraten.

Hohe Ansprüche an Beratungspartner stellen

Die drei Bereiche Expertise, Leistungsportfolio und Effizienz zeigen: Genau wie ihre Kunden treiben auch Beratungsunternehmen die digitale Transformation voran – allerdings mit einem unterschiedlichen Grad an Entschlossenheit. Denn für den Aufbau der notwendigen Kompetenzen und Strukturen sind signifikante Investitionen notwendig, die nicht alle Unternehmen leisten können.

Kunden sollten genau prüfen, ob Beratungspartner über ein breites Portfolio unterschiedlicher Fähigkeiten verfügen, ein umfassendes Leistungsspektrum abdecken und selbst innovative Technologien und Methoden einsetzen, mit denen sie erfolgreich bei der digitalen Transformation unterstützen.

Olaf Acker ist Partner bei Strategy& Deutschland und zugleich Leiter des Geschäftsbereichs Digital Services EMEA bei PwC. Olaf Acker berät Unternehmen verschiedener Branchen bei der digitalen Transformation.

Falk Hirdes, Andreas Schneller

Digitale Transformation

Organisatorische Ambidextrie als Balance zwischen Stabilität und Innovation

Begriffe wie Digitalisierung und Industrie 4.0 werden verwendet, um das Zeitalter der vierten industriellen Revolution zu beschreiben. Doch was thematisiert diese Revolution konkret und was können Unternehmen tun, um sich diesen neuen Marktanforderungen anzupassen und nicht von der Konkurrenz abgehängt zu werden? Daraus resultierende Fragestellungen betreffen das Management und dessen strategische und organisatorische Überlegungen ebenso wie die IT.

Unternehmen müssen sich den Fragen stellen, wie sie

- eine in die Zukunft gerichtete Effektivitat und gleichzeitig eine am Kostendruck ausgerichtete nachhaltige Effizienz erreichen;
- Freiraum für Innovationen schaffen, ohne den aktuellen Erfolg des Tagesgeschäfts zu vernachlässigen;
- Agilität und Disziplin in der Organisation ausbalancieren.

Unternehmen unterschiedlicher Branchen haben in der Vergangenheit diverse Wellen an Revolutionen durchlebt: industrielle Revolution, manufakturmäßige Produktion, Massenfertigung u.a. Solche disruptiven Veränderungen finden in immer kürzeren Zyklen statt und erschweren es Unternehmen, schrittzuhalten.

Im Vergleich zu früheren Phasen ergibt sich für Unternehmen hieraus der gravierende Unterschied, dass es für den Erfolg eines Unternehmens heute nicht mehr ausreicht, Innovations- oder Kostenführerschaft anzustreben. Im Zeitalter der Digitalisierung gewinnen interne Innovation und Optimierungsfähigkeit stark an Bedeutung.

Diese Bi-Modularität führt zu dem Begriff der »Ambidextrie« (Beidhändigkeit, von spätlateinisch *ambo*, »beide«, und *dexter*, »rechts«). Die organisatorische Ambidextrie ist allerdings keine neue Erfindung. In der Literatur wird der Begriff bereits seit Mitte der 1970er-Jahre diskutiert und interpretiert.[1] In Bezug auf die IT-Organisation wird dies häufig mit den Begriffen der bi-modalen IT oder IT der zwei Geschwindigkeiten beschrieben, was unter anderem die Reaktion der IT auf Anforderungen des Managements widerspiegelt.

Die organisatorische Ambidextrie beschreibt somit die Fertigkeit, die Balance zwischen einer effizienten Ausrichtung des Unternehmens bei gleichzeitiger Anpassungsfähigkeit auf Umweltveränderungen zu finden, und nimmt im Kontext der Digitalisierung eine besondere Stellung ein. Organisationen sehen sich zunehmend einem Zeit- und Kostendruck ausgesetzt, der durch die heutigen extrem kurzen technologischen Innovationszyklen und die disruptiv dynamischen Marktveränderungen intensiviert wird. Für Unternehmen bedeutet dies, dass eine passive Anpassung an Marktentwicklungen bei gleichzeitiger Optimierung nach innen nicht mehr ausreicht. Vielmehr müssen Unternehmen grundlegend hinterfragen, wie sie diese Herausforderung angehen und lösen können. Zusätzlich muss jedes Unternehmen die Fähigkeit entwickeln, das eigene Geschäftsmodell in gleichem Maße kontinuierlich zu optimieren sowie parallel durch eigene Innovationskraft disruptiv zu ergänzen oder zu ersetzen. Hier spricht man von »Exploitation«, also von Tätigkeiten im operativen Geschäft, die mit großer Stabilität und Effizienz verfeinert, implementiert und optimiert werden. »Exploration« hingegen beschreibt die andere Seite der Ambidextrie, nämlich Tätigkeiten wie Suche, Variation, Risikoaufnahme, Experimentieren, Flexibilität, Entdecken und Forschen. Dies ist der Teil des Unternehmens, der agil ist und Innovationen vorantreibt, um anpassungsfähig zu sein (siehe Abb. 10.1, Seite 140).

Herausforderungen für Großkonzerne: Veränderungsfähigkeit ermöglichen

Der Exploration-Ansatz wird häufig von Start-ups genutzt, da hier oft keine oder nur sehr rudimentär eingeschwungene Exploitationsprozesse existieren. Daraus möglich werdender wirtschaftlicher Erfolg und die nicht zu übersehende Innovationskraft und Schnelligkeit haben

1 Raisch, S./Birkinshaw, J., Organizational Ambidexterity: Antecedents, Outcomes, and Moderators, in: Journal of Management, 2008, 34. Jgg., Nr. 3, S. 375–409 ; und O'Reilly III, C. A./Tushman, M. L., Ambidexterity as a dynamic capability: Resolving the innovator's dilemma, in: Research in Organizational Behavior 28, 2008, S. 185–206.

aber auch Interesse jenseits von Neugründungen geweckt und gezeigt, dass Start-ups und Branchenprimi auf Dauer eine Balance beider Welten – Exploration und Exploitation – finden müssen. Allerdings stellen immer mehr Großkonzerne fest, dass sich der erhoffte Erfolg nicht einstellt. Woran liegt dies?

Der Aufbau dynamischer Fähigkeiten wurde vorangetrieben wie zuvor die Einführung der Prozessoptimierung. Um stellenweise effizienter zu werden, reichte es in vielen Fällen bereits aus, lediglich einzelne Teile aus dem kontinuierlichen Verbesserungsprozess zu entlehnen, ohne das gesamte Unternehmen beispielsweise auf einen Lean-Management- oder Total-Quality-Ansatz umzustellen. Der Erfolg von Unternehmen aus der New Economy liegt aber nicht in einzelnen Methoden begründet, sondern darin, dass sie einem vollständig anderen Paradigma folgen. Während klassisch ausgerichtete Unternehmen meist auf Hierarchie und Kontrolle setzten, basieren die neuen Ansätze unter anderem auf sich selbst verwaltenden Teams und Vertrauen in die Fähigkeit der eigenen Mitarbeiter.

Mit Blick auf diese Herausforderung und auf Grundlage unserer Erfahrungen ist die Einführung einer organisatorischen Ambidextrie eine der zentralen Aufgaben für Unternehmen. Die digitale Transformation ist ein dauerhafter Pro-

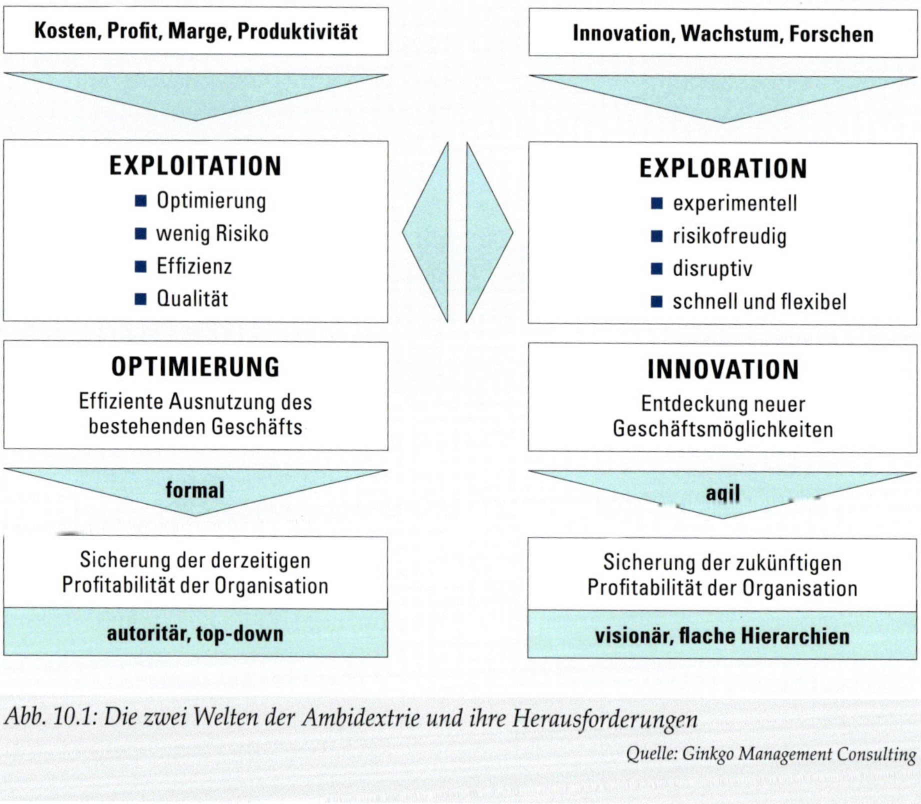

Abb. 10.1: Die zwei Welten der Ambidextrie und ihre Herausforderungen

Quelle: Ginkgo Management Consulting

zess, der mit gleichzeitigem Organisations- und Kulturwandel einhergeht. Unternehmen können sich diese Fähigkeiten nicht durch One-Shot-Initiativen im Rahmen einer Restrukturierung oder durch Gründung eines Digital Labs aneignen. Nur wenn die notwendige Sensibilisierung aller Mitarbeiter bezüglich beider Seiten stattgefunden hat und die Mitarbeiter wissen, dass man in beiden Dimensionen erfolgreich sein muss, ist der Grundstein für eine erfolgversprechende Unternehmenskultur und langfristige Wettbewerbsfähigkeit gelegt. Hierbei muss die Erkenntnis vorherrschen, dass auftretende Veränderungen aus Innovation und Optimierung nicht als Gefahr gesehen oder den Mitarbeitern als solche zu verstehen gegeben werden, sondern als Chance anzusehen sind.

Diese Fähigkeit zur Veränderung muss vor allem durch die Unternehmensleitung forciert und Veränderungskompetenzen in allen Unternehmensbereichen müssen kontinuierlich aufgebaut werden. Dies sollte sowohl mit Blick auf technologische Impulse der Digitalisierung als auch auf Mitarbeiter als zentrale Gestalter des Unternehmens erfolgen.

Unserer Erfahrung nach ist es erfolgsbestimmend, dass Unternehmen eine Reihe von Aktionsfeldern von Grund auf hinterfragen und analysieren (siehe Abb. 10.2).

AKTIONSFELDER	AKTIVITÄTEN	BEISPIELE
1 Ansatz/Methode	Recherche, Auswahl, Anpassung und Definition	Scrum, Disciplined Agile, Swarm, sich selbst organisierende Teams
2 Scope-Definition	Bestimmung von Einsatzbereichen und Tiefe	unternehmensweit, abteilungsbegrenzt, Inkubator
3 Management-Fokus	Bodarfsanalyse, Aufbau, Fähigkeiten, Kulturwandel	Weiterbildung, Einstellung, Maßnahmen Kulturwandel
4 Mitarbeiter	Kulturwandel, Entscheidungsautonomie	Fähigkeitsprofile, Weiterbildung, Teambuilding, Identitätsstiftung
5 Ganzheitlichkeit	Auswirkung auf andere Bereiche, Anpassungen	Ausweitung Aufgaben HR, Anpassung Einkauf, Reporting
6 Nachhaltigkeit	substanzielle Verankerung	Bereiche in Strategieentwicklung einbinden, BU u. IT zusammenführen

Abb. 10.2: Zu hinterfragende und zu analysierende Aktionsfelder

Quelle: Ginkgo Management Consulting

Die folgende Auflistung gibt eine Hilfestellung zu den einzelnen Aktionsfeldern in der Identifikation und Gestaltung der jeweiligen Methoden und Prozesse:

1. Ansatz/Methode

- Auswahl des passenden Ansatzes, Aufbau und Anpassung einer Methoden-Toolbox, zugeschnitten auf die spezifischen Bedürfnisse
- Fortlaufende Überprüfung und Anpassung

2. Scope-Definition

- Bewertung, ob die definierte Methoden-Toolbox im gesamten Unternehmen, nur in Teilen oder vorerst als Zwischenschritt innerhalb eines Inkubators mit klar definiertem Ziel eingesetzt werden soll

3. Management-Fokus

- Definition der benötigten Führungsfähigkeiten und -qualitäten, Analyse der Lücke zur bestehenden Führung und Maßnahmen zur Schließung durch Weiterbildung und/oder Neueinstellung
- Aufbau einer Mentoren- oder fortlaufende Coaching-Struktur
- Definition der Maßnahmen zur Änderung der Führungskultur
- Überprüfung und ggf. Anpassung der Organisationsstruktur

4. Mitarbeiter

- Abgleich von Kompetenzen und Fähigkeiten mit Anforderungsprofilen
- Weiterbildung und/oder Ergänzung der Teams durch Neueinstellungen mit Schwerpunkt auf Generalisten vor Spezialisten
- Definition des benötigten Kulturwandels und Durchführung entsprechender Maßnahmen wie Incentivierung, Belohnungsstrukturen und Karrierepfade
- Aufbau von Support- und Coaching-Angeboten

5. Ganzheitlichkeit

- HR zu einem Treiber der kulturellen digitalen Transformation entwickeln
- Anpassung von Mitarbeiterrekrutierung, Weiterbildungs-, Entlohnungs- und Bonusmodellen
- Ziele und Prozesse in Beschaffung und Controlling auf Vision der Exploration anpassen, um Agilität zuzulassen

6. Nachhaltigkeit

- Einbindung von Impulsen aller Bereiche und Ebenen in die Strategieentwicklung
- Zusammenbringen der unterschiedlichen Bereiche durch Co-Location und stärkere disziplinär übergreifende operative Zusammenarbeit
- Stärkere aktive Einbindung der IT in die Unternehmensentwicklung

In Großkonzernen lässt sich organisatorische Ambidextrie nicht über Nacht erschaffen und etablieren. Außerdem ist sie keine Alibiveranstaltung, die von Digital Labs oder anderen Initiativen, losgelöst vom eigentlichen Kerngeschäft, absolviert werden kann. Die erarbeiteten Lösungen solcher Initiativen lassen sich häufig nicht in die tradierte Unternehmenswelt integrieren und erfordern einen operativen und skalierbaren Betrieb, was selten Primärziel dieser Vorhaben ist. Außerdem fehlt den meisten dieser Initiativen per se die holistische Betrachtungsweise. Losgelöst vom Mutterschiff in einer Art Blackbox, lässt sich weder die Digitalisierung noch die Ambidextrie in Unternehmen vorantreiben. Lösungen von der Stange sind hier ebenfalls kein adäquates Mittel, um den Facettenreichtum der Unternehmen und individuelle Bedürfnisse zu bedienen.

Kritisch reflektierendes Buy-in des Managements und Aktivierung der Mitarbeiter

Unsere Erfahrung zeigt, dass neben dem kritisch reflektierenden Buy-in des Managements die Aktivierung der Mitarbeiter essenziell ist, will man in diesem Themenkomplex erfolgreich sein. Die Veränderungsfähigkeit bedingt meist einen grundlegenden prozessualen Wandel und starkes Change Management auf allen Ebenen – sowohl technisch, prozessual als auch in Mindset und Kultur. Erfahrungsgemäß fällt diese Veränderung vielen Unternehmen schwer, und die Vorteile einer organisatorischen Ambidextrie werden nicht von allen Beteiligten direkt erkannt, geschweige denn mitgetragen. Um hier Bewusstsein zu schaffen, kann das isolierte Verordnen von Trainings in agilen Projekt-Management-Methoden nur ein Element unter vielen sein. Grundlegender kultureller Wandel ist deutlich komplexer und daher auch zeit- und kostenintensiver.

Ambidextrie bringt das Spannungsfeld zwischen Exploitation und Exploration in eine produktive Balance und sollte als Chance verstanden werden, das Kerngeschäft zu stabilisieren und zu optimieren, während gleichzeitig die digitale Transformation vorangetrieben wird.

Falk Hirdes ist Managing Consultant bei Ginkgo Management Consulting in Peking. Er ist Experte für Prozess- und Organisationstransformationen auf Basis von Systemic-, Lean- und Agile-Management-Ansätzen.

Andreas Schneller ist Senior Consultant bei Ginkgo Management Consulting in Zürich. Er ist Experte für die Konzeption und Umsetzung von IT-Strategien und betreut globale Big-Data- und digitale Transformationsprojekte.

Dr. Alexander Batran, Sven Schumacher

Digitale Transformation

Einkauf 4.0 im Digitalisierungs-Tsunami

Die Digitalisierung im Einkauf hat Bewegung in die Unternehmen gebracht. Aber sie hat auf dem Markt auch solch eine unüberschaubare Menge an Software-Angeboten initiiert, dass man schnell den Überblick verlieren kann, was für das eigene Unternehmen die beste Lösung wäre.

Einkaufsleiter stehen unter immensem Druck: Druck von außen (Wann kommt endlich die Digitalisierungsstrategie in Ihrem Unternehmen?), Druck von oben (Der Vorstand hat schon die Strategie, aber wo ist der Einkauf?) Druck von den eigenen – jungen – Mitarbeitern (Wann haben wir endlich Apps und intuitive Bediensysteme?), Druck aus der Aufgabe selbst heraus, sich in einem Tsunami an Software-Lösungen und digitalen Angeboten zurechtzufinden.

Einkäufer heute müssen nicht mehr überzeugt werden, dass die Digitalisierung der Einkaufsprozesse, zum Beispiel durch weitere Automatisierung über die

Bestellabwicklung hinaus, sinnvoll ist. Wenn sie privat auf Marktplätzen wie Amazon einkaufen, vielleicht sogar per Spracherkennung wie Alexa oder Siri einfach einem Mikrofon ihre Wünsche zurufen, dann wird ihnen schnell klar, wie schwerfällig der Beschaffungsprozess im Unternehmen noch läuft.

Allzu oft dominieren in Ausschreibungsprozessen noch Freitext-Anfragen, handgestrickte Excel-Tabellen für die Angebotsübersichten, manuelle Übertragungen von einem System ins andere und die Kommunikation mit Lieferanten über verschiedene Kanäle im Alltag. Meist getrennt davon laufen Vertragsmanagement und Bestellung über wieder eigene Tools mit eigenen Oberflächen und Kategorien.

Chatbots statt Excel

Und draußen lockt die schöne neue digitale Welt. Advanced Analytics, Chatbots, Robotics – an Software-Angeboten für das Einkaufsmanagement herrscht wahrlich kein Mangel. Die Anbieter dieser Software-Lösungen und -Services, mit Ausnahme von zwei ganz großen, haben häufig zwischen 100 und 1.000 Mitarbeiter und verändern sich ständig. Die Lösungen, die sie anbieten, kommen meist schlank über die Cloud als »Software as a Service«, sind stets up to date und lösen das jeweilige Problem im Einkauf zielgenau: die Ausschreibungen, den Verhandlungsprozess, das Vertragsmanagement, die Bestellung. Da werden semantische Fehler automatisch bereinigt, Einkaufsvo-

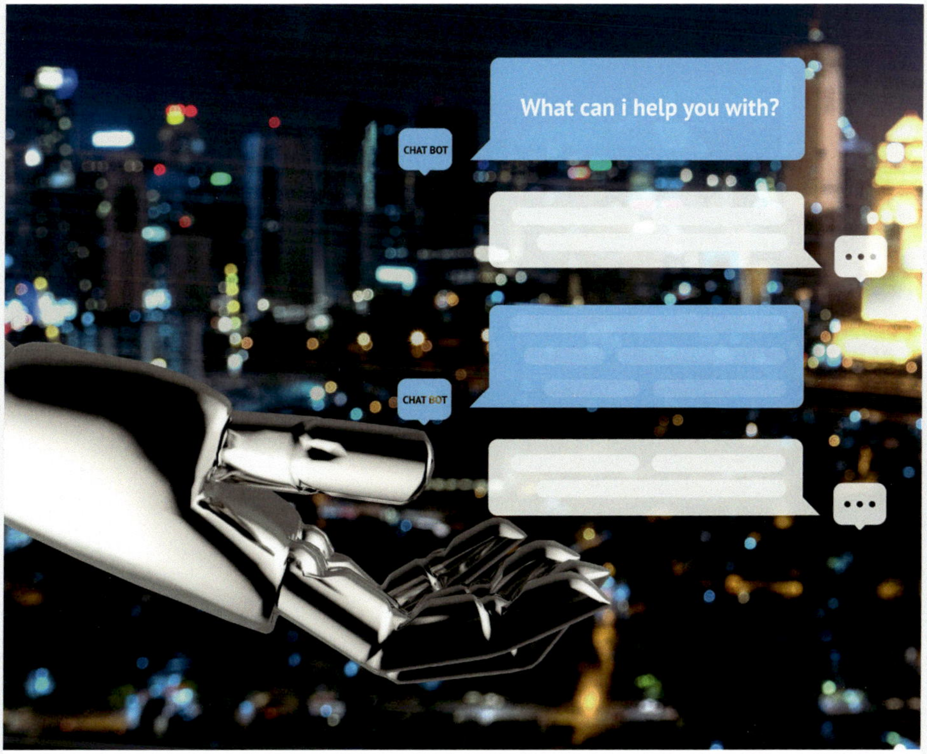

lumina spielend aggregiert und optisch in »Cockpits« aufbereitet, Lieferantenausfallrisiken berechnet, Entscheidungsvorschläge generiert oder direkt im Hintergrund umgesetzt.

Aber sind diese Lösungen auch miteinander kompatibel? Welche Vor- und Nachteile haben sie? Welche Risiken bestehen? Und ist der Ansatz, alles einzeln zu kaufen, überhaupt richtig?

Auch der Anbietermarkt ist in Bewegung. Für jeden Schritt die passende Software – das wird unter dem Begriff »Best of Breed« gehandelt. Gleichzeitig werben Komplettanbieter mit Lösungen aus einer Hand (Stichwort »Suite«), die den gesamten Beschaffungsprozess abdecken. Diese Kompletteure betätigen sich zurzeit als fleißige Konsolidierer: Die Übernahmen von Best-of-Breed-Anbietern durch Suite-Unternehmer haben gewaltig an Fahrt aufgenommen.

Für Einkaufsmanager ist es schwer, den Überblick zu behalten, und noch schwerer, das unübersichtliche Angebot mit den eigenen Prozessen, Einschränkungen und Prioritäten im Unternehmen in Übereinstimmung zu bringen.

Checklisten für die Roadmap zur Software-Implementierung

In jedem Unternehmen sind die Fragestellungen anders: Wie ist der Prozess organisiert? Welche automatisierten Systeme sind schon vorhanden? Gibt es eine Cloud-Freigabe? Wo kann am schnellsten der größte Effekt erzielt werden?

Jemand, der den Markt für all diese Software-Lösungen genau kennt, der weiß, was gerade passiert, und aus der Breite seiner Kundenmandate über viel Erfahrung verfügt, kann da nützlich sein. Jemand, der fertige Checklisten mitbringt

mit genauen Entscheidungskriterien. Und jemand, der unabhängig ist, also nicht voreingenommen zugunsten bestimmter Lösungen, mit denen die eigenen Leute vielleicht am liebsten arbeiten.

So lässt sich ein Fahrplan erstellen, eine Roadmap, in der die Schritte der Software-Implementierung genau geplant sind. Mit jedem Schritt steigt der Professionalisierungsgrad im Einkauf. Und jeder Folgeschritt ist schon mitgedacht, wenn man ganz unten anfängt. Denn eine Entscheidung bedingt die nächste. Am Anfang stehen Orientierung und Struktur. Ähnlich einem Generalunternehmer auf einer komplexen Baustelle muss man die Gewerke zusammensuchen, die am Ende ein stabiles Gebäude entstehen lassen. Auch die Implementierung der Lösungen in der Praxis ist kein Selbstläufer. Einkaufs-Expertise und IT-Expertise sollten immer Hand in Hand gehen.

Neue Rolle für den Einkauf

Verzweifelte Einkäufer sollte es dann nicht mehr geben, Systemwelten, die mit der Unternehmensrealität nicht kompatibel sind, hoffentlich auch nicht. Wer diesen Weg geht, stellt vermutlich fest, dass die neuen Lösungen einen Veränderungsprozess in der Organisation des Einkaufs, vielleicht des ganzen Unternehmens anstoßen.

Die Rolle der Einkäufer könnte hinterher eine andere, eine spannendere sein. Weil ihnen viele standardisierte Prozesse von neuen digitalen Werkzeugen abgenommen werden und aus der Flut der Datenströme wertvolle Informationen zeitnah aufbereitet werden, können sich die Einkäufer in eine strategische Position bringen. Denn Lieferanten produzieren nicht nur hohe Kosten (die es zu drücken gilt), sondern sie sind wertvolle Partner, die gute Ideen und Innovationen haben (in die man investieren sollte).

Dr. Alexander Batran
ist Principal der Münchner Unternehmensberatung H&Z.

Sven Schumacher
ist Partner der Münchner Unternehmensberatung H&Z.

Wer, wenn nicht die Einkäufer, kann mit ihnen am besten auf Augenhöhe kommunizieren und eigenständig die Zusammenarbeit mit den Zulieferern und Geschäftspartnern aufbauen? So kann aus dem Einkäufer ein Stratege werden, ein Innovationsmanager, einer, der das Ohr am Geschehen hat und der die so wichtige Vernetzung aller Spieler auf dem Weg zu Industrie 4.0 vorantreibt. Die digitale Transformation gibt dem Einkauf die Möglichkeit, aus der Ecke der reinen Reaktion herauszukommen und die Prozesse in seinem Unternehmen wie in der ganzen Lieferkette mitzugestalten.

Robert Benacka

Industrie 4.0

Digital Process Twins als Effizienzschub für die Fertigung

Vor gut 150 Jahren etablierte sich beim westafrikanischen Volk der Yoruba ein interessanter Brauch: Über Jahrhunderte hatten die Yoruba Zwillinge als Teufelswerk angesehen, doch nun wendete sich der Aberglaube plötzlich ins Positive, ein Zwillings-Kult entstand. Einen besonderen Ausdruck fand diese Verehrung in der Anfertigung von Ibeji, holzgeschnitzten Zwillingsfiguren, die als Behälter für die Seele verstorbener Zwillinge dienen. Denn im Yoruba-Glauben sind die Seelen der Zwillinge über den Tod hinaus miteinander verbunden – stirbt ein Zwilling, muss er wie ein lebendes Familienmitglied gefüttert, gebadet und angesprochen werden, um das Überleben des anderen Zwillings zu sichern.

In gewisser Weise prägt diese Vorstellung einer Interdependenz zwischen realer und symbolischer Welt auch unser heutiges Bild von sogenannten digitalen Zwillingen. Natürlich geht es beim »Digital Twin« in unseren Fertigungshallen nicht mehr um Aberglauben, sondern um das digitale Abbild eines konkreten physischen Gegenstands beziehungsweise Produkts – etwa einer Turbine, deren Laufparameter gemessen und virtuell dargestellt werden, um Vorhersagen über mögliche Veränderungen der Leistung oder Materialeigenschaften zu treffen. Das eröffnet zwar bereits sehr spannende Perspektiven für die Weiterentwicklung von Produkten im Sinne einer cyberphysischen Vernetzung der Industrie 4.0. Aber wie bei den Ibeji der Yoruba steht hier in der Regel im ersten Schritt nur das Zusammenspiel eines Zwillingspaars im Vordergrund.

Der Digital-Twin-Ansatz birgt jedoch ein wesentlich größeres Potenzial: Was kann erreicht werden, wenn man den kompletten Wertstrom mit seinen Prozessen als digitalen Zwilling darstellt, also als einen »Digital Process Twin«? Damit ließen sich unter anderem Qualitätsprobleme im Fertigungsprozess verhindern, bevor sie überhaupt auftreten, Ausfallzeiten vermeiden und neue Kundenanforderungen vorausschauend simulieren. Drei Aspekte sind bei dieser Weiterentwicklung des Digital-Twin-Ansatzes besonders wichtig:

- ein ganzheitliches Wertstrom- und Prozessverständnis,
- ein effektiverer Einsatz bereits vorhandener technologischer Infrastrukturen,
- eine datengestützte Vorhersage von Ereignissen im Wertstrom und Prozess.

Veränderter Blick auf den Wertstrom

Neue Technologien allein schaffen keinen Digital Process Twin; auch das Verständnis von Wertstrom und Wertstrommanagement muss sich ändern. Bislang beschäftigt Produktionsverantwortliche vor allem eine Frage: Wie konfiguriere ich den Wertstrom, damit er effektiver wird? Die Frage ist richtig, doch hat man damit höchstens einen geringen Einfluss auf die Qualität beziehungsweise die Gesamtanlageneffektivität (GAE) des Prozesses. Um diese ebenfalls zu steigern, sollte man Qualitäts-/GAE-Ergebnisse mit weiteren Informationen aus den IT-Systemen der Produktion in Einklang bringen, also ganzheitlich betrachten. Genau dies wird aber in den meisten Fertigungssystemen nicht getan. Im Gegenteil, ein Produktionsplanungs- und Steuerungssystem (PPS) hat eine »eigene Sicht« auf den Fertigungsprozess, ebenso die Steuereinheiten in den Maschinen, die Mitarbeiter an den Arbeitsstationen usw. Hinzu kommt, dass viele Fertigungslinien komplexe Systeme sind, vor allem in der Zulieferindustrie: Der Produktionsprozess verändert sich dynamisch im Laufe der Zeit, Maschinen werden nicht optimal aufgestellt, Fluktuation und unterschiedliche Qualifizierungsniveaus im Fertigungsteam sind üblich. All das belastet die Fertigung, während in der Regel keine Personalkapazitäten vorhanden sind, um die Probleme gezielt zu lösen. Die Qualitätssicherung greift hier zu kurz, da sie die Symptome, aber nicht die eigentlichen Ursachen von Prozessfehlern erkennt und behebt.

Ein Digital Process Twin zielt darauf ab, solche Problemkomplexe aufzulösen. Er sammelt und visualisiert Informationen, die vor, während und zwischen den Fertigungsabschnitten relevant sind (siehe Abb. 11.1, Seite 150). Dies ist in zweierlei Hinsicht wertvoll. Ist ein Twin erfolgreich aufgebaut, lässt er sich auch für weitere Fertigungssysteme adaptieren. Zum anderen macht er alle relevanten Korrelationen transparent und somit den Prozess beherrschbarer. Hierbei sind vor allem zweierlei »Outputs« an Informationen wichtig. Erstens direkt sichtbare Werte wie Lead Time oder Produktivität. Und zweitens die Historie der Maschinen- und Prozessdaten, die über die Digitalisierung abbild- und auswertbar wird.

Als direkt sichtbare Werte sollte man zum Beispiel verschiedenste KPIs identifizieren, etwa zu Effektivität, Produktivität, GAE etc. Bei einer umfassenden Bewertung der Fertigungsprozesse ist allerdings zu berücksichtigen, dass verschiedene Wertströme, etwa beim Spritzguss oder beim Druckguss, auch unterschiedliche Anforderungen stellen und verschiedene Templates benötigen: So kann zum Beispiel beim Spritzguss die Temperatur des Trockners oder des Werkzeugs für den Fertigungsprozess relevant sein, da schon

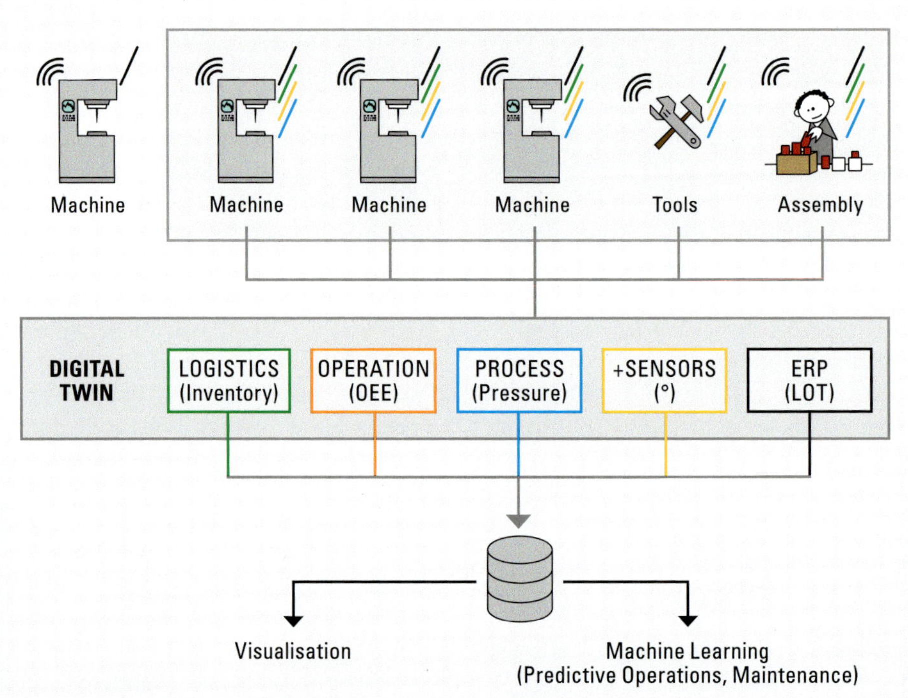

Abb. 11.1: Beispiel eines Digital Process Twins zur Konsolidierung und Visualisierung von Wertstromdaten *Quelle: ROI Management Consulting AG*

geringe Abweichungen bei der Temperaturhöhe und Trockenzeit die Qualität beeinflussen können. Beim Druckguss oder beim Stanzen können wieder andere Faktoren wichtig sein.

Technologien und Prozesse im Einklang

Wesentliche Informationen für einen Digital Process Twin liefert das PPS- oder Enterprise-Resource-Planning(ERP)-System: zum Beispiel Auftragsnummern, Fertigungszeiten, Materialverbräuche und die Zuordnungen der Mitarbeiter zu den Maschinen. Wie viel Material wann und wie von welcher Maschine verbraucht wird, bringt allerdings noch längst nicht genug Fehlerquellen und Prozesshürden ans Tageslicht. Auch die (oft manuellen) Zwischenarbeitsgänge führen zu Ausschuss und Unterbrechungen – das kann schnell Verlustkosten in vierstelliger Höhe pro Tag verursachen. Um diese Kosten zu reduzieren, sollte man bei der Einführung eines Digital Process Twins die folgenden Punkte berücksichtigen:

- Die vorhandenen PPS-Systeme bilden den Fertigungsprozess in der Regel nur unzureichend ab. Bei der Entwicklung eines Digital Twins des Wertstroms sind daher folgende Fragestellungen hilfreich: Wie erfolgte die Qualifikation der Implementierungsdaten? Welche wichtigen Informationen werden noch nicht erfasst? Passen die aufgesetzten Modelle überhaupt zur Fertigungspraxis?

■ Einmal implementiert, wird eine Standardisierung der Arbeitsabläufe durch das PPS-System als gegeben angesehen. Zu prüfen ist: Entsprechen die Standards noch den aktuellen Anforderungen bei Chargen, Taktzeiten oder Materialeinsatz? Ein Twin sollte auch klassische »Black Box«-Bereiche transparent machen, wie Details der Werkstattabwicklung oder der Nachbearbeitung von Werkstücken: Welches Material ging auf welche Maschine? Mit welchen Programmen wurde was gefahren? Welche Mitarbeiter sind für welche Aufgaben besonders gut geeignet?

Sind Fertigungslinien in viele Segmente zerlegt, erschwert dies den Überblick über den gesamten Prozess. Auch wenn allen Beteiligten die vorhandenen Probleme und Lösungswege durchaus bekannt sind, scheitern Veränderungsinitiativen an Abteilungs- bzw. Bereichsgrenzen. Hier ist zu hinterfragen, an welchen Stellen Kompetenzbrüche bestehen und wie sich diese mithilfe eines Digital Process Twins auflösen lassen.

Offenheit für neue Erkenntnisse

Der Digital Process Twin eines Wertstroms konzentriert sich aber nicht nur auf die Darstellung von Korrelationen zwischen Maschinen und in der Mensch-Maschine-Interaktion. Er berücksichtigt auch Werkzeuge und die Arbeitsplatzausrüstung als weitere mögliche Fehlerquellen. Zudem gleicht er vergangene und aktuelle Informationen aus dem gesamten Wertschöpfungsprozess miteinander ab. Dabei gilt: Je mehr relevante Werte, desto mehr Korrelationen, desto mehr Erkenntnisse. Das schafft die Informationsbasis für den präventiven Modus des Twins, also eine vorausschauende Planung, die den Mitarbeitern etwa das passende Werkzeug zuteilt. Oder anhand zukünftiger Schicht- oder Urlaubspläne zeigen könnte, welche Mitarbeiter mit welcher Qualifikation für neue Kundenaufträge zur Verfügung stehen und eventuell rechtzeitig entsprechend geschult werden müssen. Könnte – denn die PPS-Systeme in den heutigen Fertigungslinien erzeugen die Arbeitsaufträge in der Regel anonym.

Doch auch ohne diese Informationen ermöglicht es ein Digital Process Twin, sich relativ schnell über die Grenzen des bestehenden Fertigungssystems hinaus ein umfassendes Bild vom Fertigungsprozess zu machen. Es lohnt sich, hierbei für spontane Ideen, neue Entwicklungen und außergewöhnliche Ergebnisse offen zu sein. Eine spezielle Wendung gibt es übrigens auch im Fall der eingangs erwähnten Ibeji: Der Kult um die Holzfiguren mag seinen Teil dazu beigetragen haben, dass heute im Schnitt jede sechste Geburt bei den Yoruba eine Zwillingsgeburt ist – ein globaler Spitzenwert, denn weltweit ist nur jedes 40. Neugeborene ein Zwilling. Geplant hatten dies die ersten Ibeji-Künstler sicher nicht.

Robert Benacka ist seit 2011 Vorstandsvorsitzender von ROI Management Consulting a.s. in Jesenice/Prag. Der Schwerpunkt seiner Beratungstätigkeit liegt im Bereich Operations, insbesondere in Entwicklung, Fertigung und Organisationsoptimierung.

Martin Fischer

Innovationskultur

Get ready to fail!

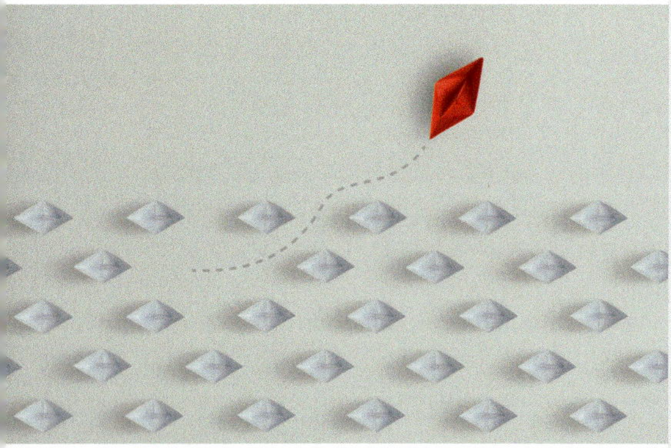

Was wäre, wenn es eine Website gäbe, die in Sekundenschnelle Tausende Antworten auf einen Suchbegriff hätte? Oder wenn rein batteriebetriebene Fahrzeuge das Straßenbild bestimmen würden? Wäre es nicht fantastisch, wenn eine Bestellung am Computer dazu führen würde, dass die Ware unkompliziert nach Hause geliefert wird? In die Stadt fahren, um in ein Geschäft zu gehen – völlig überflüssig. Und noch verrückter: Autos benötigen niemanden mehr, der sie lenkt. Das funktioniert wie von Zauberhand ganz von selbst!

Vor 30 Jahren wären diese Szenarien als unrealistisch abgetan worden. Inzwischen sind viele von ihnen schon lange Realität. Vielleicht ist das eine Erklärung dafür, warum vor allem Traditionsunternehmen heute mit der Frage zu kämpfen haben, wie sie sich für die Zukunft aufstellen sollen. Entscheider sind gefordert, über neue Geschäftsmodelle nachzudenken. Der Druck steigt, weil neue Unternehmen auf den Markt kommen, die das Potenzial haben, bestehende Strukturen zu zerstören – Disruption ist in aller Munde. Dabei ist auch immer wieder die Hoffnung zu erkennen, dass Firmen wie Uber in der Personenbeförderung, Tesla in der Fahrzeugindustrie, Airbnb im Hotelgewerbe scheitern, gewissermaßen als Beweis dafür, dass es besser ist, an traditionellen und bewährten Vorgehensweisen festzuhalten. Verwundert nehmen wir hin, dass Unternehmen wie Google, Alibaba, Apple und Amazon vor 20 Jahren noch kaum existierten, heute aber Großunternehmen sind, die nicht nur die Agenda in Strategiebesprechungen füllen, sondern unseren Alltag prägen.

Diskrepanz zwischen Anspruch und Wirklichkeit

Was kommt als Nächstes? Die Entwicklung zu Service-Unternehmen, sagen die einen. So arbeiten viele Automobilhersteller daran, sich vom Fahrzeugproduzenten zum Anbieter von Mobilitätsdienstleistungen zu entwickeln. Andere wiederum pushen das Thema Industrie 4.0 – unterstützt von der Politik, mit dem Ziel, den Standort Deutschland zu sichern. Wir wollen Weltmarktführer auf dem Gebiet der Digitalisierung werden. Glauben wir daran wirklich? Wenn, dann kommen die disruptiven Ideen doch eher aus dem Silicon Valley.

Woran liegt das? Wir glauben unbeirrt an den Erfolg unserer Unternehmen und schauen selbstbewusst in die Zukunft. Viele mittelständische Unternehmen in Deutschland sind Weltmarktführer auf ihrem Gebiet oder werden als Hidden Champions gelobt. Mit Fleiß und technischer Kompetenz steht Deutschland als robuster Industriestandort mit hohem Qualitätsanspruch da. Diesen Zustand wollen wir erhalten. Als Traditionsunternehmen durchlaufen wir immer wieder Phasen, in denen wir uns unserer Kernkompetenzen besinnen. Wir identifizieren unsere Stärken und Schwächen, um uns von innen heraus strategisch aufzustellen. Dabei kommt es nicht selten zu erheblichen Diskrepanzen zu Marktgegebenheiten und Kundenanforderungen. Außerdem entsteht eine gewisse Lethargie, da bestehende Kompetenzen lediglich genutzt, aber nicht zwingend weiterentwickelt werden.

Es fehlt uns an Mut. Dem Mut für radikale Veränderungen. Gerade in Deutschland steht Solidität für einen Grundwert. Traditionelle Unternehmen treffen Ent-

scheidungen, die auf Nummer sicher gehen – ein gutes Geschäftsmodell muss so schnell wie möglich rentabel sein. Daher verstehen viele in Deutschland nicht, warum die Protagonisten aus dem Silicon Valley so gehypt werden, werfen sie doch allzu oft keinen Gewinn ab. Tesla war im Jahr 2017 an der Börse zeitweilig mehr wert als der Großkonzern General Motors, obwohl Letzterer im Gegensatz zu Tesla Gewinn erwirtschaftet hat. Immer wieder taucht die Frage auf, ob wir uns in einer ähnlichen Situation wie in der New Economy Anfang 2000 befinden. Damals platzte die Dotcom-Blase, weil zu viele Firmen auf Basis der potenziell erwarteten Kundenzahlen zu hoch bewertet worden waren.

Universitäten und Medien vermitteln ein falsches Bild erfolgreichen Wirtschaftens

Möglicherweise ist das auch der Grund, warum wir hierzulande so zurückhaltend bei der Finanzierung von Start-ups sind. Gerade einmal rund 15 Prozent des Investitionsvolumens, das Venture-Capital-Firmen im Silicon Valley aufbringen, stecken ähnliche Finanzierer

in Deutschland in die Start-up-Szene. Hier wird ein Kernproblem deutlich: Das Grundprinzip erfolgreichen Wirtschaftens, das uns an Universitäten und in Medien immer wieder vermittelt wird, unterscheidet sich grundsätzlich von dem der heutigen Unternehmensgründer. Ein Manager in Deutschland gilt nur dann als erfolgreich, wenn seine Karriere frei von Fehlern verlief. Scheitern ist ein Makel auf Lebenszeit. Andere Kulturen, allen voran die US-amerikanische, sehen Scheitern als zusätzliche, als wertvolle Erfahrung an, die genutzt wird, um daraus zu lernen. »Fail fast« ist das Motto, das der Mitbegründer von Linkedin, Reid Hoffman, ausgerufen hat. Damit zeigt er auf, dass Scheitern zum Unternehmenserfolg langfristig beitragen kann, wenn man es als Chance sieht und die Erfahrung aus dem Misserfolg schnell in neue Ansätze mitnimmt, um Fehler nicht zu wiederholen. Mit dieser Denkweise entstehen neue Möglichkeiten – Freiheiten, mit denen man innovativ und mutig über neue Geschäftsmodelle nachdenken kann.

Disruptive Geschäftsmodelle entstehen nicht der Zerstörung anderer Unternehmen wegen. Vielmehr geht es um die Beantwortung der elementaren Frage: Was kann ich tun, um den Kundennutzen zu erhöhen? Und: Welche Technologie kann ich anwenden, um dies so effizient und effektiv wie möglich zu erreichen? Genau diese Herangehensweise stellt etablierte Unternehmen vor große Probleme. Die erfolgreich herausgearbeiteten Kernkompetenzen des Unternehmens sind plötzlich für die Lösung der identifizierten Kundenprobleme nicht mehr relevant. Um disruptiv zu denken, können wir die Dinge nicht wie gewohnt von innen heraus und evolutionär weiterführen, sondern müssen unser Verhalten drastisch neu programmieren.

Zwang zum schnellen Erfolg mit negativen Folgen

Radikale Impulse kommen selten von innen. Das haben viele Unternehmen bereits erkannt. Einige Großunternehmen gründen eigene Start-up-Zentren oder legen Investitionsfonds auf, um den Zwängen der Konzernregeln entgehen zu können und freier bei der Findung innovativer Modelle zu agieren. Das Scheitern früherer Weltfirmen wie Nokia und Kodak, die den Trend der Zeit verpassten und vom Thron gestoßen wurden, ist mahnendes Beispiel. Den Unternehmen fehlte eines: der Mut, Neues auszuprobieren und damit vielleicht auch zu scheitern. Das Festhalten am Zwang zum Erfolg führt dazu, dass neue, über die Grenzen der eigenen Kompetenz hinausgehende Modelle nicht angedacht oder ausprobiert werden. Zu sehr wollen wir an vermeintlich realistische und machbare Konzepte glauben.

Grundsätzlich ist nichts dagegen einzuwenden, neue Ideen zum Erfolg zu führen. Fragt man jedoch zu früh nach den Erfolgsaussichten, werden innovative Konzepte nicht angesprochen oder ausprobiert. Überhaupt fällt es uns in Deutschland schwer, noch nicht ganz fertig gedachte Modelle zu erproben. Als unausgewogen werden sie oft abgetan, weil man nicht alle Sicherheitsstandards der bestehenden Systeme berücksichtigen konnte. Wir ignorieren dabei gerne, dass zukunftweisende Entwicklungen bestehende Standards aufgrund ihrer Neuartigkeit zum Teil noch gar nicht erfüllen können. Diese Art der Ablehnung erleben wir in unserer Projektarbeit immer wieder – ganz unabhängig von Branche oder Unternehmensgröße. Sie ist vielfach ein klares Zeichen dafür, dass wir Angst vor der Veränderung haben, die mit neuen Geschäftsmodellen einhergeht.

Immerhin nehmen mittlerweile die meisten Unternehmen Start-ups und die Ideen aus anderen Sektoren ernst und blicken über den Horizont des eigenen Gebiets hinaus. So haben zum Beispiel die Automobilhersteller auf die Entwicklungen von Googles selbst fahrendem Auto mit konsequenter Entwicklung eigener Lösungen reagiert. Maschinenbauer erkennen die Möglichkeiten der Cloud und entwickeln sich in Richtung von Service-Anbietern, ähnlich wie es Computer- und Software-Hersteller schon seit geraumer Zeit tun.

Finanzielle und zeitliche Freiräume schaffen

Aber wir müssen unser Verhalten wesentlich stärker ändern, wollen wir mit der Wucht neuer Geschäftsmodelle aus dem Silicon Valley – und zukünftig aus anderen Regionen der Welt – mithalten. Ein etablierter Konzern muss sich sehr gut überlegen, wie stark ein Team, das an neuen Ideen und Modellen arbeiten soll, in die Konzernstrukturen eingebunden ist. Außerdem muss die Konzernspitze aktiv an der Entwicklung neuer Modelle teilhaben, um zu erkennen, welche strategischen Implikationen diese auf das Basisgeschäft haben können, ohne zugleich aus Angst vor interner Gefahr auf die Bremse zu treten. Finanzieller und zeitlicher Freiraum müssen so geschaffen werden, dass Dinge entwickelt, ausprobiert und bei Bedarf auch wieder eingestampft werden können. Aktionäre erlauben etablierten Konzernen keine Verluste. Doch diese müssen in Kauf genommen werden, um neue Ideen zu spinnen. Vielleicht ist eine Idee dabei, die den Unternehmenserfolg in den sich so rasant ändernden Zeiten sichert. Und wenn es schiefgeht, nimmt man die Erfahrung für die nächste Idee mit.

So wird Scheitern zum Erfolg.

Martin Fischer ist Mitbegründer und Vorsitzender der Geschäftsführung von Change2target. Basierend auf seiner Erfahrung aus dem europäischen und US-amerikanischen Markt, entwickelt er digitale Strategien zur Transformation für Unternehmen.

Kiumars Hamidian

Innovationsmanagement

Innovationen brauchen das richtige Ökosystem

Die Anforderungen an Innovationsprozesse sind unter dem erhöhten Veränderungsdruck der vergangenen Jahre deutlich höher geworden. Das klassische Innovationsmanagement war von der Vorstellung geprägt, dass Innovation von der Ideengenerierung bis zur Umsetzung in festen Abläufen durchorganisiert werden kann. Dieser Ansatz reicht nicht aus, um schnell genug auf die Veränderungen volatiler Märkte zu reagieren. Dennoch ist er in den Köpfen vieler Vorstände, Geschäftsführer und Innovationsverantwortlicher noch immer präsent. Wer langfristig innovationsfähig bleiben will, sollte sich jetzt davon verabschieden.

Eine Frage der Kultur

Um schneller und beweglicher zu werden, müssen sich die Unternehmen von starren Innovationsstrukturen befreien, die den Fluss neuer Ideen zum Versiegen bringen. Das heißt insbesondere, dass Experimente mit Neuem nicht durch Mikromanagement behindert werden dürfen. Zudem sollten Impulse für neue

Ansätze überall im Netzwerk des Unternehmens zugelassen werden, auch an dessen Rändern und außerhalb der Organisation.

Innovation ist aber nicht nur eine Frage der Prozesssteuerung, sondern vor allem eine der Haltung. Nur wenn im ganzen Unternehmen eine Kultur der Innovation gelebt, vorangetrieben und zugelassen wird, kann es funktionieren. Oftmals ergeben sich Innovationen nämlich aus einem sozialen Prozess heraus, also wenn Menschen miteinander kommunizieren, Dinge ausprobieren oder lernen. Um diese soziale Umgebung zu fördern, braucht es einen strukturellen Ansatz, der die Mitarbeiter im Unternehmen dazu ermutigt, sich zu beteiligen und zu experimentieren. Kurzum: Innovation braucht das richtige Ökosystem, um sich entfalten zu können.

Innovation als Bewegung

In einem Ökosystem der Innovation zählt weniger der geniale Moment eines Einzelnen, es ist vielmehr die Bewegung vieler, die den größten Erfolg verspricht. In einem schnelllebigen Marktumfeld reicht es nicht aus, darauf zu hoffen, dass wenige Experten hinter verschlossenen Labortüren auf die richtigen Ansätze stoßen werden. Stattdessen sollte es möglich sein, dass überall im Unternehmen Impulse aus dem Markt Anlass zu einer neuen Lösung geben können.

Keine Frage, es braucht Zeit, eine solche Bewegung im Sinne einer innovationsfördernden Unternehmenskultur in einer Organisation zu etablieren. Innovation als Bewegung entsteht nur durch intensive Arbeit, offene Diskussionen, neue Aufgaben und den Mut, immer wieder die Komfortzone zu verlassen.

Das bedeutet auch, dass Innovation sich nicht auf eine spezielle Methodik oder eine dedizierte Initiative beschränken kann. Vielmehr sollte durch die Vernetzung und Verknüpfung unterschiedlicher Sicht- und Vorgehensweisen ein Rundumblick ohne Scheuklappen ermöglicht werden. Neue Methoden und Formate können dabei helfen.

Neue Methoden und Formate

Im Unterschied zu herkömmlichen, auf Vertraulichkeit bedachten Vorgehensweisen empfiehlt sich heute ein frühzeitiges Öffnen des Innovationsprozesses, beispielsweise durch das Einbeziehen mehrerer Parteien, gegebenenfalls auch von außerhalb der Organisation. Ein abgeschottetes Betrachten der Innovation kann sogar schädlich sein, denn oftmals wird das Potenzial guter Ideen nur deshalb nicht voll ausgeschöpft, weil sie aus Angst vor Ideenraub zu lange unter Verschluss gehalten werden. Doch ein externer, frischer Blick kann mitunter nützliche Beiträge und Verbesserungsvorschläge liefern. Die Gefahr des Ideenraubs ist hier eher gering, denn eine Idee, die einfach zu stehlen ist, hat selten genügend Potenzial.

Der offene Entstehungsprozess erbringt langfristig einen höheren Wert als der alleinige First-Mover-Vorteil. Durch die Einbindung anderer Perspektiven wird im Allgemeinen nicht nur die Idee verbessert, sie bekommt auch höhere Marktchancen, denn kritische Rückmeldungen beziehen sich häufig auf die Umsetzungsfähigkeit. Und erst durch die erfolgreiche Umsetzung mit Kunden wird aus einer Erfindung eine echte Innovation. Kreativmethoden wie Design Thinking sind nicht zuletzt deshalb so populär geworden, weil sie ihren Ausgang von der Kundenperspektive nehmen, damit neue Ansätze nicht nur kreativ, sondern auch marktgerecht sind.

Ein weiteres Format, um innovatives Denken zu öffnen und zugleich im Dialog zu schärfen, ist das Innovation Lab. Dafür werden die Teilnehmer an ungewöhnlichen und inspirierenden Orten zusammengebracht, um abseits des Alltags Raum für neue Gedanken zu schaffen und intensiven Austausch zu ermöglichen. Mit solchen Formaten werden nicht nur Innovationen gefördert. Durch die Überwindung von Wissenssilos und Hierarchien entsteht auch Raum für neue Arbeitsweisen.

Innovation als Venture

Ein Ökosystem der Innovation sollte also nicht an den eigenen Firmenwänden enden. Gerade aus der engen Zusammenarbeit mit Kunden und Partnern entstehen marktnahe Ansätze, die auch in gemeinsame Ventures münden können.

Generell lassen sich im Umfeld der Innovation drei Venture-Typen unterscheiden: Mitarbeiter-Ventures, Kunden-Ventures und Markt-Ventures. Alle drei haben gemeinsam, dass sie das Format eines Unternehmens annehmen, an dem sich interne und externe Stakeholder beteiligen. Die Unterschiede liegen im Ausgangspunkt: Mitarbeiter-Ventures werden von Mitarbeitern angestoßen. Kunden-Ventures entstehen aus der Zusammenarbeit mit Kunden. Markt-Ventures nehmen ihren Ausgang von Gelegenheiten, die sich aus der Beobachtung des Marktes ergeben. Dazu zählt vor allem die Zusammenarbeit mit Start-ups, aus der sich nicht selten enorme Chancen ergeben, um Raum für Innovationen zu schaffen. Aufmerksames Beobachten ist auf jeden Fall ein hilfreiches Instrument, um neue Perspektiven einzunehmen und diese auf das eigene Unternehmen zu beziehen. So lohnt sich der Blick auf Veränderungen in anderen Branchen, Fachbereichen, Regionen und Ländern, aber auch die Lektüre von Neuigkeiten aus der Wissenschaft. Sie alle können zu neuem Denken inspirieren. Wenn sie dann auch noch in ein Venture münden, sind die Erfolgsaussichten bestimmt höher, als wenn ein Produkt aus einem abgeschlossenen Labor auf den Markt geworfen wird.

Keine Angst vor schlechten Ideen

Eine gute Idee kommt selten allein. Sie befindet sich im Allgemeinen in Gesellschaft vieler schlechter Ideen. Das ist kein Problem, solange Innovatoren keine Angst vor schlechten Ideen haben, denn das hat Folgen, die Innovationen erheblich behindern können.

Zunächst führt die Angst vor schlechten Ideen dazu, dass überhaupt nur wenige Ideen aufkommen. Diese wenigen

Ideen werden dann besonders lange weiterentwickelt, um sie so lange zu verbessern, bis sie gut sind. Tatsächlich wird so jedoch in eine zu kleine Auswahl zu viel investiert. Stattdessen sollten möglichst viele Ideen zugelassen werden, um die Wahrscheinlichkeit zu erhöhen, dass sich darunter eine wirklich gute befindet. Dazu gehört der Mut, schlechte Ideen zuzulassen, genauso wie die Entschlossenheit, die gute Idee dann auch umzusetzen. Wer aus Fehlern lernt, kann sich schneller auf die Weiterentwicklung guter Ideen konzentrieren. Und darauf kommt es letztlich an, denn nur eine realisierte Idee darf als Innovation gelten.

Von der Maschine zum Nährboden

Ein Ökosystem der Innovation schafft die richtigen Rahmenbedingungen, damit Ideen sich frei entfalten können. Es determiniert nicht die Mechanik einer Ideenmaschine, sondern bereitet den Nährboden, auf dem etwas Neues wachsen kann. Dazu gehört vor allem eine innovationsfördernde Kultur. Innovation braucht eine kreative und herausfordernde Denkweise, die Faszination, die Zukunft zu erforschen, und die Neugier auf andere Perspektiven innerhalb und außerhalb der eigenen Organisation. Das geschieht nur dort, wo sich Menschen in einer authentischen, ehrlichen und offenen Weise ausdrücken können – in einer Umgebung ohne Barrieren und ohne Angst vor dem Experimentieren.

Innovationen verbreiten sich in Netzwerken, die offen für Ideen von innen und außen sind. Hierfür gibt es keine Blaupause, Innovation kann nicht geplant oder vorhergesagt werden. Bei jeder neuen Idee und in jedem unbekannten Terrain geht es zunächst darum, sich zu orientieren. Der Prozess der Innovation ist im Experimentieren verankert und daher gleichzeitig auch im Scheitern. Es gilt, schnell und oft falsche Wege zu finden, um dann den richtigen entschlossen zu beschreiten. Dabei gibt es keine Erfolgsgarantie. Das macht Innovation zwar zu einer harten, aber bei einem Erfolg auch zu einer sehr lohnenden Arbeit.

Kiumars Hamidian ist Mitglied des globalen Management-Teams bei BearingPoint, Leiter der GCR-Region (Deutschland, Tschechien und Rumänien), globaler Leiter der Service Lines und verantwortlich für Innovationsprozesse und Venture-Aktivitäten.

Hans-Werner Feick, Dr. Klaus Höffgen

IT- und Digital-Strategie

Mit der richtigen IT-Strategie den digitalen Wandel ins Rollen bringen

Digitalisierung verändert das Leben nicht nur auf gesellschaftlicher, sondern auch auf wirtschaftlicher Ebene. Die Bedeutung der Informations- und Kommunikationstechnologie wird aufgrund der Globalisierung, der stärkeren Vernetzung, der steigenden Menge an Informationen und der dynamischen Umwelt weiter steigen. IT-Organisationen werden vom Fachbereich oft als starrer, bürokratischer und reaktiver Dienstleister wahrgenommen. In Zeiten der Digitalisierung muss die IT aber zum Enabler werden, zunehmend selber neue Services und Produkte entwickeln oder gar selber zum Geschäftsmodell werden, wenn die Unternehmen nicht die aktuellen Umwälzungsprozesse verpassen wollen. Hierfür ist eine flexible IT-Strategie, die sich an der Business-Strategie ausrichtet, notwendig.

Die Digitalisierung macht vor kaum einer Branche mehr halt. Experten erwarten, dass selbst in einer traditionell analogen Branche wie der Landwirtschaft der Markt für IT-Applikationen jährlich um durchschnittlich 12 Prozent wachsen wird. Insbesondere die Marktführer der Agrarwirtschaft, Chemie und Biotechnologie setzten auf die Digitalisierung der landwirtschaftlichen Produktion. Allein Monsanto hat rund zwei Milliarden Euro in Digital Farming gesteckt. Crop Science, die Landwirtschaftssparte von Bayer, hat ebenfalls erheblich in IT-Systeme und Dienstleister investiert, etwa durch die Übernahme des IT-Dienstleisters pro-Plant, und nicht zuletzt die Übernahme von Monsanto auch deshalb gestartet, um insbesondere an das digitale Know-how zu kommen. Bayer ist eben nicht nur an den Biotechnologie-Produkten von Monsanto und deren Kunden interessiert, sondern an Monsantos führender Rolle im Digital Farming. Dank intelligenter Sensor-, Satelliten- und Robotertechnologie können Pflanzenschutzmittel und Dünger ganz gezielt eingesetzt werden. Es geht also zukünftig nicht mehr vorrangig darum, möglichst viel Dünge- und Pflanzenschutzmittel zu verkaufen, sondern zusätzlich die richtigen Informationen und deren Verbindung zu den Biotechnologie-Produkten zu vermarkten. Ohne IT wäre dieser Paradigmenwechsel in der Landwirtschaft nicht möglich.

Wie können die IT-Organisationen in den Unternehmen diesen Wandel bewerkstelligen? Sie müssen heute den divergierenden Bedarf an Agilität, Flexibilität, Innovation und Stabilität bedienen. Wie das Beispiel von Monsanto und Bayer zeigt, reicht es nicht mehr aus, nur Infrastrukturen bereitzustellen und für deren Stabilität zu sorgen. Die IT muss heute vielmehr Geschäftsprozesse optimieren, automatisieren und Innovationen entwickeln. Gleichzeitig ist sie gefordert, die Landschaft der »Alt-Anwendungen« mit der »neuen Welt« und deren Produkten und Services in Einklang zu bringen und reibungslose Informationsflüsse zwischen ihnen zu gewährleisten. Für diese komplexen Anforderungen bedarf es einer IT-Strategie im Unternehmen, um bei aller Dynamik beziehungsweise Disruption in den Marktentwicklungen zielgerichtet agieren zu können.

Ansätze für eine erfolgreiche IT-Strategie

Wie die klassische Unternehmensstrategie beschäftigt sich die IT-Strategie mit drei Fragestellungen:

- Wo sind wir zurzeit?
- Welches Ziel haben wir?
- Welchen Weg müssen wir gehen, um das Ziel zu erreichen?

Im Vergleich zur Vergangenheit wird eine IT-Strategie heute viel schneller entwickelt, und sie wird in kürzeren, regelmäßigen Abschnitten immer wieder angepasst. Sie sollte auf einen Drei- bis Fünfjahreszeitraum ausgelegt, für Nicht-ITler verständlich und nicht zu detailliert sein. und sie sollte mindestens alle sechs Monate überprüft und den aktuellen Marktentwicklungen angepasst werden.

Wie Abbildung 12.1 zeigt, sollte die IT-Strategie sich direkt an der Business-Strategie ausrichten. Somit startet eine Strategieentwicklung mit der Befragung möglichst vieler relevanter interner und exter-

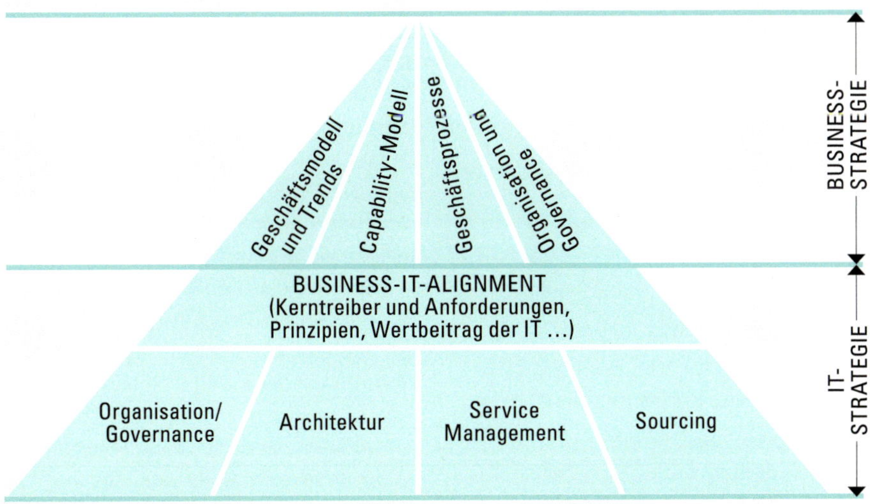

Abb. 12.1: Zusammenwirken von IT-Strategie und Business-Strategie *Quelle: Kobaltblau*

ner Stakeholder, um alle wichtigen Faktoren aufzunehmen. Ziel ist es, sämtliche Geschäftsanforderungen möglichst umfassend zu definieren und dabei insbesondere die Prozess- und Produktinnovationen sowie neue Geschäftsfelder zu identifizieren. Mittels eines Trendradar-Tools und Analysen lassen sich relevante Einflüsse am Markt und mögliche Technologietrends erkennen. In einem weiteren Schritt werden dann die Auswirkungen der Anforderungen und Einflüsse auf die IT bewertet.

Generell verläuft der Strategie-Prozess dann in drei Schritten:

1. Entwicklung eines Zielbilds für die IT

- Governance- und Stakeholder-Strukturen
- Strategie-Charta
- Impact-Analyse
- Bewertung der Umsetzbarkeit, basierend auf Domänen-Reifegrad-Modell inklusive Heatmap
- definiertes Zielbild

2. Definition von Maßnahmen sowie Planung der Umsetzung

- Dokumentation Ist-Zustand
- Roadmap und Maßnahmensteckbriefe
- Change- und Kommunikationskonzept

3. Umsetzung und fortlaufende Anpassung der Strategie

- Project Management Office/Transformation Office »ready to start«
- KPIs, Schwellenwerte, Erfolgskennzahlen, Ist-Werte, Reporting Tools
- Detaillierte Change- und Kommunikations-Maßnahmen
- Status Reporting und notwendige Handlungsempfehlungen

Digitale Führungskompetenzen identifizieren und fördern

Oft wird für den Strategieentwicklungsprozess eine Top-down-Vorgehensweise angewandt. Der Ansatz von Kobaltblau ist sehr integrativ. Die Berater sammeln, bündeln und strukturieren die in Unternehmen vorhandenen Kompetenzen und kombinieren sie mit spezieller Methodenkompetenz. Daraus entstehen Lösungen und Strategien, die in Unternehmen auf eine sehr breite Akzeptanz stoßen. Dieser Lösungsansatz zielt auf eine individuell optimale und umsetzbare Lösung ab. Kein Berater kennt das Business so gut wie das Unternehmen selbst, deshalb sollte das Zielbild ganz eng mit den zugehörigen Mitarbeitern entwickelt werden.

Dieser Aspekt ist entscheidend. Denn nur, wenn die IT-Strategie umgesetzt und gelebt wird, entfaltet sie ihre Wirkung. Führungskräfte und Fachabteilung müssen dieselbe Vision haben und die Ziele mittragen. Das erreicht man einerseits durch einen integrativen Ansatz und andererseits durch Kommunikation. Nicht immer können alle relevanten Stakeholder in die Strategieentwicklung eingebunden werden, sodass umfangreiche Kommunikationsmaßnahmen notwendig sind. Es muss transparent und deutlich werden, dass die IT ein wesentlicher Erfolgsfaktor für Unternehmen darstellt und Veränderungen richtig und wichtig sind.

Die größte Herausforderung dafür, die IT entscheidend neu zu positionieren, ist die mangelnde Vorstellungskraft manch alteingesessenen Mitarbeiters im mittleren Management von den disruptiven Potenzialen der IT. Diese Beschäftigten haben oft durch die Digitalisierung nichts zu gewinnen, aber viel zu verlieren. Ihr Verhalten zu verändern ist schwer, eine neue Systemlandschaft zu planen und umzusetzen hingegen häufig erheblich leichter. Somit gilt es vor allem, Innovatoren und Out-of-the-Box-Denker zu identifizieren. Denn sie sind die Treiber, die man für die Transformation und die Umsetzung der IT-Strategie benötigt – und damit entscheidend zum Gelingen beiträgt.

IT-Strategie schnell entwickeln und immer wieder anpassen

Der deutschen Wirtschaft geht es gut. Dennoch kommen Unternehmen nicht darum herum, den digitalen Wandel zu gestalten und auch zu meistern. Denn die Digitalisierung wird zukünftig alle Branchen durchdringen – gerade auch unsere größten und wichtigsten Branchen wie Fahrzeug- und Maschinenbau oder die chemisch-pharmazeutische Industrie.

Keine Frage, Deutschlands mechanische Ingenieurkünste sind weiterhin Weltklasse, doch was Elektronik und digitale Services betrifft, sind uns die USA und Asien weit voraus. Zwar haben die meisten deutschen Unternehmen mittlerweile die Zeichen der Zeit erkannt. Vier von zehn Entscheidern berichten im *Kobaltblau-Stimmungsindex Digitalisierung* jedoch über negative Erfahrungen mit digitalen Projekten. Am häufigsten gelang die Umsetzung nicht entsprechend den Erwartungen, was auch an der hohen Komplexität von Digitalisierungsprojekten liegt. Um trotz dieser Komplexität zielgerichtet agieren zu können, bedarf es einer IT-Strategie.

Oft bleiben IT-Strategien aber in der Schublade liegen. Deshalb müssen im Unternehmen die Innovatoren identifiziert, aktiviert und die kulturellen Änderungen im Unternehmen aktiv vorangetragen werden. Es ist inhärent, dass sich der digitale Wandel mit rasender Geschwindigkeit vollzieht. Hier gilt es, agil zu sein. Die IT-Strategie muss schnell entwickelt und in kurzen Zeiträumen an veränderte Umweltbedingungen und neue Anforderungen aus den Fachbereichen angepasst werden. Nur mit der passenden IT-Strategie, die der Komplexität und Agilität der Digitalisierung gerecht und schließlich umgesetzt wird, lässt sich der digitale Wandel meistern.

Hans-Werner Feick ist Gründer und geschäftsführender Gesellschafter von Kobaltblau Management Consultants. Mehr als 25 Jahre lang war er in der IT-Managementberatung mit Fokus auf der managementorientierten Beurteilung von IT-strategischen Fragestellungen tätig.

Dr. Klaus Höffgen ist Senior Manager bei Kobaltblau Management Consultants. Bevor er zu dem Beratungsunternehmen wechselte, hatte er unterschiedliche CIO-Positionen im Lufthansa-Konzern inne und leitete zahlreiche internationale Großprojekte.

Dr. Alexander Bethke-Jaenicke, Dr. Oliver Laitenberger

Operative Exzellenz

Agilität im Projektmanagement: Hype oder Hybris in der Veränderung von Unternehmen?

Der technologische Wandel verändert die Geschäftswelt mit hoher Geschwindigkeit. Die meisten Unternehmen kämpfen, um mit dieser Entwicklung Schritt zu halten – von der Art und Weise, wie sie mit Kunden interagieren, bis hin zu Planung, Steuerung und der Suche nach der zukünftigen Positionierung. Viele Führungskräfte sehen sich durch die agilen Welten mit ihren selbstorganisierenden Teams zunehmend bedroht. Wie navigieren Manager in diesem zunehmend von Geschwindigkeit diktierten Umfeld, und wie gelingt es ihnen, bei Höchstgeschwindigkeit auf Kurs zu bleiben?

Agile Vorgehensweisen haben ihren Ursprung in der Informationstechnologie, genauer gesagt in der Software-Entwicklung. Sie sind als Alternative zu »fetten«, »dokumentenorientierten« und »wasserfallartigen« Lösungsentwicklungsmethoden entstanden. Aus diesem eher begrenzten Anwendungsgebiet heraus begann ab 2001 mit der Veröffentlichung des *Manifesto for Agile Software Development* ihr Siegeszug. Er hat längst nicht nur die IT-Welt, sondern auch die Geschäftswelt erfasst.

Heute verbindet man mit dem Begriff Agilität kurze Entwicklungs- und Auslieferungszyklen, hohen Interaktionsgrad von Beteiligten unterschiedlicher Disziplinen sowie schnelles und direktes Feedback von Kunden und Geschäftspartnern. Agil wird häufig mit iterativ und inkre-

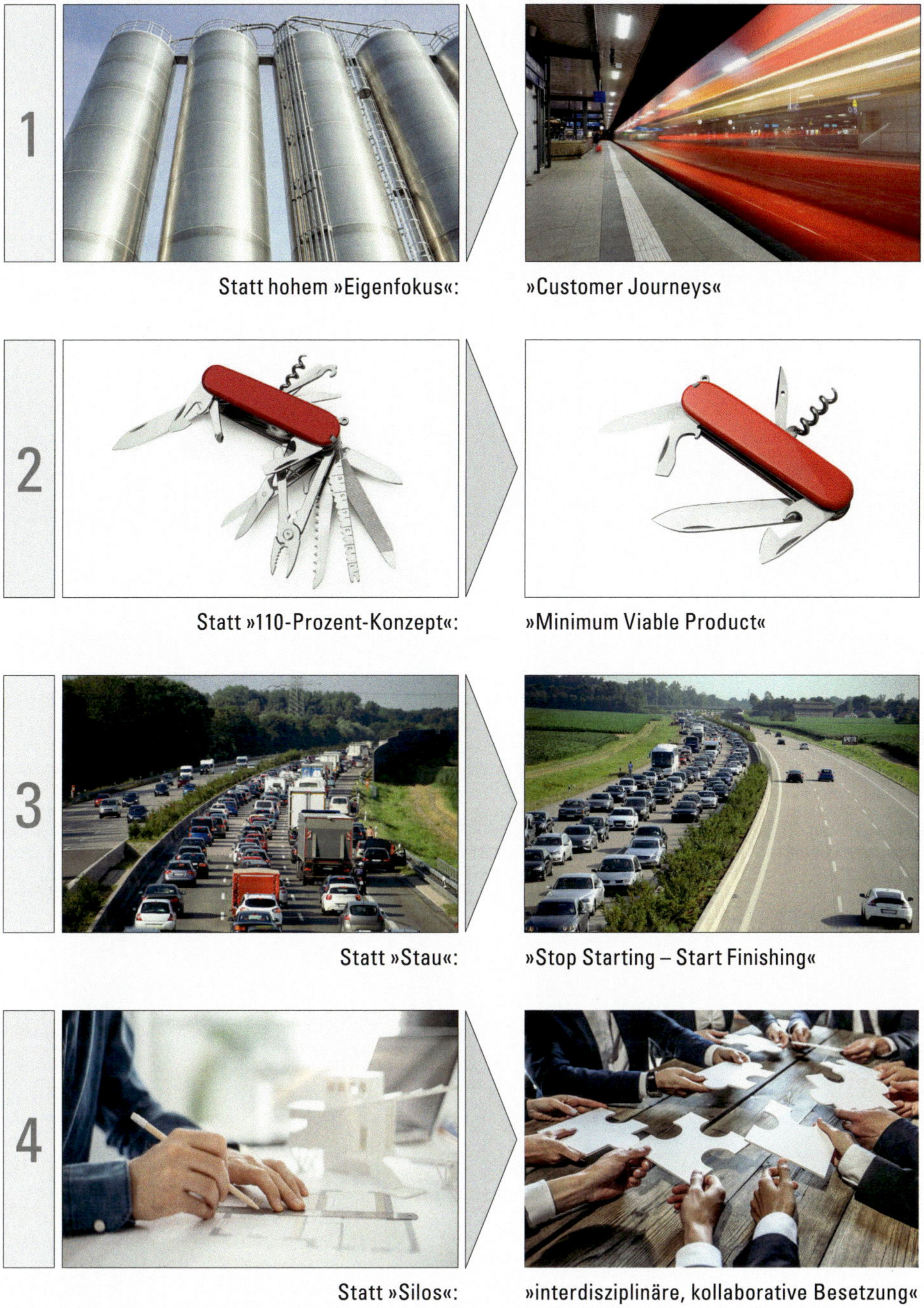

Abb. 13.1: Kernelemente des agilen Managements

Quelle: Horn & Company; Bilder Fotolia

mentell gleichgesetzt. Iterativ, weil schrittweise eine Annäherung an die Lösung in wiederholten Gängen erfolgt; inkrementell, weil Umfang und Inhalt nach jeder Iteration wachsen.

Neben den rein inhaltlichen Aspekten geht die Entwicklung in Richtung einer agilen Organisation mit kulturellen Veränderungen einer vernetzten Welt einher. Anstehende Aufgaben werden Teams überlassen, welche sich für die Aufgabenabarbeitung selbst organisieren. Langfristige Kontrolle und Planbarkeit verlieren aufgrund kurzfristiger Ergebnisorientierung an Bedeutung. Last but not least wird eine Null-Toleranz-Einstellung gegenüber Fehlern durch eine Kultur und Herangehensweise abgelöst, die durch schnelle Experimente, durch Lernen und permanente Anpassungen geprägt sind.

Agiles Management erfordert über alle Ebenen hinweg ein grundsätzliches Umdenken im Umgang mit Unsicherheit. Veränderungen sind in kleinen Schritten und mit überschaubaren Investitionen vorzunehmen. Obwohl die Umsetzung auf den ersten Blick einfach erscheint, stellt dies viele Unternehmen vor enorme Herausforderungen. Um diesen zu begegnen, sind über ein agiles Coaching hinausgehende Erfahrungen im Umgang mit den zugrunde liegenden Transformations- und Veränderungsprozessen zwingend. Die zum Einsatz kommenden Vorgehensweisen und Methoden sind vielfach erprobt und ermöglichen wirksame Veränderungen im Sinne eines »fail fast – fail often«.

Welche Rolle spielt Projektmanagement im agilen Zeitalter?

In der agilen Welt treibt ein autonomes, selbstorganisiertes Team eigenständig den Veränderungs- oder Transformationsprozess voran. Wenn das Team die Ergebnisse verantwortet, stellt sich unmittelbar

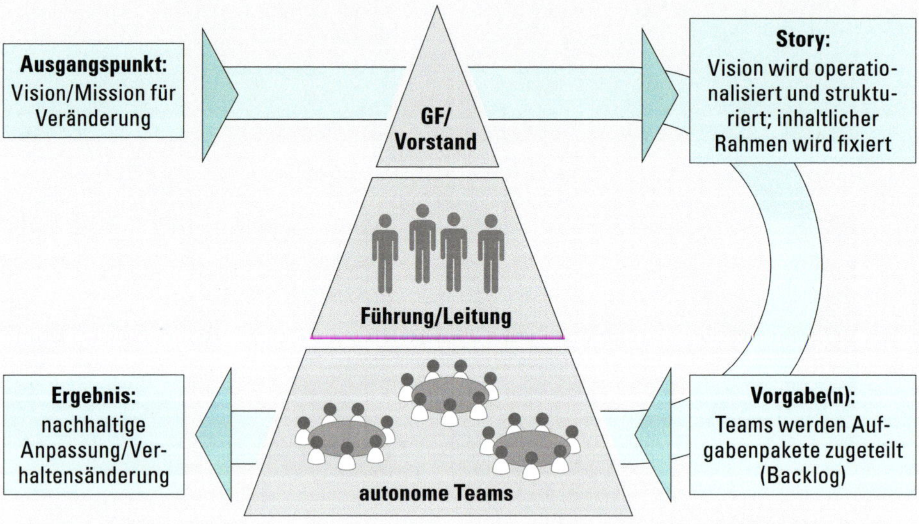

Abb. 13.2: Führung im agilen Unternehmen *Quelle: Horn & Company*

die Frage nach Projektmanagement. Auf den Punkt gebracht: Die »klassische« Projektmanagerrolle ist in der agilen Welt so nicht mehr vorgesehen. Die Teammitglieder agieren als »Gleiche unter Gleichen« auf Augenhöhe. So weit die Theorie.

In der Praxis bilden sich auch in agilen Teams »natürliche« Projektleitungsfunktionen heraus. Diese sind stark durch Inhalt und Kompetenz geprägt – weniger durch Macht und Kontrolle. Diese Leitungsfunktionen vertreten die Teamergebnisse im Sinne von End-to-End-Verantwortung nach außen und können auch komplexe Sachverhalte in verständlicher Sprache erläutern.

Wird durch sich selbst organisierende Teams und den Wegfall der klassischen Projektleitungsfunktion das Management insgesamt einfacher? In der Realität lässt sich oft das Gegenteil beobachten. Man stelle sich nur Musiker vor, aus denen ein Orchester geformt werden soll. Die Führungskräfte stellen die notwendigen Ressourcen zur Verfügung und akquirieren entsprechende Personen. Selbstverständlich müssen die Personen die geeigneten Kompetenzen haben, um sich auch entsprechend einbringen zu können. Ist das Team zusammengestellt, benötigt es bestimmte Rahmenbedingungen: Aus Kundenerwartungen sind Ziele zu formulieren und zu kommunizieren (welches Stück ist zu spielen?), der Fortschritt der Proben ist zu verfolgen (ist das Orchester noch im Zeitplan bis zur Aufführung?) und das Team vor äußeren Einflüssen zu schützen (haben Orchester und die einzelnen Musiker genügend Zeit und Raum, um zu üben?).

Insgesamt werden Managementaufgaben deutlich anspruchsvoller und komplexer: Je größer die Freiräume des Teams sind, desto stärker muss die Führungs-

kraft an den Grenzen darauf achten, dass das Team den Job erledigen kann. Disziplin an den Grenzen ermöglicht freieres Handeln und Agieren im Inneren. Die Rolle des (Projekt-)Managements wandelt sich vor diesem Hintergrund fundamental: Anstatt Teilschritte und Aktivitäten detailliert vorzugeben und nachzuhalten, wird im Innenverhältnis Einfluss auf die inhaltliche Lösungsgestaltung genommen, im Außenverhältnis besteht agiles Management in der Orchestrierung von internen und externen Kunden, der eigenen Teams und der Sicherstellung der zur Aufgabenerfüllung erforderlichen Rahmenbedingungen. Diese Aufgabenstellung ist weitaus anspruchsvoller, als es das klassische Projektmanagement je war.

Die gute Nachricht ist deshalb, dass Führungsaufgaben im Unternehmen bestehen und erhalten bleiben. Sie erhalten durch den veränderten Rahmen eine neue Bedeutung und erfordern neue Prioritäten. Die schlechte Nachricht ist, dass für Führungskräfte der alten Schule, die ihre

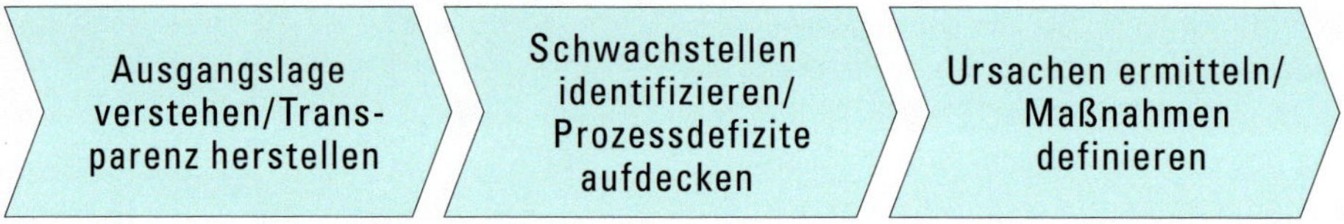

Abb. 13.3: Ablauf Prozessoptimierung auf Basis von Process Mining *Quelle: Horn & Company*

Macht durch die Anzahl an Untergebenen definieren, immer weniger Platz ist. In der Tat wird und muss es zu einer Neudefinition von Führung im agilen Unternehmen kommen.

Mit dem agilen Managementansatz wandelt sich auch die Rolle von und der Anspruch an Managementberater. Selbstverständlich unterstützen sie bei der Ausgestaltung von erforderlichen Zielbildern und Roadmaps sowie bei der Priorisierung des Veränderungsportfolios. Weiterhin achten sie im Rahmen der Umsetzung auf den Gesamtprozess. Vor allem aber übernehmen sie für das oder die Projektteams die inhaltliche Aufgabe eines Impulsgebers von außen mit entsprechender Marktexpertise aus anderen Unternehmen. So leisten sie einen unmittelbaren Beitrag zur Wertschöpfung jenseits einer reinen Coaching-Funktion, wie sie zum Beispiel von Scrum Mastern oder agilen Coaches wahrgenommen wird.

Prozessoptimierung als Beispiel für innovativen Tool-Einsatz

Die immer wiederkehrende Optimierung und fortlaufende Verbesserung repetitiver Geschäftsprozesse gehört zu den Klassikern der Veränderungsarbeit. Was liegt näher, als diese Datenanalysen als Prüfstein für die Erprobung agilen Managements heranzuziehen? Typischerweise setzen (auch sehr große) nicht agile Unternehmen in diesen Projekten heute noch Methoden der 1990er-Jahre ein. Funktionsübergreifende Workshops, partielle Datenanalysen mit Excel und zeitintensive Führungskräfte-Interviews passen nicht zum Fokus auf einer schnellen Umsetzung von Verbesserungen.

Neben Steuerungswerkzeugen findet sich für die agile Welt eine Reihe von innovativen Analysewerkzeugen als Ausgangspunkt für die Prozessoptimierung. Fakt ist: Heute fallen in jedem Unternehmen Tag für Tag eine Fülle an Prozessinformationen an. Fakt ist auch, dass diese Informationen trotz Big-Data-Hype in den seltensten Fällen sinnvoll genutzt werden.

Im Datenbestand schlummert eine Fülle von Informationen, aus denen sich Einsichten in die tatsächlichen Geschäftsabläufe gewinnen lassen. Hierzu kommt das sogenannte Process Mining zum Einsatz, mit dem Leistungssteigerungspotenziale entlang der gesamten Wertschöpfungskette in jeder Branche aufgezeigt werden können.

Als einzige Voraussetzung müssen Geschäftsprozesse digitale Spuren in den Systemen eines Unternehmens (z. B. ERP- oder CRM-Systeme, branchenspezifische Sondersysteme) hinterlassen. Typische Beispiele für den hohen Nutzen von Process Mining sind die Reduktion von Durchlaufzeiten für Kundenanfragen und

-angebote, beispielsweise in Service-Centern, oder die Senkung des Working Capital durch effizientere Order-to-Cash-Prozesse. Abweichungen sowie prozessuale Schwachstellen und Optimierungsmöglichkeiten lassen sich durch entsprechende Visualisierung auf einen Blick und mit hoher Geschwindigkeit identifizieren und quantifizieren. Flankiert werden die Analysen durch eine webbasierte Topdown-Kapazitätsverteilung, welche die erforderliche quantitative Transparenz zu den Kapazitäten schafft.

Durch den Einsatz von Werkzeugen wie Process Mining zur Prozessdatenanalyse oder Process Engine zur schnellen Kapazitätserhebung lassen sich im Sinne des agilen Gedankens die Analyse-Anteile deutlich reduzieren. Dies kommt der Umsetzung und dem Machen zugute. Darüber hinaus ermöglicht der Ansatz eine verlässliche Nachbetrachtung, um damit kontinuierliches Lernen zu ermöglichen.

Die Frage nach Hype oder Hybris von Agilität im Projektmanagement lässt sich eindeutig beantworten: Die Entwicklung zu mehr Agilität ist nicht mehr aufzuhalten. Insofern ist die Hype-Phase längst vorbei. Dennoch lässt sich ein Unterschied zwischen agilem Handeln und agilem Sein beobachten. Agiles Handeln bezieht sich auf die Anwendung von Methoden und Praktiken. Agiles Sein bezieht sich auf die Etablierung einer neuen Kultur und eines neuen Mindsets. Einige Unternehmen unterliegen der Hybris, mit agilem Handeln auch agil zu sein. Dort lässt sich beobachten, dass Agilität oft als Generalabsolution für alle möglichen Unzulänglichkeiten dient. Insgesamt schadet das der Sache. Meisterschaft in der Agilität, darin stimmen viele überein, ist eine Herausforderung. Sich auf den Weg zu machen lohnt sich trotzdem.

Dr. Alexander Bethke-Jaenicke ist Gründungspartner und Gesellschafter bei Horn & Company. Er verantwortet mit seinen Kollegen das Competence Center Financial Services und berät primär Banken und Versicherungen in strategischen und operativen Fragestellungen.

Dr. Oliver Laitenberger ist Partner bei Horn & Company. Seine Beratungsschwerpunkte liegen in Digitalisierung, Management der Informationstechnologie und agiler Transformation. Er berät Unternehmen ganzheitlich bei der Umsetzung ihrer digitalen Strategien.

Sebastian Olbert

Organisationale Transformation

Agil = fit für die Zukunft

Start-ups gelten als hoch agil, etablierte Unternehmen wollen es gerne werden: Keine Management-Konferenz, kein Barcamp und kaum ein Bekenntnis von Führungskräften kommt derzeit ohne den Begriff der Agilität aus. In vielen Unternehmen ist der Wunsch groß, mit neuen Methoden, Strukturen und Verhaltensweisen den starren Abläufen der Vergangenheit zu entkommen – und so dynamisch und reaktionsfähig zu werden.

Das Interesse ist durchaus berechtigt. Agile Unternehmen haben messbar mehr Erfolg als andere. Das zeigt die Studie »Agilität als Wettbewerbsvorteil. Der Agile Performer Index« von Goetzpartners und der NEOMA Business School. Anhand einer breit angelegten Befragung unter 285 führenden europäischen Firmen, basierend auf der Methodik von Prof. Dr. Christopher G. Worley, einem renommierten Experten für Agilität und Organisationsentwicklung, dokumentiert der Agile Performer Index, dass implementierte Agilitätsprogramme geeignet sind, um Unternehmen nachhaltig Performance- und Wettbewerbsvorteile zu verschaffen.

Gemessen an der finanziellen Performance waren agile Unternehmen über einen Zeitraum von zehn Jahren 2,7-mal so erfolgreich wie ihre nicht-agilen Wettbewerber.

Das ist ein Weckruf – und eine Tatsache, die sich nicht wegdiskutieren lässt. Wenn Agilität Unternehmen dauerhaft erfolgreicher macht, dann können Unternehmen daraus nur einen Schluss ziehen: Wer in der heutigen globalisierten, digitalisierten Wirtschaft mit ständig zunehmender Zentrifugalkraft nicht beweglich, offen, von innen heraus flexibel ist, bleibt zurück. Agilität muss sein.

Was aber machen agile Unternehmen anders als andere? Wie weit kommt man mit den Methoden, die auf den Management-Konferenzen diskutiert werden? Und wenn das nicht reicht, was müssen Unternehmen denn konkret dafür tun, um agil zu werden?

Anpassungsfähigkeit in ihrer höchsten Form

Die erste Frage jedoch lautet: Was ist eigentlich Agilität? Die Studie definierte insgesamt 14 Faktoren, an denen sich die Agilität eines Unternehmens festmachen lässt. Zusammengefasst ist Agilität die höchste Form der Anpassungsfähigkeit einer Organisation: die wiederholbare Fähigkeit eines Unternehmens, sich zeitnah, effektiv und nachhaltig zu verändern, um Performance-Vorteile zu erzielen.

Um zu messen, wie agil ein Unternehmen ist, haben die Autoren der Studie die 14 Faktoren zu vier sogenannten Agilitäts-Routinen zusammengefasst. Hoch agile Unternehmen weisen hohe Werte in allen der folgenden vier Bereiche auf:

- **Strategizing** beschreibt unter anderem Unternehmenssinn, -strategie, -identität und Nachhaltigkeit.

- **Perceiving** umfasst unter anderem Innen- und Außenvernetzung, Informationsfluss und Zukunftsorientierung.
- **Testing** schließt beispielsweise Innovationskraft, Lernfähigkeit und zielgerichteten Ressourceneinsatz ein.
- **Implementing** umfasst Change Management, Führung, Mitarbeiterentwicklung und Anreizsetzung.

Agile Unternehmen haben demnach ein klar formuliertes und breit verstandenes Unternehmensziel sowie flache Strukturen und unkomplizierte Prozesse mit klaren Verantwortlichkeiten. Sie kommunizieren und arbeiten offen in alle Richtungen – gerade auch mit ihren Kunden – und geben ihren Mitarbeitern Entscheidungs- und Gestaltungsspielräume.

Wichtig ist dabei: Agilität betrifft alle Dimensionen eines Unternehmens. Sie funktioniert nicht, wenn sie nur auf der Strategieebene, nur in der Kundenkommunikation oder nur bei der Arbeitsorganisation stattfindet. Ein Unternehmen, das agil werden will, steht daher vor einem Prozess, der alle Unternehmensbereiche verändern wird.

Von Lame Ducks zu agilen Performern

Um noch einmal auf die Bedeutung der Agilität zurückzukommen: Nur 5 Prozent der in der Studie befragten Unternehmen schafften es, trotz geringer Agilität erfolgreicher zu sein als ihre Wettbewerber (siehe Abb. 14.1). Das zeigt: Eine gute finanzielle Performance ist im aktuellen Marktumfeld ohne agile Routinen kaum möglich. Und auch für die Unternehmen, die das derzeit schaffen, besteht höchstwahrscheinlich dringender Handlungsbedarf, wenn sie den unternehmerischen Erfolg über längere Zeit aufrechterhalten wollen.

Zu diesen »Endangered Performers« gesellen sich in der Kategorisierung der Unternehmen die »Lame Ducks« – etwa ein Drittel (30 Prozent) der Unternehmen, die wenig agil und gleichzeitig unterdurchschnittlich performant sind. Für diese Unternehmen gilt es vor allem, den effektivsten Startpunkt für mehr Agilität zu finden. Ein vergleichbar hoher Anteil der Unternehmen (29 Prozent) ist zwar agil, sucht jedoch noch nach Möglichkeiten, das in Erfolg umzumünzen. Diese »Traction Seeker« sollten genau analysieren, wie sie Agilität umsetzen und ob eventuell zu viel Energie in wirkungslose Aktivitäten fließt. 36 Prozent der Studienteilnehmer schließlich sind als »Agile Performers« einzuschätzen: Sie sind gleichzeitig überdurchschnittlich agil und hoch leistungsfähig – und können damit Vorbildfunktion haben.

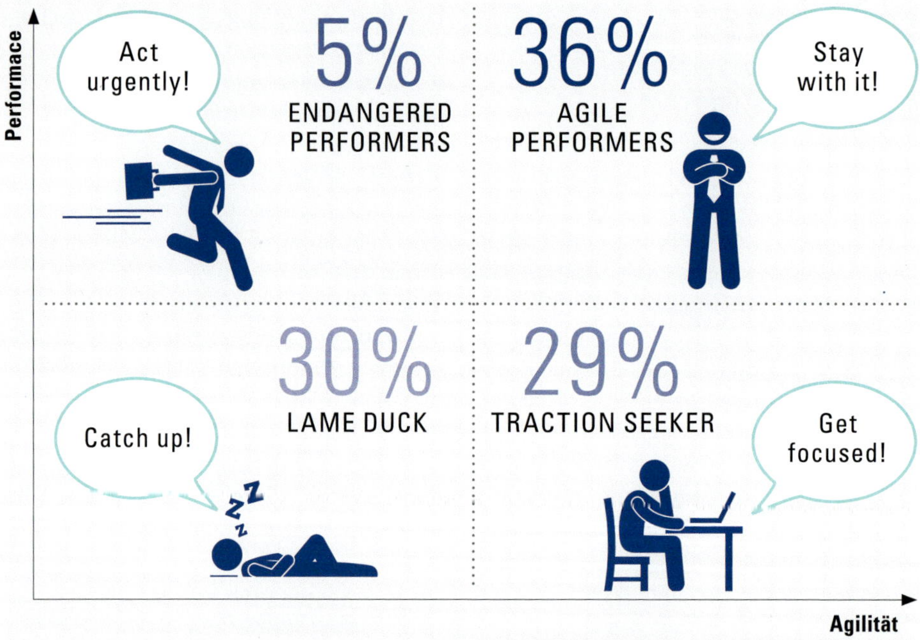

Abb. 14.1: Vier Agilitätstypen. Entlang den Achsen Agilität und Performance lassen sich die Unternehmen in vier Kategorien einteilen *Quelle: Goetzpartners, NEOMA Business School*

Digitale Reife: kein Gradmesser für Agilität

Mit Blick auf die hohe Bedeutung der Agilität überrascht, wie gering sie in einigen Branchen ausgeprägt ist, die in den letzten Jahren im Mittelpunkt der Digitalisierung standen. Man sollte meinen, dass zum Beispiel Telekommunikations-, Medien- und Technologieunternehmen an der Spitze des Agilitätsrankings stünden – doch die Branche befindet sich im unteren Mittelfeld. Am agilsten sind die Reise- und Transportbranche und die Professional Services (siehe Abb. 14.2). Beide weisen einen Agilitäts-Score von 73 Prozent auf. Das Schlusslicht bilden die Energiebranche mit einem Agilitäts-Score von 66 Prozent, der Öffentliche Sektor (65 Prozent) sowie mit deutlichem Abstand der Finanzdienstleistungssektor (62 Prozent). Der digitale Reifegrad einer Branche ist also wider Erwarten nicht zwingend der Motor für die hohe Agilität eines Unternehmens.

Europa vor den USA

Der Agile Performer Index zieht außerdem den Vergleich zu einer entsprechenden Studie unter 80 Unternehmen in den USA. Das Ergebnis: Während in den USA 38 Prozent der befragten Unternehmen drei oder vier Agilitäts-Routinen im Einsatz haben, sind es in Europa 46 Prozent. Unternehmen in Europa können sich demnach in puncto Agilität durchaus mit dem Wettbewerb in den USA vergleichen.

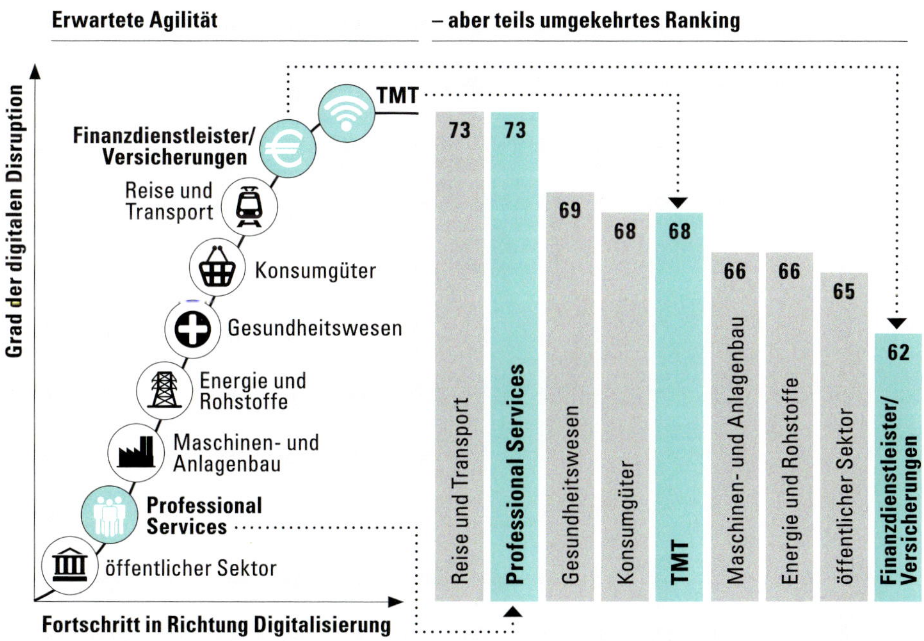

Abb. 14.2: Digitale Reife versus Agilität. Agilität im Branchenvergleich

Quelle: Goetzpartners, NEOMA Business School

Interessant ist darüber hinaus, wie unterschiedlich Topmanagement und mittlere Führungsebene die Agilität des eigenen Unternehmens einschätzen: Die Chefetage sieht Fortschritte, das mittlere Management ist da noch weniger euphorisch. Pro Agilitätsaspekt geben die mittleren Ebenen ihrem Unternehmen zwischen 6 und 15 Prozentpunkten weniger als Topmanager. Ein deutlicher Hinweis darauf, dass agiles Denken »von oben« nicht immer gleichzusetzen ist mit agilem Handeln an der Unternehmensbasis. Ein Unternehmen agil zu machen erfordert vielmehr einen aktiv gesteuerten Transformationsprozess, der alle Dimensionen des Unternehmens berücksichtigt.

Agilität ist machbar

Die Transformation in Richtung Agilität ist nicht einfach, aber mach- und planbar. Die 14 Faktoren der Agilität lassen sich auch verstehen als genauso viele Ansatzpunkte, um die Agilität zu steigern. Die Faktoren durchziehen alle Unternehmensbereiche: Strategie, Führungsverhalten, Struktur und Prozesse, Kommunikation, Zusammenarbeit und so weiter. All diese Bereiche zugleich agil zu machen wäre eine Mammutaufgabe und wohl zum Scheitern verurteilt. Stattdessen sollte sich jedes Unternehmen mit seiner individuellen Ausgangslage beschäftigen: Wie steht es um die Agilität im gesamten Un-

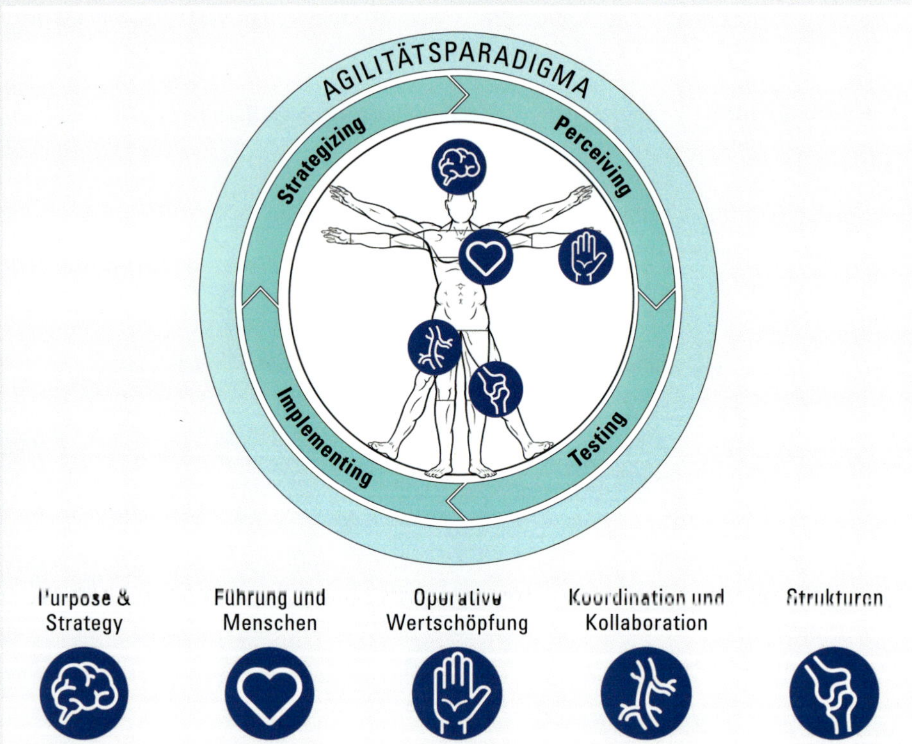

Abb. 14.3: Agilitätsroutinen und Gestaltungsdimensionen eines Unternehmens

Quelle: Goetzpartners

ternehmen und in den einzelnen Bereichen? Wie schlägt sich das Unternehmen im Vergleich zu seiner Peer Group an relevanten Wettbewerbern?

Goetzpartners hat dafür einen detaillierten Test entwickelt – einen Fitnesstest für Unternehmen. Er ist Entscheidungsgrundlage dafür, an welchen Stellschrauben ein Unternehmen drehen sollte, um die Agilität wirkungsvoll zu steigern. Gilt es eher, die grundlegende Konstitution des Unternehmens auf Agilität zu trainieren? Sollten Führung und Kommunikation im Mittelpunkt stehen? Oder geht es eher darum, die Personalstrategie und damit alle Mitarbeiter agiler zu machen oder die Innovationskraft gezielt zu stärken?

Goetzpartners hat die Transformationsprozesse von 60 namhaften Unternehmen untersucht und daraus 80 mögliche Maßnahmen definiert. Je nach Ausgangslage des Unternehmens lässt sich daraus ein individueller Plan entwickeln, das Unternehmen agiler aufzustellen.

Am Ende steht ein Unternehmen, das in allen Bereichen offener, flexibler und reaktionsfähiger geworden ist. Man kennt das vom Sport: Ein umfassendes Training vergrößert die Erfolgschancen in allen Lebensbereichen – und wird bald Bestandteil des Alltags. Genauso müssen die agilen Routinen Normalität werden. Agilität ist nicht irgendwann abgeschlossen. Die einzige Konstante heißt: Veränderung.

Die vollständige Studie »Agilität als Wettbewerbsvorteil. Der Agile Performer Index« steht auf der Website von Goetzpartners zum kostenfreien Download bereit.

Sebastian Olbert ist Partner bei Goetzpartners und Mitautor des ersten europäischen Agile Performer Index. Er hat für Großunternehmen und führende Mittelständler zahlreiche Transformationsprogramme strategisch geplant und umgesetzt.

Klaus Dieterich, Darya Nassehi

Produktions-Exzellenz

Industrie 4.0 als Handlungsmaxime für eine strategiegetriebene Neuausrichtung der Produktion

Dynamische Marktentwicklungen und technologischen Fortschritt mit zum Teil gravierenden Konsequenzen für Wirtschaft und Gesellschaft hat es schon immer gegeben. Was die jetzige Situation für Unternehmen der produzierenden Industrie so brisant macht, ist die Kombination von Ausmaß und Parallelität der bevorstehenden Veränderungen.

Allein vom Megathema Industrie 4.0 wird ja nicht weniger erwartet als eine revolutionäre Umwälzung in der Produktion. Wie schnell und mit welcher Wucht dieser digitale Wandel ein einzelnes Unternehmen erfassen wird, lässt sich nicht mit hinreichender Sicherheit vorhersagen. Alle Anzeichen deuten darauf hin, dass die Entwicklung auf der technischen Seite mit Riesenschritten voranschreitet. Wir erwarten, dass die Vernetzung von Produkten, Wertschöpfungsketten und Geschäftsmodellen eine enorme Eigendynamik entwickeln wird, sobald die Zahl der Vorreiter-Unternehmen in der jeweiligen Branche die kritische Masse erreicht.

Als apodiktisches Megathema wird Industrie 4.0 zwar vor allem von der Politik, der Wissenschaft und von Konzernen gepusht, die sich gerne als Vorreiter in der Sache positionieren und profilieren möchten. Doch fernab vom lauten Marketing-Geklingel der Protagonisten erkennen auch immer mehr Produktionsexperten und Kenner der Materie in mittelständischen Industrieunternehmen, dass es sich bei Industrie 4.0 um einen Ansatz handelt, der alle wesentlichen Gestaltungselemente eines Unternehmens beeinflusst und das gesamte Wertschöpfungsnetzwerk umfasst. Für die Produktion haben die aktuellen Entwicklungen auf diesem Themenfeld besondere Bedeutung: Die meisten Industrie-4.0-Initiativen haben das Potenzial, die Effizienz in Produktion und Logistik nachhaltig zu verbessern. Voraussetzung hierzu ist allerdings, dass die Unternehmen ihre bestehende Produktionsstrategie überprüfen und sie unter Berücksichtigung der unternehmensspezifisch relevanten Industrie-4.0-Aspekte anpassen.

Die Einsatzfelder und Anwendungsmöglichkeiten von Industrie-4.0-Lösungen in der Produktion sind ausgesprochen vielfältig. Dies gilt im Hinblick auf einen Einsatz sowohl in den eigenen Produktionshallen als auch entlang den Wertschöpfungsprozessen. Kausal für diese Vielfalt an Einsatzmöglichkeiten sind rasante technologische Weiterentwicklungen vor allem auf den Gebieten Cloud Computing, Big Data, Mobile Applications, RFID, Speichermedien und Prozessoren, bei Sensorik und Robotik sowie beim Ausbau der Netze und Net Devices.

Unternehmen, die angesichts der absehbaren weiteren technologischen Fortschritte auf diesen Gebieten nicht zeitnah eine klare Vorstellung davon entwickeln, wie ihre eigene Industrie- und Produktionswelt in zehn, fünfzehn Jahren aussehen soll, riskieren, sich in der Vielfalt und Komplexität der – überwiegend technologiegetriebenen – neuen Möglichkeiten industrieller Produktionsweisen zu verstricken, einen nicht unerheblichen Teil ihrer ohnehin knappen Ressourcen fehlzuinvestieren und ihre Wettbewerbsfähigkeit einzubüßen.

Industrie 4.0 als neue Einflussgröße auf die Produktionsstrategie

Die neuen technischen Möglichkeiten und die sich daraus ergebenden Potenziale lassen sich nur dann bestmöglich nutzen, wenn auch die Produktionsstrategie mit dem damit einhergehenden Wandel Schritt hält und entsprechend angepasst wird. Einen Überblick über Industrie-4.0-induzierte Einflüsse auf wichtige Elemente einer Produktionsstrategie zeigt in Auszügen die Übersicht 15.1 (s. S. 178).

Die größten Veränderungen durch Industrie-4.0-Lösungen erwarten wir bei den Themen Prozesse und Organisation sowie Steuerung und Logistik. In der Industrie-4.0-Welt werden sich neue wie auch bereits im Einsatz befindliche Produktionssysteme mehr und mehr mit modernsten informations- und kommunikationstechnischen Systemen verzahnen. Maschinen und Anlagen werden so zu aktiven Bestandteilen eines unternehmensübergreifenden Netzwerks, über das – unter Einschluss des World Wide Web – ständig Daten hin und her transferiert werden. Industrie 4.0 verbindet die Datengenerierung – beispielweise von Maschinen und Kunden – mit der Datennutzung,

STRATEGIE-ELEMENTE	EINFLUSSGRÖSSEN DURCH INDUSTRIE 4.0
STANDORT-VERBUND	■ globale Vernetzung der Standorte und integrierte Wertschöpfungssysteme ■ flexible Reaktion auf weltweite Nachfrageschwankungen im gesamten Verbund ■ kleine, dezentrale Produktionseinheiten nah am Kunden
FERTIGUNGS-TIEFE	■ nicht nur Konzentration auf klassische Wertschöpfung, sondern auch auf neue Geschäftsmodelle (Services) ■ flexible Make-or-buy-Strategie in einer vertikal und horizontal integrierten Wertschöpfung ■ Kernkompetenz und Know-how-Erhalt gewinnen an Bedeutung
FERTIGUNGS-MITTEL	■ vernetzte Anlagen, Betriebsmittel und Produktionsgüter im »Internet of Things« ■ Einsatz neuer Fertigungstechnologien wie Additive Manufacturing ■ flexible, auf Losgröße 1 angepasste Produktionsanlagen
LOGISTIK UND STEUERUNG	■ Losgröße 1 und kundenindividuelle Produkte mit hoher Variantenzahl ■ Steuerung in Echtzeit durch hohe Transparenz ■ flexible, selbststeuernde Einheiten anstatt eines starren Fließprinzips
IT	■ global vernetzte IT mit Schnittstellen zu Lieferanten und Kunden ■ hohes zu bewältigendes Datenvolumen ■ Fragen der Datensicherheit rücken in den Fokus
MITARBEITER-STRUKTUR	■ höhere Qualifizierungsanforderungen ■ Bereitschaft zur »Zusammenarbeit« mit Anlagen und Systemen (Man-Machine-Interface) ■ Akzeptanz von Veränderungen als Grundvoraussetzung für Industrie 4.0
PROZESSE	■ vertikale und horizontale Integration der Wertschöpfung ■ starke IT- und Systemabhängigkeit der Prozesse ■ Anpassung der Prozesse an neue Technologien als wesentlicher Erfolgsfaktor

Abb. 15.1: Industrie 4.0 und ihr Einfluss auf wichtige Elemente der Produktionsstrategie

Quelle: TMG Consulting

etwa der Produktionssteuerung oder neuen Anwendungen. Die Produktion wird letztlich zu einem integralen Bestandteil des »Internet of Things«.

Im Idealbild steuert sich die »Smart Factory« von selbst, weil Maschinen und Anlagen permanent miteinander kommunizieren. Dadurch ändert sich natürlich die Art und Weise, wie eine Produktion organisiert und gestaltet sein muss, um ihre optimale Leistung zu erbringen – und zwar nicht allein innerhalb einer Fabrik, sondern im gesamten Wertschöpfungsverbund.

Die zweite hervorzuhebende Änderung betrifft die Fertigungsmittel selbst. Dieses Element der Produktionsstrategie verlangt allein schon deshalb höchste Aufmerksamkeit, weil eine ganz neue Generation intelligenter Maschinen und Geräte auf den Markt kommt, die die Vernetzung und die flexiblen, autonomen Strukturen erst ermöglichen. Predictive Maintenance und die sensorgesteuerte Qualitätskontrolle im Prozess – um hier zwei bereits jetzt im Einsatz befindliche Anwendungen herauszugreifen – wären ohne die neuen, mit intelligenter Sensor- und Aktor-Technologie ausgestatteten Maschinen und Anlagen überhaupt nicht machbar. Insgesamt lässt sich die Produktion durch die neue Maschinengeneration noch stärker flexibilisieren und der gesamte Produktionsprozess noch effizienter gestalten.

Auch die IT wird noch einmal zusätzlich gefordert. Sie muss zukünftig in der Lage sein, gigantische Datenmengen intelligent zu verwalten und zu verarbeiten. Um die Datenflut bewältigen zu können, werden spezielle Kenntnisse auf dem Gebiet der Big-Data-Erfassung und -Analyse benötigt. Doch unabhängig davon, ob diese Expertise im Unternehmen überhaupt vorhanden ist, gilt: Ist die Datenbasis nicht sauber, lassen sich auch mit noch so guten analytischen Fähigkeiten keine optimalen Analyseergebnisse und in der Folge Effizienzverbesserungen erzielen. Auch Unternehmen, die in Sachen Industrie 4.0 noch eine eher reservierte Haltung einnehmen, dürften gut beraten sein, sich die Produktions-, Maschinen- und Betriebsdaten anzuschauen und à jour zu bringen. Die Qualität dieser Daten weist in vielen Unternehmen nach wie vor erhebliche Mängel auf. Dem mittlerweile entstandenen Daten-Chaos von Grund auf zu Leibe zu rücken halten wir für eine enorm wichtige Pflichtaufgabe – unabhängig davon, ob bereits konkrete Industrie-4.0-Absichten bestehen oder nicht.

Neben der geforderten hohen Qualität der Daten geht es beim Strategieelement IT angesichts extrem steigender Datenvolumina auch um die Themen Datenschutz und Datensicherheit. Pointiert kann man sagen: Ob Industrie 4.0 zu einer Erfolgsgeschichte wird, hängt unter anderem davon ab, inwieweit es den produzierenden Unternehmen gelingt, die Sicherheitsproblematik in den Griff zu bekommen. Je weiter die Digitalisierung voranschreitet und je mehr sich ein Unternehmen intern wie extern mit Kunden, Lieferanten und anderen Geschäftspartnern vernetzt, umso größer wird sein Risiko, zur Zielscheibe von Cyberkriminellen, Industriespionen oder »normalen« Hacker-Angriffen zu werden. Bei der Überarbeitung der Produktionsstrategie werden die Themen Datenschutz und Informationssicherheit daher einen höheren Stellenwert bekommen müssen. Momentan scheint dem extrem wachsenden Sicherheitsbedarf noch ein viel zu gering ausgeprägtes Sicherheitsbewusstsein gegenüberzustehen.

Mit der zunehmenden Digitalisierung und Automatisierung der Produktion auf Basis cyberphysischer Systeme ändert sich natürlich auch die Arbeitswelt in der Produktion nachhaltig. Fähigkeiten und Fertigkeiten der Mitarbeiter, Arbeitsorganisation und -prozesse, aber auch die Arbeitszeitmodelle müssen an die dann in diesen vernetzten Systemen zu bewältigenden Tätigkeiten angepasst werden. Wer als produzierendes Unternehmen im künftigen Wettbewerb eine Rolle spielen will, muss – neben vielen anderen Herausforderungen – auch den Wandel in seiner Arbeitswelt rechtzeitig einleiten und aktiv mitgestalten.

Die ersten Schritte: Standort bestimmen und »Hausaufgaben« erledigen

Jedes produzierende Unternehmen ist daher gut beraten, mögliche Einflüsse der digitalen Revolution auf die eigene Produktion abzuschätzen, eine Statusanalyse durchzuführen und die bestehende Produktionsstrategie entsprechend anzupassen. Zu den grundlegenden Aktivitäten, mit denen schon jetzt begonnen werden kann, obwohl noch ungewiss ist, wie die neue Produktionswelt aussehen wird, zählen vor allem die Status-Analyse sowie erste Überlegungen zur Entwicklung einer Industrie-4.0-Strategie. Starten sollte man grundsätzlich mit einer objektivierten Reifegradabschätzung. Um zu wirklich sachlich fundierten, ehrlichen Erkenntnissen zu kommen, sollte diese Statusbetrachtung von externen Spezialisten durchgeführt werden.

Dem Ergebnis dieser Analyse ist dann die Position gegenüberzustellen, die das Unternehmen im Hinblick auf die eigene Branche und die wichtigsten Wettbewerber einnehmen sollte. Aufbauend auf der Standortbestimmung und dem Soll-Ist-Vergleich gilt es anschließend, eine mit der Unternehmensstrategie und der Pro-

duktionsstrategie harmonisierte Industrie-4.0-Strategie zu erarbeiten, Handlungsfelder daraus abzuleiten und dazu passende Maßnahmenpakete für die operative Umsetzung zu schnüren. Den Fahrplan für die an der Produktionsstrategie vorzunehmenden Anpassungen bestimmt die unternehmensspezifisch zu erarbeitende Industrie-4.0-Roadmap.

Sobald klar ist, wo das eigene Unternehmen in Sachen Industrie 4.0 steht und in welche Richtung es sich entwickeln will, sollte mit der Umsetzung angefangen und das »Abenteuer Industrie 4.0« in kleinen, überschaubaren Schritten gestartet werden. Überschaubare Pilotprojekte sind ein idealer Hebel, um die Akzeptanz für Industrie-4.0-Anwendungen im Unternehmen zu fördern und deren Nutzen erlebbar zu machen. Die Empfehlung lautet also: grundsätzlich in kleinen Schritten vorgehen – auf der Grundlage speziell ausgewählter Pilotprojekte, die einen zeitnahen und für alle sichtbaren Return generieren.

Denn eines versteht sich von selbst: Die neuen Lösungen beziehungsweise die Art und Weise, wie künftig produziert werden soll, müssen sich rechnen. Sonst wird es nicht gelingen, im Unternehmen die notwendige Akzeptanz herzustellen und das für die weitere Ausbreitung erforderliche Momentum zu erzeugen. Andererseits gilt aber genauso: Die Veränderungen im Produktions- und Wertschöpfungsprozess sind so fundamental, dass es sich kein produzierendes Unternehmen leisten kann, in Sachen Industrie 4.0 nicht aktiv zu werden und die sich aus der Digitalisierung und Vernetzung ergebenden Chancen nicht zu nutzen.

Eine ausschließlich technikgetriebene Sichtweise, wie wir sie in der mittelständischen Industrie häufig antreffen, wird der eigentlichen Vision von Industrie 4.0 als der neuen, digitalisierten und vernetzten Industriewelt allerdings nur unzureichend gerecht. Entscheidend für den künftigen Erfolg im Markt wird sein, sich strategisch-organisatorisch neu auszurichten und aus der Vielfalt an neuen technik-induzierten Möglichkeiten diejenigen mit der gebotenen Professionalität zu realisieren, die unternehmensspezifisch den besten Return im Hinblick auf neue Produkte und Dienstleistungen, verbesserten Kundennutzen und/oder gesteigerte Produktionseffizienz erwarten lassen.

Klaus Dieterich ist Geschäftsführender Partner der TMG Consultants GmbH. Er ist spezialisiert auf die Bereiche Fabrikplanung, Werkstrukturplanung und Logistik. Weitere Schwerpunkte seiner Beratungstätigkeit sind Projektentwicklungen und die Steuerung von Großprojekten.

Darya Nassehi ist Geschäftsführender Partner der TMG Consultants GmbH. Er ist spezialisiert auf die Bereiche Organisation, Strategie und Unternehmenssteuerung. Vor seinem Wechsel in die Beratung war er in leitenden Funktionen für verschiedene DAX- und MDAX-Unternehmen tätig.

Bernd Müller-Dauppert

Supply Chain Management

Nearshoring und Onshoring als Wettbewerbsvorteil

Die immer stärker steigenden Anforderungen der Kunden an die Einzigartigkeit eines Produkts und der Wunsch nach kurzer Lieferzeit führen in Verbindung mit modernen Produktionsverfahren zu einem neuen Trend: dem Nearshoring. Unternehmen produzieren wieder mehr in der Nähe ihrer Absatzmärkte, anstatt die Herstellung ins Ausland zu verlagern.

Während Anfang der 1980er-Jahre viele Unternehmen zunächst durch Outsourcing die Fertigungstiefe reduzierten und lokale Zulieferer mit der Produktion der Teile beauftragten, beschafften sie in den 1990er-Jahren die Produkte aus dem Ausland oder sie verlagerten die Produktion ins Ausland. Ab der Jahrtausendwende fand dann eine Verlagerung von Produktionsstandorten und Beschaffungsströmen an Orte mit den jeweils günstigsten Lohnkosten zu vergleichbaren Rahmenbedingungen statt. In den 2010er-Jahren setzte sich die Erkenntnis durch, dass die gesamten Einstandskosten, die Produkt- und Servicequalität sowie weitere qualitative Faktoren in die Standortentscheidung mit einfließen müssen. Diese Gesamtbetrachtung führt zunehmend zu einem Nearshoring oder sogar Onshoring, also der Rückverlagerung der Produktion an heimische Standorte oder ins nahe gelegene Ausland. Aktuelle Trendstudien zeigen, dass moderne Produktionsverfahren es ermöglichen, effizient in kleinen Losgrößen bis hin zu Losgröße eins zu fertigen und damit individuelle Kundenwünsche zu berücksichtigen. Diese Verfahren – 3D-Druck, Robotik, Digitale Fabrik 4.0 u.Ä. – werden in naher Zukunft deutlichen Zuwachs erhalten und damit Nearshoring und Onshoring zusätzlichen Auftrieb verleihen.

In einer Nearshoring-Studie international und einer weiteren Studie mit Befragungsfokus auf der DACH-Region hat Miebach im Frühjahr 2017 die Auswirkungen von Nearshoring und Onshoring auf die Supply Chains von Industrieunternehmen untersucht und daraus Anforderungen und Konsequenzen für die Supply Chain und die Logistikprozesse abgeleitet. Insgesamt nahmen 127 Unternehmen aus unterschiedlichen Branchen an der Befragung teil. Die Studienteilnehmer kommen zu einem Drittel aus Amerika und zu zwei Dritteln aus Europa.

Kostenaspekte wichtig für die Shoring-Strategie

Offshoring und Nearshoring sind in den Unternehmen bereits etabliert, wohingegen Onshoring in deutlich geringerem Umfang angewendet wird. Auslöser für die X-Shoring-Entscheidung – also die Entscheidung zwischen Off-, Near- oder Onshoring – sind in der Regel Faktoren wie die Reduzierung der Kosten, die Erschließung von Absatzmärkten sowie die Gewinnung von Technologien und Know-how.

Laut den befragten Unternehmen sind Kostenaspekte für alle drei Strategien sehr wichtig, angeführt von Gesamt- und Produktionskosten. Bei den Logistikkosten variiert die eingeschätzte Relevanz, die Befragten sehen diesen Bereich an zweiter bis sechster Stelle (siehe Abb. 16.1).

Im Vergleich der Strategien untereinander sprechen insbesondere die Faktoren Produktqualität, Working Capital, politische Stabilität, aber auch ökologische Aspekte, Zeitzonenunterschiede und Si-

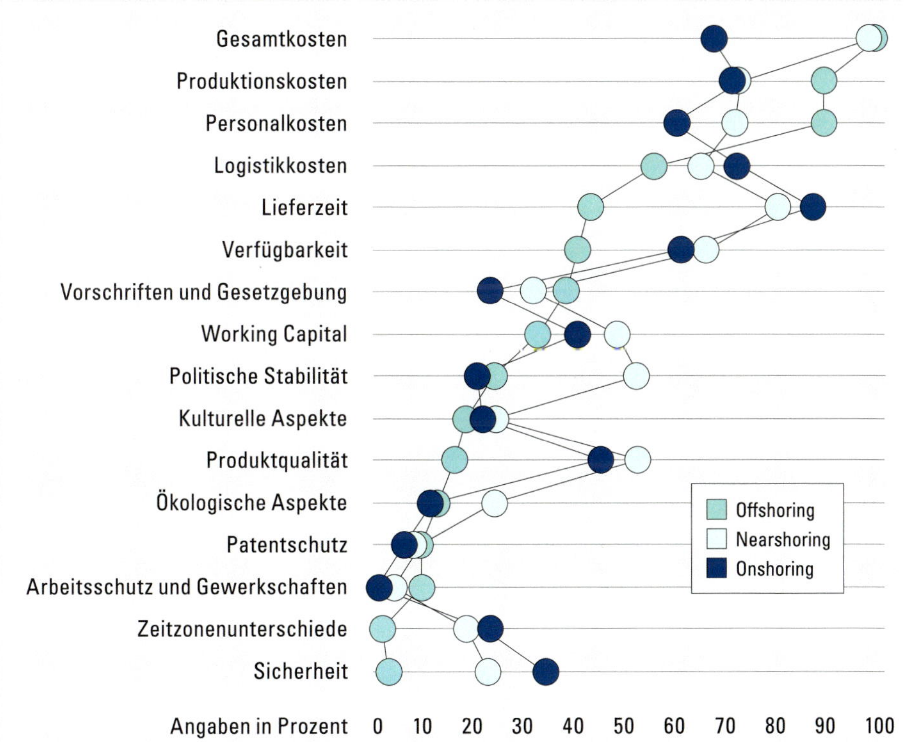

Abb. 16.1: Kostenfaktoren sind wichtig bei der Wahl der Shoring-Strategie Quelle: Miebach

cherheit für das Nearshoring und teilweise auch für das Onshoring gegenüber dem Offshoring.

Offshoring dominiert in Asien

In Asien dominiert nach wie vor Offshoring. Der Kontinent punktet eindeutig mit niedrigen Personalkosten bei gleichzeitig guter Infrastruktur. Mit zunehmender Prosperität Asiens wird diese Region zwar aufgrund steigender Löhne als Offshoring-Region an Attraktivität verlieren, sich aber gleichzeitig als Nearshoring- oder Onshoring-Region etablieren und damit seine Attraktivität für Produktionsstandorte erhalten. Bereits heute sehen wir, dass bei Automobilherstellern/-zulieferern und Maschinen-/Anlagenbauern die asiatischen Offshore-Standorte schon erhebliche Near- und Onshoring-Anteile besitzen. Offshoring wird auch zukünftig noch wichtig sein für preissensible Produkte, die in großer Losgröße produziert werden und geringe Logistikkosten beziehungsweise einen hohen Personalanteil bei den Produktionskosten haben.

Nearshoring auf dem Vormarsch

51 Prozent der an der Umfrage beteiligten Unternehmen nutzen bereits Nearshoring als Standortstrategie für ihre Produktion. Dieser überraschend hohe Anteil wird weiter ansteigen, denn 26 Prozent

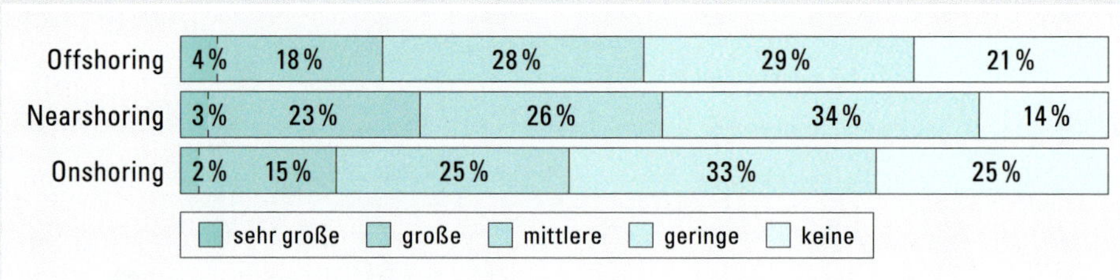

Abb. 16.2: 26 Prozent der Teilnehmer schreiben Nearshoring als Zukunftstrend eine große oder sogar sehr große Bedeutung zu *Quelle: Miebach*

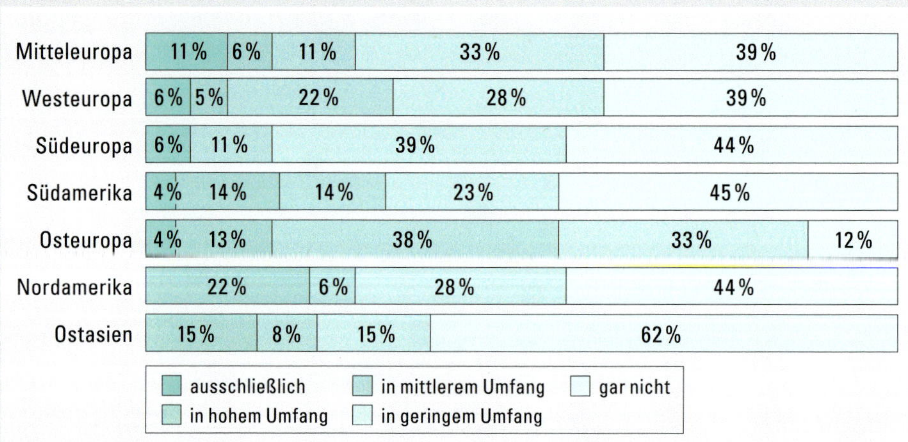

Abb. 16.3: Mitteleuropa hat die größte Bedeutung für Nearshoring *Quelle: Miebach*

der Studienteilnehmer sehen in hohem oder sogar in sehr hohem Maße Nearshoring als Zukunftstrend (siehe Abb. 16.2).

Die größte Bedeutung für Nearshoring hat aktuell nach Einschätzung der Befragten Mitteleuropa (siehe Abb. 16.3). Die hohe Relevanz der Länder Ungarn, Polen, Tschechien und Slowakei liegt insbesondere an den geringen Personalkosten bei gleichzeitig guter Infrastruktur und der Nähe zu den großen Absatzmärkten innerhalb der »blauen Banane« (siehe auch Abb. 16.4). Wichtig für diese Länder ist es, dass sie diese Vorteile erhalten und idealerweise durch eine Verbesserung der Infrastruktur und Qualifizierung der Mitarbeiter sogar weiter ausbauen.

In Nordamerika ist Nearshoring schon am längsten etabliert. Insbesondere Mexiko wird als Nearshoring-Standort für den US-amerikanischen Markt von vielen Firmen genutzt. Nearshoring-Produktionsstandorte in Südamerika werden vor allen Dingen zur Belieferung des nordamerikanischen Marktes (Mexiko, USA und Kanada) genutzt und eher nicht für andere südamerikanische Märkte. Seine Attraktivität erhält der Nearshoring-Standort Lateinamerika durch Sprache, Mentalität und gleiche Zeitzone – im Unterschied zu Asien.

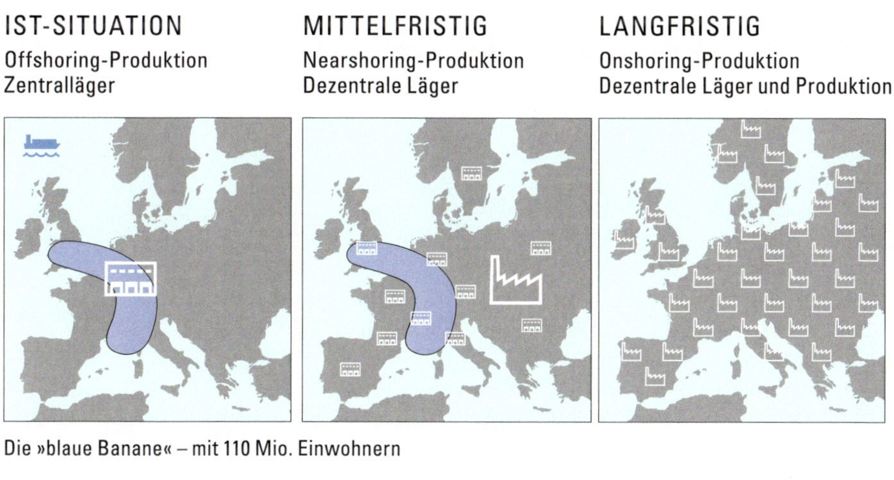

Abb. 16.4: Veränderungen in der Standortallokation durch den Trend zum Near- und Onshoring

Quelle: Miebach

Insbesondere in Europa wird Nearshoring als Standortstrategie wichtiger (siehe Abb. 16.5), während in Nordamerika verstärkt Onshoring erwartet wird. Offshoring verliert allerdings auch nicht an Bedeutung, sondern erhält durch den Wandel von Produktionsmärkten zu Absatzmärkten wie beispielsweise in Asien zusätzliche Near- und Onshoring-Funktionen. Da Nearshoring-Standorte also die Offshoring-Standorte nicht ablösen, sondern ergänzen, steigt die Komplexität der Supply Chain. Damit werden auch die Aufgaben an den Standorten komplexer.

Auch Onshoring ist für Europa sehr interessant. Hintergrund ist eine bessere Kontrolle der Geschäftsprozesse sowie höhere Agilität der Produkt- und Dienstleistungsangebote. Branchen, die hohe Kundenanforderungen in Bezug auf Lieferzeit und Variantenvielfalt bedienen müssen und denen es gelingt, kleine Losgrößen wirtschaftlich zu produzieren, werden mittelfristig zum Onshoring übergehen. Besonders für Bereiche wie die Elektroindustrie oder den Maschinenbau wird Onshoring zunehmend an Bedeutung gewinnen.

Stärkung der Wettbewerbsvorteile durch Nearshoring

Die an der Studie beteiligten Unternehmen sehen ihre Stärken in den Qualitätsstandards, der Verfügbarkeit von technischen Systemen und der kurzfristigen Flexibilität und Anpassungsfähigkeit an neue Marktanforderungen. Near- und Onshoring bauen diese Vorteile weiter aus. Schwächen sind der Preis pro Einheit und die Zeit für Produktanläufe. An dieser Stelle kann eine flexiblere Produktion die Produktanläufe beschleunigen und die Produktionskosten reduzieren. Als »Bedrohung« werden der Arbeitsmarkt mit der

Abb. 16.5: Nearshoring und Onshoring werden als Standortstrategien wichtiger *Quelle: Miebach*

Verfügbarkeit von Arbeitskräften und die Komplexität der Supply Chain gesehen.

Große Potenziale in der Integration der Strategien

X-Shoring-Strategien werden von Unternehmen eingesetzt. Sie werden jedoch häufig nur singulär angewendet und nicht konsequent in ein Gesamtkonzept integriert genutzt. Hier bestehen noch große Potenziale.

Die Komplexität der Supply Chain wird mit X-Shoring weiter zunehmen und somit eine Herausforderung für die Supply-Chain-Verantwortlichen darstellen. Darüber hinaus führen Marktanforderungen zu Veränderungen bezüglich Service, Qualität und Kosten. Für eine optimale X-Shoring-Strategie und die daraus folgende Standortentscheidung ist eine integrierte Betrachtung von Supply-Chain- und Produktionsnetzwerken erforderlich. Logistikkosten, Lieferzeit, Flexibilität und Anpassungsfähigkeit sind wichtige Input-Faktoren für diese Entscheidung. Dabei stehen Wettbewerbsfähigkeit und Gesamtkosten im Fokus des unternehmerischen Handelns.

Langfristig erfolgreich werden hier die Unternehmen sein, denen es gelingt, die zukünftigen Anforderungen der unterschiedlichen Märkte rechtzeitig zu erkennen und ihre Supply Chain optimal darauf einzustellen.

Der vollständige Ergebnisbericht zur Miebach-Nearshoring-Studie international sowie der Miebach-Nearshoring-Studie mit dem Befragungsfokus auf der DACH-Region kann bei Miebach Consulting, Ralf Hoffmann, angefordert werden (hoffmann@miebach.com).

X-SHORING

- **Onshoring**
  Produktionsstandort im Absatzmarkt
- **Nearshoring**
  Produktionsstandort in näherer Umgebung des Absatzmarktes
- **Offshoring**
  Produktionsstandort weit entfernt vom Absatzmarkt

Bernd Müller-Dauppert
ist Mitglied der Geschäftsleitung von Miebach Consulting.

Thibault Pucken

Supply Chain Management

Risikomanagement im Einkauf ist mehr als nur eine Option

Lieferantenausfälle gehören zu den schwerwiegendsten Störungen, die Unternehmen treffen können. Prominente Beispiele wie VW und Prevent oder BMW und Bosch bestätigen, dass auch große Konzerne betroffen sind. Nur ein strategisches Risikomanagement verhindert oder begrenzt zumindest den Schaden.

Notfallszenario im Betrieb: Im Produktionsprozess eines Maschinenbauers werden verschiedene Bauteile zu Getrieben montiert. Plötzlich kommt es zu einem Versorgungsengpass: Die Kugellager wurden nicht in der geforderten Qualität angeliefert, was aufgrund des internen Produktionsprozesses erst in der Endkontrolle erkannt wird. Auf Nachfrage beim Lieferanten entschuldigt sich dieser für die Qualitätsmängel und arbeitet umgehend an einer Ersatzlieferung, doch der Schaden ist bereits eingetreten. Alle fehlerhaften Getriebe müssen demontiert werden. Die laufende Vormontage kann nur bis zum Punkt des Lagereinbaus erfolgen und muss dann auf die Ersatzlieferung warten, die mehrere Wochen in Anspruch nimmt – es kommt zum Stillstand. Das Unternehmen kann seine Getriebe nicht rechtzeitig fertigstellen und muss die Verzögerung nun seinem Kunden gegenüber rechtfertigen, der aufgrund einer engen Taktung auf Just-in-Time-Lieferungen angewiesen ist. Es entstehen massive Kosten entlang der gesamten Lieferkette und die Bewertung und Diskussion zu den Regressforderungen beginnt. Erschwerend hinzu kommt der Reputationsverlust bei allen Beteiligten. Es stellen sich im Nachgang viele Fragen: Wird sich der Vorfall auch auf die Vergabe von Folgeaufträgen auswirken? Hätte die Situation im Vorfeld verhindert werden können? Wie hätte dafür gesorgt werden können, dass das Problem früher erkannt wird, und vor allem: Hätte man nicht wesentlich besser vorbereitet sein müssen?

Wie realistisch solche Szenarien sind, zeigt die Inverto-Studie zur Risikoprävention im Einkauf. Fast die Hälfte der befragten Unternehmen benennt Qualitätsrisiken als eines der drei größten Risiken und sieht hier großen Nachholbedarf in ihrem eigenen Unternehmen.

Steigende Abhängigkeit von Lieferanten

Neben Lieferantenausfallrisiken gehören Versorgungsrisiken zu den Risiken mit der höchsten Priorität. Damit bestätigt die Studie einen branchenübergreifenden Trend, der sich durch vernetzte Wertschöpfungsketten in nahezu jeder Industrie zieht: Durch den intensiven Wettbewerbsdruck im globalen Umfeld und eine tendenziell engere Konzentration auf die unternehmenseigenen Kernkompetenzen hat sich die Fertigungstiefe in den meisten Industrien weiter verringert und die Abhängigkeit von Lieferanten erhöht. Unternehmen und Lieferanten setzen auf enge Partnerschaften, besonders wenn es um strategisch bedeutsame Produkte oder Dienstleistungen geht. Die enge Integration von strategischen Lieferanten in die eigenen Wertschöpfungsprozesse steht im Widerspruch zur notwendigen Flexibilität für kurzfristige Lieferantenwechsel und schafft eine – bestenfalls beidseitige – Abhängigkeit. Störungen wie Lieferantenausfälle wiegen in dieser feingliedrig vernetzten Wertschöpfungskette daher heute wesentlich schwerer als noch vor wenigen Jahren.

Zwar sehen sich die meisten Unternehmen mit Risiken konfrontiert, doch gerade einmal 57 Prozent der befragten Unternehmen gaben gegenüber Inverto an, sich mit einer systematischen Bewertung und Bewältigung von Risiken auch strategisch zu beschäftigen. Dabei lassen sich mit einem effizienten Risikomanagement drohende Versorgungsprobleme gezielt vermeiden und zusätzlich auch Preis- und Qualitätsrisiken minimieren, wie 60 Prozent der befragten Unternehmen ebenfalls bestätigen. Einen solchen Risikomanagementprozess zu etablieren sollte daher priorisierte Aufgabe von Geschäftsführungen und Einkaufsabteilungen sein, die sich verantwortungsbewusst für die Zukunft aufstellen möchten.

Risiken identifizieren und Wahrnehmung schärfen

Ist das Bewusstsein für drohende Risiken und deren immense Auswirkungen im Störfall erst einmal geschaffen, stellt sich den Unternehmen die Frage nach einer effizienten Umsetzung eines Risikomanagementprozesses in der Praxis. Dazu hat es sich bewährt, einen vierstufigen Prozess zu definieren, in dem die Verantwortlichen Risiken identifizieren, bewerten und steuern sowie den Prozess kontinuierlich überwachen.

Im ersten Schritt des Prozesses ist es wichtig, einzelne relevante Risiken innerhalb der Supply Chain grundsätzlich zu erkennen und abzugrenzen. Denn allzu oft sind diese erst auf einen zweiten, wesentlich genaueren Blick erkennbar und fordern vom Einkäufer tiefgreifende Kenntnis seiner Beschaffungsmärkte. Gründliche Warengruppen- und Lieferantenanalysen sind hierfür das entscheidende Werkzeug.

So konnten beispielsweise bei einem führenden Anlagenbauer bisher nicht bekannte Rohstoffpreisrisiken identifiziert werden. Das Unternehmen benötigt zum Montieren seiner Anlagen einen nicht unwesentlichen Anteil an Stahlkonstruktionen. Die Frage, welche Bedeutung der Stahlpreises für die Projektkalkulation hat, war weder im Vertrieb noch bei den Einkäufern im Fokus. Die grundsätzliche Annahme war, dass entsprechende Träger als notwendiges Beiwerk der Anlagen nur einen unwesentlichen Kostenanteil haben und hier pauschale Preise und Annahmen anzusetzen seien. Der Lieferantenvertrag für die jeweiligen Konstruktionen enthielt jedoch eine Preisgleitklausel, die es erforderte, Änderungen der Rohmaterialpreise weiterzureichen. Die Differenzierung der Rohstoffkostenanteile und Betrachtung der aktuellen Marktentwicklung ergab ein hohes Kostenrisiko. Ein Risiko, das eine Stufe vor dem eigenen Lieferanten in der Wertschöpfungskette verborgen lag und dem nun durch konstruktive Anpassungen entgegengewirkt werden konnte.

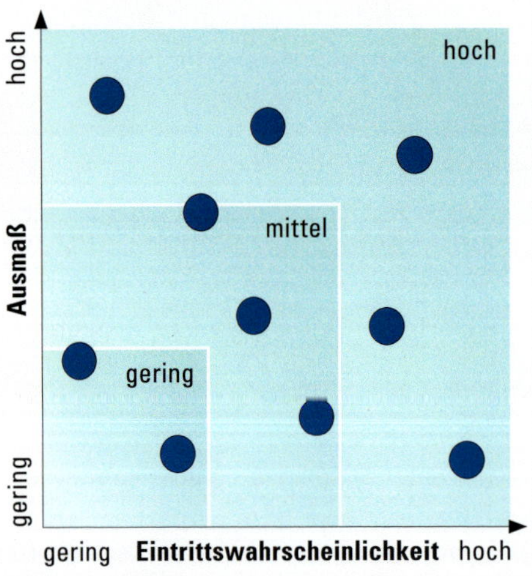

Abb. 17.1: Risiken bewerten und Priorisierungen vornehmen *Quelle: Inverto*

Risiken bewerten und Priorisierung vornehmen

Listet ein Unternehmen in regelmäßigen Abständen alle identifizierten Risiken auf, ist bereits eine solide Basis für die folgenden Schritte geschaffen. Damit aus dem Risikomanagement jedoch ein echter Mehrwert im Bedarfsfall entsteht, müssen die Verantwortlichen erkannte Risiken nach ihrer Dringlichkeit bewerten und entsprechende Maßnahmen vorbereiten.

Eine systematische Risikobewertung erfolgt in der Regel nach Eintrittswahrscheinlichkeit des Risikos und Ausmaß des möglichen Schadens. Das Ausmaß lässt sich dann anhand von quantitativen Daten wie dem Einkaufsvolumen, Rohmaterialanteilen oder Umsatzzahlen bestimmen. Die Erhöhung des Stahlpreises ist für ein Unternehmen beispielsweise nur dann ein hohes Risiko, wenn es die Steigerung selbst nicht weitergeben kann und strategisch wichtige oder in hohen Mengen beschaffte Waren einen hohen Stahlanteil aufweisen. Schwieriger, weil individueller, ist die Ermittlung der Eintrittswahrscheinlichkeit. In Teilen sind quantitative Daten öffentlich verfügbar und können direkt genutzt werden. Ein Beispiel dafür sind Indizes für Länderrisiken. Darüber hinaus müssen die Beteiligten aber auch eigene Daten erheben und dafür qualitative Faktoren, wie Expertenmeinungen und Marktentwicklungen, einbeziehen. Auch das Monitoring von Lieferanten anhand ihres Zahlungs- und Lieferverhaltens sowie eine Bewertung ihrer Unternehmenskennzahlen sind ratsam, um Lieferantenausfälle möglichst frühzeitig zu erkennen.

Abb. 17.2: Risiken entgegensteuern und Schäden vermeiden *Quelle: Inverto*

Mit der Bestimmung von Ausmaß und Eintrittswahrscheinlichkeit nutzen Unternehmen zwei Parameter, mit denen sich das Gefahrenpotenzial eines Risikos bewerten lässt. Eine dreistufige Einteilung in geringe, mittlere und hohe Risiken unter Berücksichtigung unternehmensspezifischer Faktoren hat sich dabei in der Praxis bewährt (siehe Abb. 17.2).

Um nun angemessen handeln zu können, empfiehlt es sich, für jede der drei Kategorien ein konkretes Maßnahmenpaket festzulegen, auf welches das Unternehmen bei Eintritt des Risikos zurückgreifen kann. Diese reichen von rein reaktiven Maßnahmen für geringe Risiken bis hin zu einer proaktiven Steuerung für hohe Risiken. So vermeiden die Verantwortlichen, im Ereignisfall spontan handeln zu müssen, was in der Regel einen wesentlich höheren zeitlichen und finanziellen Verlust mit sich bringt als ein vorab durchdachter Steuerungsprozess. Anstatt also in einer Krisensituation kurzfristig ohne Vorabsprachen reagieren zu müssen – beispielsweise durch Verhandlung mit alternativen Lieferanten –, sollte auf bereits im Vorfeld etablierte Kontakte und Konditionen zurückgegriffen werden können. Ein typisches Beispiel hierfür sind Dual-Sourcing-Strategien für stark risikobehaftete Warengruppen. Das Eruieren möglicher Maßnahmen ist dabei je nach Branche und Unternehmen individuell. So kann die oben besprochene Dual-Sourcing-Strategie innerhalb eines einzigen Unternehmens in der Automotive-Industrie je nach Einzelprodukt sehr sinnvoll oder gänzlich ungeeignet sein.

Unter den befragten Unternehmen, die sich heute bereits proaktiv mit der Bewertung und Steuerung ihrer Einkaufsrisiken beschäftigen, steht die Etablierung von Standards, wie die regelmäßige Bewertung von Lieferanten, mit einem Anteil von 80 Prozent an erster Stelle. Es folgen der Abschluss langfristiger Rahmenverträge (61 Prozent) und Dual-Sourcing-Strategien (46 Prozent). Obwohl diese zum Teil einfachen Maßnahmen als wichtige

Thibault Pucken ist Geschäftsführer der Inverto GmbH. Er verfügt über weitreichende Erfahrung im Supply Chain Management, dem strategischen Einkauf und der Unternehmensberatung.

Bausteine des Risikomanagements gelten, ist es sinnvoll, sie für eine effektive Steuerung durch professionellere Ansätze zu ergänzen. Diese sind aber leider noch wenig verbreitet. Lediglich 26 Prozent der Befragten setzen auf professionelles Hedging, obwohl gerade Hedging ein geeignetes Werkzeug ist, um Preis- und Versorgungsrisiken abzufedern. Durch Fixierung eines angemessenen Preises für einen zeitlich definierten Rahmen können Transaktionen gegen starke Preisschwankungen abgesichert werden. Des Weiteren nutzen nur 35 Prozent Unterstützungsprogramme für Lieferanten und nicht einmal die Hälfte (41 Prozent) setzt IT-gestützte Risiko-Früherkennungssysteme ein. Dabei sind die Möglichkeiten für solche Systeme im Zuge der Digitalisierung maßgeblich verbessert und in der Umsetzung vereinfacht worden.

Risiken überwachen und dabei flexibel bleiben

Viele Unternehmen schaffen es daher nicht, den letzten Schritt im Risikomanagement konsequent umzusetzen, da sie die ersten drei Schritte nur einmalig und nicht regelmäßig durchführen und viele Ergebnisse somit ungenutzt bleiben. Aufgrund der Volatilität von Märkten und Lieferanten sollte die Überwachung der Risiken und Maßnahmen in einem regelmäßigen Turnus erfolgen. Bei Veränderungen können so die festgehaltenen Ergebnisse zeitnah angepasst werden. Damit gelingt die Etablierung eines effizienten und strategischen Risikomanagements.

Prozess konsequent durchführen

Risiken in der Supply Chain wiegen schwer, doch dem Einkauf ist mit einem dezidierten Risikomanagement ein effektives Werkzeug zur Seite gestellt. Oft glauben Unternehmen, sich durch den Einsatz einiger einfacher Maßnahmen absichern zu können. Der zunehmenden Komplexität von Lieferketten trägt das aber in den wenigsten Fällen Rechnung.

Nur ein konsequent durchgeführter Risikomanagementprozess bringt zuverlässig gute Ergebnisse und trägt dazu bei, die Wettbewerbsfähigkeit des Unternehmens langfristig zu sichern.

Teil III –
60 führende Berater[1]

[1] Zusammengestellt von der Lünendonk & Hossenfelder GmbH, Mindelheim.

3k

Gründungsjahr	1999
Hauptsitz in Deutschland	Bonn
Anzahl der Hauptstandorte 2017 weltweit	–
Anzahl der Hauptstandorte 2017 in Deutschland	1
Berater weltweit 2017	–
Berater in Deutschland 2017	25

3k ist eine international tätige Transformationsberatung für das Topmanagement. Das Unternehmen aus Bonn begleitet internationale Konzerne, Mittelständler, Beratungsunternehmen und Organisationen aus dem öffentlichen Sektor bei Veränderungsprozessen.

Mit Produkten wie Transformationsberatung und Teambuilding implementieren die Berater unternehmensweite Veränderungsprozesse und Leistungssteigerungen im Team.

Schwerpunkt der Tätigkeit ist, das Verhalten von Mitarbeitern in Unternehmen auf die neuen Strategien und Veränderungen auszurichten.

3k wurde 1999 von Kerstin Karuschkat und Sabine Maas gegründet. Die Partnerebene und Transformationsmanager kommen aus den Bereichen Psychologie, Kommunikation und Betriebswirtschaft; sie verfügen über Trainingslizenzen und Zusatzausbildungen in systemischer Organisationsausbildung.

Referenzkunden sind unter anderem börsennotierte Unternehmen wie Deutsche Telekom, Siemens, Deutsche Post/ DHL, Lanxess, Siemens, Thyssenkrupp; mittelständische Unternehmen wie Adecco, Berliner Volksbank, DZ Bank, Deutsche Edelstahlwerke, Jägermeister, Miltenyi Biotec, Zwiesel, öffentlich-rechtliche Unternehmen wie Berliner Verkehrsbetriebe (BVG), BWB Berliner Wasserbetriebe sowie gemeinnützige Organisationen wie das Institut der deutschen Wirtschaft (IW).

3k Personalberatung GmbH
Venusbergweg 33
53115 Bonn
+49 (0)228 9714470
info@3k.de
www.3k.de

Interview mit Kerstin Karuschkat

Kerstin Karuschkat
3k Managing Director

Was unterscheidet 3k von einer klassischen Unternehmensberatung?

Wir arbeiten ausschließlich an der Exzellenz im Verhalten. Wir bringen die Mitarbeiter und Führungskräfte dazu, die notwendigen Veränderungen so zu akzeptieren, dass sie umsetzbar sind.

Arbeiten Sie mit anderen Beratungsfirmen zusammen?

Ja, sehr gern und intensiv. Oft werden wir beauftragt, die Konzepte der Top-5-Unternehmensberatungen umzusetzen. Das heißt wir erarbeiten mit dem Senior-Management-Team eines Unternehmens eine Roadmap, wie die Organisation die einzelnen Ergebnisse der Strategieberater implementieren kann. Dafür greifen wir auf Formate zurück, von denen wir wissen, dass die Mitarbeiter die Konzepte gut akzeptieren.

Wie machen Sie das?

Wir konzentrieren uns komplett auf die erfolgreiche Umsetzung und wissen, dass fast alle Mitarbeiter eines Unternehmens in der Lage sind, Veränderungen zu integrieren. Wir arbeiten mit Einzel- und Gruppenformaten, in denen die persönlichen Bedenken und Anregungen so bearbeitet werden, dass aus Blockadehaltung aktive Umsetzung wird.

Warum sollte man 3k beauftragen?

Wenn Sie Ihre Firma nachhaltig verändern wollen, sind wir Ihr Ansprechpartner. Wir wissen, wie man Menschen in Bewegung bringt, und unterstützen Führungsteams in der Umsetzung ihrer Strategien. Wir verwandeln emotionale Blockaden in erfolgreiche Transformationen. Aktuell arbeiten wir mit 70 Unternehmen an der Umsetzung ihrer Ideen. Dabei setzen wir auf ein Team von fest angestellten 3k-Psychologen und Business-Managern, die seit vielen Jahren zusammenarbeiten. Wir gestalten nationale und globale Transformationenprojekte auf Deutsch und Englisch, erfolgreich und langjährig. 80 Prozent unserer Kunden arbeiten mit uns schon seit mehr als zehn Jahren zusammen. Die Methodik unserer Workshop-Module und Coaching-Gespräche wird durch die tiefgreifende Expertise in der Weiterentwicklung von Verhalten sowie die praktischen Erfahrungen mit jährlich mehreren Tausend Teilnehmern entwickelt und evaluiert.

3k
COACHING
TEAMBUILDING
TRANSFORMATION

4flow

Gründungsjahr	2000
Hauptsitz in Deutschland	Berlin
Anzahl der Hauptstandorte 2017 weltweit	14
Anzahl der Hauptstandorte 2017 in Deutschland	6
Berater weltweit 2017	360
Berater in Deutschland 2017	240

Die 4flow AG vereint in ihrem Geschäftsmodell Logistikberatung, Logistiksoftware und 4PL-Dienstleistungen. 4flow Consulting begleitet Unternehmen im Bereich Logistik und Supply Chain Management von der Strategie bis zur Umsetzung. Reduzierte Kosten, optimierte Bestände und verbesserter Service sind typische Ergebnisse der umsetzungsorientierten Beratung.

Das Berliner Unternehmen realisiert jährlich mehr als 150 Projekte für große und mittlere Unternehmen. Kunden und Projekte sind international.

Der Beratungsfokus liegt auf den Branchen Fahrzeughersteller und Zulieferer, Handel und Konsumgüter, Erneuerbare Energien, Hightech und Telekommunikation, Pharma und Medizintechnik, Prozessindustrie, Maschinen- und Anlagenbau sowie auf dem Bereich Logistikdienstleistungen.

Die Beratungsfelder umfassen Strategie, Supply Chain Management, Digitalisierung, Transport und Netzwerk sowie Lean Management.

Referenzkunden sind unter anderem ABB, Audi, B. Braun, Bayer, Benteler, Beumer, BMW, Bosch, Brose, BSH, Continental, Coop, Daimler, DB Schenker, DM-Drogerie Markt, Edeka, E-Plus, Evonik, General Motors, Hornbach, Johnson Controls, Knorr-Bremse, Krauss-Maffei, Kühne + Nagel, Lear, Magna, MAN, Metro, Mondelēz International, Nordex, Roche, Schindler, Siemens, SMA Solar Technology, Tesa, Thyssenkrupp, Viessmann, Volkswagen und Volvo Cars.

4flow AG
Hallerstraße 1
10587 Berlin
+49 (0)30 397400
consulting@4flow.de
www.4flow.de

Accenture

Gründungsjahr	1989
Hauptsitz in Deutschland	Kronberg im Taunus
Anzahl der Hauptstandorte 2017 weltweit	mehr als 200 Standorte in 56 Ländern
Anzahl der Hauptstandorte 2017 in Deutschland	10
Berater weltweit 2017	k. A.
Berater in Deutschland 2017	k. A.

Accenture ist ein weltweit führendes Dienstleistungsunternehmen, das ein breites Portfolio von Services und Lösungen in den Bereichen Strategie, Consulting, Digital, Technologie und Operations anbietet. Mit umfassender Erfahrung und spezialisierten Fähigkeiten über mehr als 40 Branchen und alle Unternehmensfunktionen hinweg – gestützt auf das weltweit größte Delivery-Netzwerk – arbeitet Accenture an der Schnittstelle von Business und Technologie, um Kunden dabei zu unterstützen, ihre Leistungsfähigkeit zu verbessern und nachhaltigen Wert für ihre Stakeholder zu schaffen. Mit mehr als 425.000 Mitarbeitern, die für Kunden in über 120 Ländern tätig sind, treibt Accenture Innovationen voran.

Accenture erwirtschaftete im vergangenen Fiskaljahr (zum 31. August 2017) einen Nettoumsatz von 34,9 Milliarden US-Dollar.

Zu Accentures Kunden zählen weltweit mehr als 4.000 Organisationen. Dazu gehören 89 Unternehmen aus dem Fortune-Global-100-Index, drei Viertel der im Fortune Global 500 aufgelisteten Organisationen, 29 der DAX-30-Unternehmen sowie führende öffentliche Organisationen und Unternehmen in Deutschland, Österreich und der Schweiz.

Accenture GmbH
Campus Kronberg 1
61476 Kronberg im Taunus
+49 (0)6173 9499
www.accenture.de

AlixPartners

Gründungsjahr	1982
Hauptsitz in Deutschland	München
Anzahl der Hauptstandorte 2017 weltweit	mehr als 25
Anzahl der Hauptstandorte 2017 in Deutschland	2
Berater weltweit 2017	1.600
Berater in Deutschland 2017	100

AlixPartners ist ein global tätiges Beratungsunternehmen. Es unterstützt seine Kunden in komplexen Restrukturierungs- und Turnaround-Situationen und setzt Ertragssteigerungsprogramme um. Mit seinem Angebot richtet sich das Unternehmen an Manager und Unternehmer, Private-Equity-Investoren, Kreditgeber und Gläubiger sowie Rechtsanwälte und Insolvenzverwalter. AlixPartners hat mehr als 1.500 Mitarbeiter in weltweit über 25 Büros und ist seit dem Jahr 2003 mit eigenen Büros in Deutschland vertreten.

AlixPartners kombiniert Branchenexpertise und umfassende Erfahrung in Geschäftsprozessen mit tiefgreifendem Knowhow der operativen und finanziellen Restrukturierung. Die Führungsmannschaft hat langjährige Erfahrung und kann nachhaltige Erfolge in unterschiedlichsten komplexen Unternehmenssituationen verweisen.

Der Beratungsfokus liegt auf den Branchen Automobilindustrie, Bauindustrie, Chemie, Dienstleistungen, Handel und Konsumgüter, Hightech, Holzverarbeitung/Papier, Luftfahrt, Maschinen- und Anlagenbau, Medien, Metallverarbeitende Industrie, Pharma, Telekommunikation, Transport und Logistik, Versorgungsindustrie sowie Verteidigungsindustrie.

Die Beratungsfelder umfassen neben Restrukturierung und Turnaround auch die Bereiche Enterprise Improvement, Financial Advisory Services und Information Management Services.

AlixPartners GmbH
Sendlingerstraße 12
80331 München
+49 (0)89 20304000
info@alixpartners.com
www.alixpartners.de

A&M

Gründungsjahr	1983
Hauptsitz in Deutschland	München
Anzahl der Hauptstandorte 2017 weltweit	53
Anzahl der Hauptstandorte 2017 in Deutschland	3
Berater weltweit 2017	3.000
Berater in Deutschland 2017	100

Alvarez & Marsal (A&M) ist ein weltweit führender Anbieter von ganzheitlichen Wertsteigerungsprogrammen, Turnaround- und Sanierungsberatung sowie Interims-Management-Lösungen für Unternehmen. Das Beratungsunternehmen ist seit 1983 in Privatbesitz.

Im Zusammenwirken mit den Führungskräften und Stakeholdern der Mandanten berät A&M bei der Verbesserung von Umsatz und Rendite, erschließt neue Potenziale und schafft Werte. Die Spezialisten sind erfahrene Führungskräfte, erfahrene Berater und Branchenveteranen, die ihre Mandanten dabei unterstützen, aus Veränderungen strategischen Mehrwert zu schöpfen, Risiken zu kontrollieren und bei jedem Schritt eine Wertsteigerung zu erzielen.

Sich selbst beschreibt A&M als Beratungsunternehmen, das bekannt dafür sei, »dass wir knallhart nachfragen, gut zuhören, tief graben und uns die Hände schmutzig machen«.

Der Branchenfokus liegt auf Energie- und Versorgungswirtschaft, Finanzdienstleistern, Gesundheit, Immobilienwirtschaft, Non-Profit- und Bildungsorganisationen sowie dem öffentlichen Sektor.

Zu den Kunden gehören Unternehmen, Investoren und Regierungsstellen.

Alvarez & Marsal Deutschland GmbH
Thierschplatz 6
80538 München
+49 (0)89 71040600
www.alvarezandmarsal.de

Aon Hewitt

Gründungsjahr	2010 (Merger Aon und Hewitt)
Hauptsitz in Deutschland	München
Anzahl der Hauptstandorte 2017 weltweit	in 50 Ländern vertreten
Anzahl der Hauptstandorte 2017 in Deutschland	5
Berater weltweit 2017	11.000
Berater in Deutschland 2017	290

Aon Hewitt ist einer der weltweit führenden Anbieter von Services im Bereich Human Resources. Das Unternehmen ermöglicht Kunden eine bessere Sicherung ihrer Zukunftsfähigkeit durch moderne Vorsorge-, Talent- und Gesundheitslösungen.

In Deutschland wird ein breites Spektrum an Lösungen mit den Schwerpunkten betriebliche Altersversorgung, Vergütung und Talentmanagement angeboten. Die Services reichen von der Beratung über die Einrichtung und Umsetzung von Lösungen bis hin zur laufenden Betreuung und Administration.

Aon Hewitt ist weltweit in allen wichtigen Ländern vertreten und agiert global vernetzt. Zu den Kunden zählen Unternehmen aller Größenordnungen und Branchen, darunter sowohl große multinationale Konzerne als auch kleinere mittelständische Unternehmen. In der betrieblichen Altersversorgung betreut Aon Hewitt einen Großteil der DAX-30-Unternehmen, ist führender Aktuar im Durchführungsweg Pensionskasse, administriert vielfältige Arten von Versorgungswerken und hat Erfahrung in der Zusammenarbeit mit allen namhaften Versicherern.

Aon Hewitt ist Teil des Aon-Konzerns. Über die Beratung im Bereich Human Resources hinaus ist Aon führender globaler Dienstleister für Risikomanagement und Versicherungs- und Rückversicherungsmakler. Weltweit arbeiten für Aon 50.000 Mitarbeiter in 120 Ländern. In Deutschland sind die Berater und Experten an den Standorten Hamburg, Mülheim an der Ruhr, München, Stuttgart und Wiesbaden vor Ort.

Aon Hewitt GmbH
St.-Martin-Straße 58–68
81541 München
+49 (0)89 532050
info.de@aonhewitt.com
www.aonhewitt.de

Arthur D. Little

Gründungsjahr	1886
Hauptsitz in Deutschland	Frankfurt am Main
Anzahl der Hauptstandorte 2017 weltweit	32
Anzahl der Hauptstandorte 2017 in Deutschland	2
Berater weltweit 2017	k. A.
Berater in Deutschland 2017	k. A.

Arthur D. Little ist die älteste Managementberatung der Welt. Sie wurde 1886 in Boston, USA, gegründet. Das Beratungsunternehmen steht heute für die Verknüpfung von Strategie, Innovation und Transformation in technologieintensiven und konvergierenden Branchen. Arthur D. Little bietet ein durchgehendes Beratungsangebot von der Strategieentwicklung bis zur Umsetzung der Maßnahmen. Die Lösungen helfen den Unternehmen und Organisationen, einschneidende Disruptionen aktiv zu gestalten.

Arthur D. Little berät weltweit führende Fortune-500-Unternehmen sowie andere Marktführer und Organisationen des öffentlichen Sektors in Strategie-, Innovations- und Transformationsprojekten mit verschiedenen Zielsetzungen.

Die globale Präsenz des Unternehmens mit 32 Standorten in den wichtigsten Industrie- und Schwellenländern in Europa, Nord- und Südamerika sowie Asien ermöglicht den Kunden von Arthur D. Little Zugang zu Know-how aus und über die wichtigsten Märkte unserer Zeit.

Der Fokus liegt auf den Branchen Automobilindustrie, Chemie, Energie- und Versorgungswirtschaft, Engineering, Fertigungsindustrie, Finanzdienstleistungen, Gesundheit, Handel und Konsumgüter, Maschinen- und Anlagenbau, Telekommunikation, Informationstechnologie, Medien- und Unterhaltungsindustrie, Transport und Tourismus.

Arthur D. Little GmbH
The Squaire
60600 Frankfurt am Main
+49 (0)69 4500980
info.germany@adlittle.com
www.adlittle.de

A.T. Kearney

Gründungsjahr	1926
Hauptsitz in Deutschland	Düsseldorf
Anzahl der Hauptstandorte 2017 weltweit	60
Anzahl der Hauptstandorte 2017 in Deutschland	3
Berater weltweit 2017	3.300
Berater in Deutschland 2017	550

A.T. Kearney zählt zu den weltweit führenden Unternehmensberatungen für das Topmanagement und berät sowohl global tätige Konzerne als auch führende mittelständische Unternehmen und öffentliche Institutionen. Im Mittelpunkt stehen dabei die Themen Wachstum und Digitalisierung, Innovation und Nachhaltigkeit sowie die Optimierung von komplexen Produktions- und Lieferketten.

A.T. Kearney wurde 1926 in Chicago gegründet. 1964 eröffnete in Düsseldorf das erste Büro außerhalb der USA. Heute beschäftigt A.T. Kearney mehr als 3.600 Mitarbeiter in mehr als 40 Ländern der Welt. Seit 2010 berät das Unternehmen Klienten klimaneutral.

Der Branchenfokus liegt auf der Automobil- und Zulieferindustrie, der Chemie, der Energie- und Versorgungswirtschaft, Engineering und Stahl, Finanzdienstleistungen, Industriegütern und -dienstleistungen, den Bereichen Kommunikation, Medien und Technologie, Konsumgüterindustrie und Handel, Luft- und Raumfahrt/Verteidigung, öffentlicher Sektor, Pharmaindustrie und Gesundheitswesen, Private Equity und dem Bereich Transport, Touristik und Infrastruktur.

Die Beratungen umfassen die Felder Analytics, Beschaffung, Digital Transformation, Innovation, Marketing & Sales, Mergers & Acquisitions, Nachhaltigkeit, Operations, Organisation & Transformation, Strategie sowie Strategische IT.

A.T. Kearney GmbH
Dreischeibenhaus 1
40211 Düsseldorf
+49 (0)211 13770
marcom@atkearney.de
atkearney.com

Bain & Company

Gründungsjahr	1973
Hauptsitz in Deutschland	München
Anzahl der Hauptstandorte 2017 weltweit	55
Anzahl der Hauptstandorte 2017 in Deutschland	4
Berater weltweit 2017	4.750
Berater in Deutschland 2017	580

Bain & Company ist eine der weltweit führenden Managementberatungen und unterstützt Unternehmen bei wichtigen Entscheidungen zu Strategie, Operations, Informationstechnologie, Organisation, Private Equity, digitale Strategie und Transformation sowie M&A – und das industrie- wie länderübergreifend. Gemeinsam mit seinen Kunden arbeitet Bain darauf hin, klare Wettbewerbsvorteile zu erzielen und damit den Unternehmenswert nachhaltig zu steigern. Im Zentrum der ergebnisorientierten Beratung stehen das Kerngeschäft des Kunden und Strategien, aus einem starken Kern heraus neue Wachstumsfelder zu erschließen. Seit der Gründung 1973 lässt sich Bain an den Ergebnissen seiner Beratungsarbeit messen.

Langjährige Kundenbeziehungen sind ebenso tragendes Element der Arbeit von Bain wie die Empfehlungen begeisterter Kunden. Das Unternehmen ist Pionier der ergebnis- und umsetzungsorientierten Managementberatung mit einem daran gekoppelten Vergütungsmodell. Seiner Beratungsethik fühlt sich das Unternehmen dabei seit jeher verpflichtet: Klartext reden und gemeinsam mit dem Kunden um die beste Lösung ringen. Bain-Kunden, die von den weltweiten Kompetenzzentren für Branchenthemen und funktionale Aufgaben profitieren, haben sich nachweislich im Wettbewerb erfolgreicher entwickelt als ihre Konkurrenten. Bain unterhält 55 Büros in 36 Ländern und beschäftigt weltweit 7.000 Mitarbeiter, 800 davon im deutschsprachigen Raum. Dort ist das Unternehmen in München, Düsseldorf, Frankfurt, Berlin und Zürich vertreten.

Bain & Company Germany, Inc.
Karlsplatz 1
80335 München
+49 (0)89 51230
info@bain.de
www.bain.de

Barkawi Management Consultants

Gründungsjahr	1994
Hauptsitz in Deutschland	München
Anzahl der Hauptstandorte 2017 weltweit	7
Anzahl der Hauptstandorte 2017 in Deutschland	1
Berater weltweit 2017	k. A.
Berater in Deutschland 2017	ca. 100

Barkawi Management Consultants ist eine international tätige Managementberatung mit den Schwerpunkten Supply Chain Management und After Sales Services. Barkawi beschäftigt heute mehr als 200 Mitarbeiter und unterhält Standorte in München, Wien, Riad, Dubai, Shenzhen, Shanghai und Atlanta.

Barkawi berät seine Kunden von der Strategieentwicklung bis zur Übernahme operativer Verantwortung in der Umsetzung. Zu den Consulting-Kunden von Barkawi zählen global agierende Unternehmen mit logistisch komplexen Geschäftsmodellen, wie zum Beispiel Airbus, Coca-Cola, Daimler, General Electric, Henkel, Siemens und viele mehr.

Die Beratungsgesellschaft wurde mehrfach als Hidden Champion und im Rahmen des Wettbewerbs »Best of Consulting« ausgezeichnet. Als Beratungs-Spezialist lag sie im Bereich Supply Chain Management wiederholt im Ranking vor den großen internationalen Strategieberatungen. Die *Wirtschaftswoche* bezeichnet das Unternehmen als »hoch spezialisierte Beratungs-Boutique, die unter deutschen Vorständen als Edeladresse für Supply Chain Management gehandelt wird«.

Zusätzlich verfolgt Barkawi einen eigenen unternehmerischen Ansatz: Immer wieder entstehen unter dem Barkawi-Dach aus innovativen Business-Ideen erfolgreiche Start-ups. Zur Barkawi Group gehören mittlerweile acht Unternehmen, die 1.200 Mitarbeiter in 20 Ländern beschäftigen. Deshalb nennt man Barkawi auch die Unternehmer unter den Beratern. Diese Unternehmen bieten eine interessante Karriere-Option für ehemalige Berater.

Barkawi Management Consultants
Baierbrunner Straße 35
81379 München
+49 (0)89 7498260
info@barkawi.com
www.barkawi.com

BearingPoint

Gründungsjahr	1969
Hauptsitz in Deutschland	Frankfurt am Main
Anzahl der Hauptstandorte 2017 weltweit	37
Anzahl der Hauptstandorte 2017 in Deutschland	8
Berater weltweit 2017	3.800
Berater in Deutschland 2017	1.450

BearingPoint ist eine unabhängige partnergeführte Management- und Technologieberatung mit europäischen Wurzeln und globaler Reichweite. Das Unternehmen agiert in drei Bereichen: Consulting, Solutions und Ventures. Consulting umfasst das klassische Beratungsgeschäft; Solutions fokussiert auf eigene technische Lösungen in den Bereichen Digital Transformation, Regulatory Technology sowie Advanced Analytics; Ventures treibt die Finanzierung und Entwicklung von Startups voran. Das globale Beratungs-Netzwerk von BearingPoint mit mehr als 10.000 Mitarbeitern unterstützt Kunden in über 75 Ländern und engagiert sich gemeinsam mit ihnen für einen messbaren und langfristigen Geschäftserfolg.

Die Beratungsgesellschaft unterhält langjährige Beziehungen zu vielen der weltweit führenden Unternehmen und Organisationen. Zu den rund 1.000 Kunden gehören mehr als 20 der 30 DAX-Unternehmen, die Top 5 der deutschen Banken und die Top 5 der deutschen Versicherungen, 11 Bundesministerien, zahlreiche Behörden der Landesverwaltungen und die Europäische Kommission.

Die Beratungsfelder umfassen über alle Industriebereiche hinweg die Schwerpunktthemen Digitalisierung, Regulierung und Nachhaltigkeit. Neben der Beratungsexpertise bietet das Unternehmen eigene Software-Lösungen wie Abacus für das aufsichtsrechtliche Meldewesen, den Emissionsrechner LogEC zur Reduzierung von CO_2-Emissionen sowie das Big-Data-Tool HyperCube zur Analyse exponentiell anwachsender Datenmengen. Für die Digitalwirtschaft und Plattform-basierte Geschäftsmodelle hat BearingPoint mit Infonova R6 eine Digital Ecosystem Management-Plattform entwickelt, die industriespezifische und branchenübergreifende Geschäftsmodelle für Unternehmen aus verschiedenen Dienstleistungsbranchen ermöglicht.

BearingPoint GmbH
Speicherstraße 1
60327 Frankfurt am Main
+49 (0)69 130220
www.bearingpoint.com

Interview mit Kiumars Hamidian

Kiumars Hamidian
Mitglied des globalen Management-Teams bei BearingPoint

Als langjähriges Mitglied des Management Boards, nun als Deutschland-Chef bei BearingPoint: Wie würden Sie das letzte Jahr beschreiben?

2017 war mit zweistelligem Umsatzplus wieder ein starkes Wachstumsjahr. Darauf blicke ich stolz zurück. Themen wie Digitalisierung, Regulierung, Analytics und Robotics, aber auch Innovationsentwicklung waren prägend. Besonders im Bereich Digitalisierung konnten wir unsere Marktposition ausbauen und wurden von der *Wirtschaftswoche* zum zweiten Mal als Digital Champion prämiert. Unser Solutions-Geschäft haben wir um- und ausgebaut und blicken mit fokussiertem Produktportfolio in eine vielversprechende, innovationsreiche Zukunft.

Das klingt nach einer sehr guten Ausgangsbasis für 2018. Doch wie sieht es beim Thema Nachwuchs und Mitarbeiterentwicklung aus? Wo liegen Ihre Schwerpunkte?

Um Erfolg auszubauen, braucht es engagierte, smarte und motivierte Mitarbeiter. Allein in Deutschland haben wir 2017 im dreistelligen Bereich rekrutiert. Im Fokus standen ganz gezielt das Hochschulmarketing sowie verbesserte breitere Angebote für Praktikanten. Mit Initiativen wie unserem studentischen Ideenwettbewerb »Be an Innovator« fördern wir früh junge kreative Talente. Ein weiterer Schwerpunkt liegt ganz klar auf dem Thema Diversity. Wir wollen ein möglichst vielfältiges Team mit unterschiedlichen Talenten und Eigenschaften, um die Fragestellungen unserer Kunden möglichst ganzheitlich angehen zu können. Unsere Mitarbeiter fördern wir umfassend bei der beruflichen Weiterentwicklung durch individuell zugeschnittene Angebote, Karrierewege und den Zugang zu unseren firmenweiten Schulungsprogrammen.

Förderung ist die eine Sache. Doch welche Perspektive können Sie für die Zukunft aufzeigen und wohin steuert BearingPoint in Deutschland?

Der Fokus unserer Arbeit wird sowohl 2018 als auch in den Folgejahren auf der Implementierung von Prozessen und Geschäftsmodellen im Rahmen der digitalen Transformation liegen. Ob verbesserte Customer Experience oder effizienteres Performance Management – es braucht neue Arbeits- und Beratungsmethoden, um Kunden innovative Wege aufzuzeigen. Wir werden unseren Ventures-Bereich weiter vorantreiben, innovative Produkte entwickeln und die Gründung bzw. Finanzierung von Start-ups fördern. Das bietet unseren Mitarbeitern spannende Einblicke. Mit dem Dreiklang aus Consulting, Solutions und Ventures stehen wir unseren Kunden in allen zentralen Fragestellungen zur Seite.

BearingPoint®

Berylls

Gründungsjahr	2011
Hauptsitz in Deutschland	München
Anzahl der Hauptstandorte 2017 weltweit	6
Anzahl der Hauptstandorte 2017 in Deutschland	2
Berater weltweit 2017	40
Berater in Deutschland 2017	30

Berylls Strategy Advisors ist eine auf die Automobilindustrie spezialisierte Managementberatung mit Büros in München, Berlin, Baar (Schweiz), Detroit, Shanghai und Leamington Spa (Großbritannien), Seoul.

Zu den Kunden zählen Automobilhersteller, Automobilzulieferer, Engineering-Dienstleister, Ausrüster und Investoren. Im Fokus der Beratung stehen besonders Innovations- und Wachstumsstrategien, Begleitung von Mergers & Acquisitions, Organisationsentwicklung und Transformation sowie Maßnahmen zur Ergebnisverbesserung entlang der gesamten Wertschöpfungskette.

Im Mai 2017 eröffnete das Unternehmen in Berlin eine neue digitale Einheit, Berylls Digital Ventures. Die Beratung unterstützt dabei, die Geschäftsmodelle von OEMs, Zulieferern und Entwicklungsdienstleistern zu digitalisieren und zu transformieren.

Die Beratungsteams verfügen über langjährige Erfahrung und Expertise aus 500 weltweiten Projekten. Unterstützt von spezialisierten Kooperationspartnern, verfügt Berylls über tiefes technologisches Know-how, breites Marktverständnis und leistungsfähige Netzwerke.

Berylls Strategy Advisors GmbH
Maximilianstraße 34
80539 München
+49 (0)89 710410400
info@berylls.com
www.berylls.com

Camelot Management Consultants

Gründungsjahr	1996
Hauptsitz in Deutschland	Mannheim
Anzahl der Hauptstandorte 2017 weltweit	8
Anzahl der Hauptstandorte 2017 in Deutschland	3
Berater weltweit 2017	1.700 (Camelot Group)
Berater in Deutschland 2017	400

Die Camelot Management Consultants AG ist eine der weltweit führenden Managementberatungen für die Optimierung von Wertschöpfungs- und Lieferketten mit Fokus auf der Prozess-, Konsumgüter- und Fertigungsindustrie. Sie gilt als einer der globalen Pioniere für Demand-Driven Supply Chain Management.

Camelot verfolgt einen integrierten Beratungsansatz. Das Unternehmen begleitet Kunden bis zur nachhaltigen Umsetzung der erarbeiteten Strategien und Konzepte. Dazu arbeitet es eng mit den Technologie- und Implementierungs-Spezialisten innerhalb der internationalen Camelot-Gruppe zusammen.

Rund um die Kernkompetenz Value Chain Management bietet die Managementberatung eine umfassende Bandbreite an Dienstleistungen an. Die Beratungsfelder umfassen die Bereiche Strategy & Business Model Innovation, Business Transformation & Organization, Supply Chain Management, Sourcing & Network Collaboration, Operations & Manufacturing, Logistics & Distribution, Sales & Customer Centricity, Finance & Performance Management, Information & Data Management sowie Digital Transformation.

Die Berater verfügen über einen praktischen Industrie- und Management-Hintergrund.

Camelot Management Consultants AG
Theodor-Heuss-Anlage 12
68165 Mannheim
+49 (0)621 862980
office@camelot-mc.com
www.camelot-mc.com

Capco

Gründungsjahr	1998
Hauptsitz in Deutschland	Frankfurt am Main
Anzahl der Hauptstandorte 2017 weltweit	25
Anzahl der Hauptstandorte 2017 in Deutschland	2
Berater weltweit 2017	2.560
Berater in Deutschland 2017	250

Capco – The Capital Markets Company GmbH ist ein global agierender Anbieter von Beratungs-, Digital-, Technologie- und Transformationsdienstleistungen. Das Beratungsunternehmen deckt die gesamte Wertschöpfungskette von der Strategie bis zur Umsetzung ab. Neben dem besonderen Fokus auf der Banken- und Finanzdienstleistungsbranche berät Capco auch Unternehmen aus dem Energiesektor.

Die Beratungsfelder umfassen die Bereiche Digital, Business Change and Cost Transformation, Finance, Risk & Compliance, Data & Technology Solutions, Technology Delivery.

1998 in Belgien gegründet, ist das Unternehmen heute mit 25 Büros in den führenden Finanzmetropolen in Europa, Nord- und Südamerika und Asien vertreten. Den deutschen Markt bedient Capco von Frankfurt am Main und Düsseldorf aus. Insgesamt arbeiten in Deutschland 10 Partner und rund 300 Mitarbeiter für das Unternehmen.

Capco – The Capital Markets Company GmbH
Opernplatz 14
60313 Frankfurt
+49 (0)69 97609000
germany@capco.com
www.capco.de

Capgemini Consulting

Gründungsjahr	1967[1]
Hauptsitz in Deutschland	München
Anzahl der Hauptstandorte 2017 weltweit	in über 40 Ländern, über 300 Büros[1]
Anzahl der Hauptstandorte 2017 in Deutschland	12
Berater weltweit 2017	k. A.
Berater in Deutschland 2017	k. A.

Capgemini Consulting ist die globale Strategie- und Transformationsberatung der Capgemini-Gruppe. Sie ist spezialisiert auf die Beratung und Begleitung von Unternehmen bei tiefgreifenden Transformationen, von der innovativen Digital-Strategie bis zur ergebnisorientierten Umsetzung.

Ziel der Beratung ist es, im Wettlauf der Digitalisierung für führende Unternehmen aller Industrien und öffentliche Institutionen den entscheidenden Vorsprung in der digitalen Transformation zu erzielen. Als Wissenschaftspartner steht mit dem Massachusetts Institute of Technology (MIT) eine der weltweit führenden Universitäten als Netzwerkpartner zur Verfügung.

Mit eigenen Marken wie Fahrenheit 212 und Idean verstärkt Capgemini Consulting die Vernetzung von Strategie, Kreativität und Technologie.

Die Beratungsfelder umfassen Big Data und Analytics, Business & Technology Innovation, Corporate Excellence, Cyber Security, Digital Customer Experience, Digital Strategy, Engineering & Product Excellence, Executive Leadership & Change Management, Program Management, Risk & Regulatory und Supply Chain Management.

Die Capgemini-Gruppe ist mit mehr als 190.000 Mitarbeitern der weltweit führende Anbieter von Beratung und Business Services europäischen Ursprungs.

[1] Capgemini-Gruppe

Capgemini Consulting
Olof-Palme-Straße 14
81829 München
+49 (0)89 383380
ccmarketing.de@capgemini.com
www.capgemini.com/consulting-de

Cassini Consulting

Gründungsjahr	2006
Hauptsitz in Deutschland	Düsseldorf
Anzahl der Hauptstandorte 2017 weltweit	5
Anzahl der Hauptstandorte 2017 in Deutschland	5
Berater weltweit 2017	200
Berater in Deutschland 2017	200

Cassini ist eine 2006 gegründete Management- und Technologieberatung, die mit 200 Beratern von den Standorten Düsseldorf, Berlin, Hamburg, Frankfurt, Stuttgart und München aus agiert.

Das Portfolio umfasst Business-, IT-Strategie-, Technologie- und Projektberatung. Im Fokus stehen Themen wie Digitale Transformation, Internet of Things, flexible IT, agile Prozesse und die digitale Verwaltung. Zu den Kunden gehören DAX-Konzerne, Bundesbehörden und Mittelständler.

Im Ranking »Beste Berater« des Wirtschaftsmagazins *Brand eins Wissen* ist Cassini regelmäßig platziert, 2017 in den Beratungsfeldern »IT-Strategie« sowie »Technologie & Telekommunikation«.

Cassini Consulting GmbH
Bennigsen-Platz 1
40474 Düsseldorf
+49 (0)211 65854133
info(@)cassini.de
www.cassini.de

Change2target

Gründungsjahr	2006
Hauptsitz in Deutschland	München
Anzahl der Standorte 2017 weltweit	7
Anzahl der Standorte 2017 in Deutschland	2
Berater weltweit 2017	k. A.
Berater in Deutschland 2017	k. A.

Change2target (Eigenschreibweise: change2target) mit Hauptsitz in München und Büros in Europa, Amerika und Asien ist eine führende Managementberatung für kundenorientierte Wertschöpfung. Das Leistungsspektrum reicht von klassischer Effizienzsteigerung im Rahmen von Operational Excellence-Projekten – insbesondere für Lieferanten weltweit – bis hin zur Optimierung im Sales und After Sales Service. Im Ersatzteilgeschäft für Automobil- und andere Industrieunternehmen ist das Unternehmen Partner für Vertrieb und Logistik. 2006 in Köln gegründet, hat der Experte für operative Themen und Unternehmensprozesse das Leistungsspektrum konsequent um Lösungen erweitert, die sich im Zusammenhang mit der Digitalisierung ergeben.

Wesentlich ist für Change2target die Kombination von internem und externem Kundenblick, der durch die Etablierung des Hybrid Consultings, der Kombination aus Managementberatung und Interim Staffing, fest im Beratungsprozess verankert ist. Das Wirtschaftsmagazin *Brand eins* wertete dieses Modell als »kluge Strategie«. Aus einem Pool von mehr als 160 Experten sind Berater in 25 Ländern für namhafte Groß- und mittelständische Unternehmen aus der Automobilindustrie sowie aus den Branchen Chemie, Energie und Pharma im Einsatz.

Change2target Group GmbH
Maximilianstraße 13
80539 München
+49 (0)89 203006250
www.change2target.com

Ein Nomade in Zeiten der Digitalisierung

Martin Fischer
Vorsitzender der Geschäftsführung
Change2target
info@change2target.com

Es heißt, mit dem Sesshaftwerden habe die Zivilisation begonnen. Lässt nun die Digitalisierung endlich auch uns Berater in den Kreis der zivilisierten Hochkulturen aufsteigen? Unser Berufsalltag lässt es heute noch nicht erkennen: Wir verbringen die Woche bei unseren Kunden, ganz gleich, wo. Montags begeben wir uns auf die Reise und donnerstags oder freitags kehren wir wieder heim. Unsere wichtigsten Utensilien packen wir Woche für Woche in den Koffer. Die Abende unter der Woche verbringen wir mit Teamkollegen im Hotel, tauschen Erfahrungen aus und geben uns gegenseitig Tipps. Und sonntagabends bereiten wir unser Leben als Berufsnomaden für die nächste Woche aufs Neue vor.

Warum sind wir so häufig bei unseren Kunden vor Ort? Weil wir dort auf direktem Wege unseren Mehrwert erbringen. Wird dieses Grundprinzip durch die Digitalisierung jetzt infrage gestellt? Ja, auf jeden Fall – sagen die einen. Gerade die informations- und wissensbasierten Elemente der Beratung werden immer mehr durch Big-Data-Lösungen ersetzt und den Kunden über gut strukturierte, webbasierte Reportingsysteme oder Bots zur Verfügung gestellt. So entwickelt sich Google aufgrund seiner Informationsfülle zu einem großen Konkurrenten der strategischen Beratung. Methoden zur Anlayse und Beurteilung von Unternehmenssituationen, ganz gleich ob strategisch oder operativ, werden immer mehr als Algorithmen ins Internet verlagert.

Nein, auf keinen Fall ersetzt die Digitalisierung die Vor-Ort-Beratung – sagen die anderen. Denn an ihre Grenzen stößt die Digitalisierung, wenn es um Mitarbeiter- und Führungskräftecoaching geht. Die Veränderungen im Arbeitsalltag, die nicht durch neue Informations- und Kommunikationssysteme gelöst werden können, bedürfen der direkten Vor-Ort-Betreuung. Remote-Beratung erscheint wenig zielführend, bedenkt man, dass Angst ein Haupttreiber für Widerstand gegen Veränderung ist. Und diese Angst nimmt im Zuge der Digitalisierung deutlich zu. Immer wenn es »menschelt«, kommt Beratern eine Sonderrolle zu: Als Coaches betreuen wir Führungskräfte und Mitarbeiter unserer Kunden vor Ort und begleiten sie in die Zukunft.

Somit haben beide Seiten Recht. Denn ein Teil von uns wird weiterhin wie Nomaden durch die Welt reisen. Allerdings unterstützen uns Algorithmen und Wissenssysteme dabei, noch fokussierter und effizienter zu arbeiten. Aber am Ende bleibt gerade die Implementierungsberatung People Business vor Ort.

change 2 target

Consileon

Gründungsjahr	2001
Hauptsitz in Deutschland	Karlsruhe
Anzahl der Hauptstandorte 2017 weltweit	10
Anzahl der Hauptstandorte 2017 in Deutschland	6
Berater weltweit 2017	350
Berater in Deutschland 2017	320

Die Consileon-Gruppe vereint mittelständische inhabergeführte Management- und IT-Beratungshäuser aus fünf europäischen Ländern. Sie bietet Strategieberatung samt organisatorischer und technischer Umsetzung aus einer Hand. Muttergesellschaft ist die Consileon Business Consultancy (CBC) GmbH aus Karlsruhe.

Das Beratungsfeld erstreckt sich vom nachhaltigen Geschäftsmodell über Expansion, Devestition, Outsourcing, Unternehmensarchitektur, Datenanalyse, Vertriebseffizienz, Multichannel und Digitalisierung bis zur IT-Sicherheit. Zur technischen Realisierung setzt die Gruppe neben Individualsoftware auch Standardprodukte ein.

Die Gruppe verzeichnet seit der Gründung 2001 zweistellige Wachstumsraten. Sie zählt heute rund 350 Mitarbeiter. 70 Prozent der Berater haben an Elitehochschulen studiert, 20 Prozent sind promoviert. Consileon pflegt die Zusammenarbeit mit renommierten Hochschulen. Ein prominent besetzter Beirat steht der Geschäftsleitung in marktstrategischen, organisatorischen und personellen Fragen zur Seite.

Zu den Klienten gehören öffentliche Institutionen ebenso wie regionale Unternehmen und Weltkonzerne, unter anderem aus der Automobilindustrie, der Finanzwirtschaft, dem Handel, der Pharmaindustrie, der Energiewirtschaft und der Telekommunikation.

Im Ranking der besten Berater im Branchenreport Consulting von Statista und *Brand eins Wissen* sind die Unternehmen der Consileon-Gruppe regelmäßig platziert, 2017 unter anderem in den Kategorien IT-Strategie und IT-Implementierung.

Consileon Business Consultancy GmbH
Maximilianstraße 5
76133 Karlsruhe
+49 (0)721 3546080
info@consileon.de
www.consileon.de

Core

Gründungsjahr	2010
Hauptsitz in Deutschland	Berlin
Anzahl der Hauptstandorte 2017 weltweit	4
Anzahl der Hauptstandorte 2017 in Deutschland	1
Berater weltweit 2017	12
Berater in Deutschland 2017	91

Core versteht sich als Experte für Transformation Engineering. Das Beratungsunternehmen mit Standorten in Berlin, Dubai, London und Zürich begleitet das Management komplexer IT-Transformationen von Unternehmen und Marktteilnehmern, für die IT einen überproportional hohen Wertbeitrag zum Geschäftserfolg leistet. Mit seinem Leistungsspektrum deckt es große Teile der IT-Wertschöpfungskette ab – beginnend bei der Analyse von Marktentwicklungen über die Gestaltung der (IT-)Strategie sowie die Definition und Steuerung konkreter Umsetzungsprojekte bis hin zur Implementierung und zum Betrieb.

Core stellt seinen Klienten hybride Teams für die Bearbeitung von komplexen strategischen Fragestellungen im Zusammenhang mit Technologieeinsatz zur Verfügung; dazu verknüpfte die Beratungsgesellschaft in einer parallelen Aufstellung Management-Consulting-Skills mit Technologie-Expertise.

Die Kunden von Core kommen aus den Branchen Automobilindustrie, Banken und Versicherungen, Biotechnologie und dem öffentlichen Sektor. Im Bankensektor gehören die Klienten nach eigenen Aussagen zu den global führenden Institutionen der Kreditwirtschaft. Im Jahr 2016 setzte Core 85 Projekte um.

Core SE
Am Sandwerder 21–23
14109 Berlin
+49 (0)30 26344020
office@core.se
www.core.se

CP Consultingpartner

Gründungsjahr	2008
Hauptsitz in Deutschland	Köln
Anzahl der Hauptstandorte 2017 weltweit	2
Anzahl der Hauptstandorte 2017 in Deutschland	2
Berater weltweit 2017	120
Berater in Deutschland 2017	120

CP Consultingpartner ist spezialisiert auf die Beratung im Bereich des risiko- und ergebnisorientierten Managements – von der Strategiedefinition und operativen Umsetzung bis zur Begleitung der Prozesse des Controllings und der Finanzberichterstattung. Das Unternehmen mit Sitz in Köln und Ahlen berät seit mehr als 15 Jahren Institute aus allen Sparten des Bankensektors und begleitet Projekte für Leasing- und Factoring-Gesellschaften. Es verfügt zudem über langjährige Beratungsexpertise bei Industrie- und Handelsunternehmen, Unternehmen der Energiewirtschaft sowie Kommunen und deren Beteiligungsgesellschaften.

Bratungsfelder sind Aufsichtsrecht/Compliance, Ergebnissteuerung, IT Solutions, Organisation/Prozessmanagement, Rechnungswesen, Risikomanagement, Unternehmenssteuerung und Vertriebssteuerung.

CP Consultingpartner ist ein Unternehmen der Gruppe CP BAP.

CP Consultingpartner AG
Venloer Straße 53
50672 Köln
+49 (0)221 474520
info@cp-bap.de
www.cp-bap.de

Deloitte Consulting

Gründungsjahr	1960
Hauptsitz in Deutschland	Düsseldorf
Anzahl der Hauptstandorte 2017 weltweit	k. A.
Anzahl der Hauptstandorte 2017 in Deutschland	16
Berater weltweit 2017	k. A.
Berater in Deutschland 2017	2.027

Deloitte Consulting ist führend in allen Bereichen der digitalen Transformation tätig. Die Unternehmensberater entwickeln Gesamtlösungen von der Strategie bis zur Technologie und setzen diese um. Sie nutzen ganzheitliche Ansätze, die sich an den spezifischen Gegebenheiten der jeweiligen Unternehmen und ihrer Branchen orientieren, und agieren unternehmerisch im Sinne der Kunden. Die Berater arbeiten in einem globalen Netzwerk mit ihren Kunden und führenden Technologieanbietern zusammen.

Die Beratungsfelder umfassen alle klassischen Services in den Bereichen Innovation, Strategie, Operations (funktional wie auch branchenspezifisch) inklusive Technologie mit Schwerpunkten bei Standards, digitaler Transformation und Advanced Analytics. In den Kompetenzzentren wie dem Blockchain Institute, dem Deloitte Analytics Institute, dem Neuroscience Institute, den Digital Studios, einem Business Building Center und der Digital Factory werden Strategien und Lösungen in Lab-Formaten gemeinsam mit den Kunden entwickelt.

Deloitte berät Unternehmen in den Branchen Automotive, Banken und Versicherungen, Chemie und Special Materials, Energie und Rohstoffe, Fertigungs- und Prozessindustrie, Handel und Konsumgüter, Health Care und Life Sciences, Immobilienwirtschaft, Medien, Technologie und Software sowie Telekommunikation.

Deloitte Consulting GmbH
Schwannstraße 6
40476 Düsseldorf
+49 (0)211 877201
kontakt@deloitte.de
www.deloitte.com/de

Detecon International

Gründungsjahr	1977
Hauptsitz in Deutschland	Köln
Anzahl der Hauptstandorte 2017 weltweit	14
Anzahl der Hauptstandorte 2017 in Deutschland	5
Berater weltweit 2017	984
Berater in Deutschland 2017	762

Detecon International vereint klassisches Management Consulting mit ausgeprägter Technologieexpertise. Ziel der Beratungstätigkeit bei den Kunden ist es, deren Wettbewerbsfähigkeit und Performance über die gesamte Wertschöpfung mithilfe modernster digitaler Technologien nachhaltig zu verbessern. Zudem bietet Detecon Lösungen in allen Feldern der klassischen Unternehmensberatung, von der Strategie über Organisation und Prozesse bis zum HR-Management.

Die Digitalisierung als Herausforderung der globalisierten Ökonomie, bei der digitale Technologien zum Kern von Geschäftsmodellen und Prozessen werden, steht im Zentrum der Beratungstätigkeit von Detecon. Das Unternehmen hilft dabei, Geschäftsmodelle neu zu denken, Abläufe und Prozesse zu digitalisieren, Kunden mit Unternehmen zu vernetzen und die Plattformen für Kunden, Unternehmen und Produkte zu bauen. Dabei profitiert Detecon von mehr als 40 Jahren Technologie- und Transformationserfahrung, ausgeprägtem Business-Know-how sowie unzähligen erfolgreich umgesetzten Projekten im In- und Ausland.

Detecon ist ein Tochterunternehmen von T-Systems International, der Großkundenmarke der Deutschen Telekom.

Detecon International GmbH
Sternengasse 14–16
50676 Köln
+49 (0)221 91610
info@detecon.com
www.detecon.com

Interview mit Dr. Heinrich Arnold

Dr. Heinrich Arnold
CEO Detecon International GmbH

Sie postulieren einen Umbruch in der Beratungsbranche. Was passiert dort gerade?

Aus meiner Sicht wird es die »klassische« Beratung in naher Zukunft so nicht mehr geben. Was Unternehmen heute wirklich hilft, ist eine konkrete wertschöpfende Begleitung in der Digitalisierung: von der Innovation über technisches und Business Prototyping bis zur praktischen Implementierung. Ein Ansatz, der Innovation, Managementberatung und Hightech-Welt zusammenführt. Konzeptionsstark zu sein und die Ergebnisse per Wasserfallmodell weiterzugeben wird nicht mehr ausreichen. Es braucht einen komplett anderen Beratungsansatz, ein anderes Selbstverständnis der Beratung und eben auch andere Berater. Es braucht vor allem auch Heterogenität.

Wo steht Detecon in der Beratung rund um das Thema Digitalisierung?

Detecon war von Beginn an Technologie- und Managementberatung in einem. Das zahlt sich nun aus. Denn genau das ist es, was man in Zeiten der Digitalisierung braucht. Die Beratungsgesellschaft steht mit seiner unverwechselbaren DNA als Tochterunternehmen der Deutschen Telekom seit 40 Jahren für Technologiekompetenz und Innovation. Wir waren bereits als Inkubator erfolgreich, als es noch nicht einmal diesen Begriff gab. T-Mobile entstand als Abteilung von Detecon. Und die Erfindung der SMS für Endnutzer lässt sich auf den ehemaligen Kollegen Friedhelm Hillebrand zurückführen. Diese Geschichte setzt sich fort: mit der Gründung unserer Digital Engineering Center mit direktem Link zur Start-up- und Innovationsszene in Berlin und durch internationale Partnerschaften. So sind wir mit dem Cyber-Security-Ökosystem in Israel und mit dem Detecon Innovation Institute in San Francisco in Technologiethemen nicht nur am Puls der Zeit, sondern mittendrin. Das Unternehmen ist sicher auch eine »Frühwarn-Orga« für innovative Ansätze und technologiebasierende Innovationen.

Was sind aus Ihrer Sicht die zentralen Beratungsthemen der nahen Zukunft?

Wir fokussieren uns in unseren neuen Digital Engineering Centers auf Co Innovation, Cyber Security, Data Analytics und Industrial IoT. In diese Themen gilt es zu investieren – nicht nur theoretisch, sondern ganz praktisch. Dazu braucht es die Offenheit für Innovationen, tiefes Technologieverständnis und eine hohe Umsetzungskraft – bei Unternehmen wie auch bei deren Beratungspartnern.

DETECON
CONSULTING

D-fine

Gründungsjahr	2002
Hauptsitz in Deutschland	Frankfurt am Main
Anzahl der Hauptstandorte 2017 weltweit	6
Anzahl der Hauptstandorte 2017 in Deutschland	3
Berater weltweit 2017	650
Berater in Deutschland 2017	590

D-fine (Eigenschreibweise: d-fine) ist ein Beratungsunternehmen mit Fokus auf der Realisierung komplexer Vorhaben mit ausgeprägten analytischen, prozessualen und technologischen Herausforderungen. Projekte werden durchgängig von der Analyse über die Konzeption bis zum Produktiveinsatz bearbeitet.

Das Themenspektrum umfasst unter anderem das Risikomanagement, die Finanzsteuerung und die Umsetzung regulatorischer Vorgaben bei Finanzdienstleistern und Industrieunternehmen, die Modellierung und Optimierung des operativen Kerngeschäfts bei Industrieunternehmen und Energieversorgern oder den Einsatz von quantitativen Modellen im Gesundheitsbereich.

Seit mehr als 15 Jahren baut D-fine auf rein organisches Wachstum und die Erfahrung aus vielen Hunderten von Projekten bei globalen oder nationalen Kunden aller Größen. Die in dem spezifischen Beratungsumfeld geforderte analytische, mathematische und technologische Expertise baut auf der naturwissenschaftlichen Prägung der 650 Berater auf: 50 Prozent der Mitarbeiter verfügen über einen akademischen Abschluss in Physik, 35 Prozent in Mathematik und 15 Prozent in Informatik oder Wirtschaftswissenschaften.

Aus seinen Büros in Frankfurt, Berlin, London, München, Wien und Zürich betreut D-fine mehr als 150 europäische Kunden aller Branchen. Das Projektspektrum reicht von Kurzstudien über mehrjährige Infrastrukturvorhaben bis hin zur dauerhaften Unterstützung der Kunden, etwa bei Validierungsaufgaben.

D-fine GmbH
An der Hauptwache 7
60313 Frankfurt am Main
+49 (0)69 907370
info@d-fine.de
www.d-fine-de

Erlkönig

Gründungsjahr	2003
Hauptsitz in Deutschland	Wolfsburg
Anzahl der Hauptstandorte 2017 weltweit	8
Anzahl der Hauptstandorte 2017 in Deutschland	4
Berater weltweit 2017	243
Berater in Deutschland 2017	208

Erlkönig ist ein international vernetztes technologieorientiertes Beratungsunternehmen mit Standorten in Deutschland, den USA und China. Historisch aus der Automobilindustrie kommend, ist der Branchenfokus vorrangig auf das produzierende Gewerbe gerichtet. Erlkönig unterstützt seine Kunden entlang der gesamten Wertschöpfungskette mit einer in den Themen vernetzten Organisation, toolgestützter Prozessoptimierung und Projektmanagement.

Die Beratung umfasst die Kompetenzfelder Consulting, Assistance und Managemententwicklung. Methodenkompetenzen in den Disziplinen Strategie, Digitalisierung & Disruption sowie Projektmanagement werden auf zukunftsweisende Technologietrends der Automobilindustrie angewendet: Connected Car, E-Mobility und Software Solutions.

Unterstützt wird die Beratung durch Projektassistenz und Management-Entwicklung durch Training, Coaching und Organisationsentwicklung.

Unter dem Dach der Holding agieren die Autonatic GmbH, die Erlkönig Technology GmbH, die Projektexpertise GmbH, die Bizruptor Corp. (San Francisco), Erlkönig Management Consulting (Beijing) Co. Ltd. Seit 2016 ist Erlkönig ein Tochterunternehmen der Akka Technologies Group.

Erlkönig GmbH
Peter-Hurst-Straße 1b
38444 Wolfsburg
+49 (0)5308 9989000
info@erlkoenig.de
www.erlkoenig.de

Eurogroup Consulting

Gründungsjahr	1997
Hauptsitz in Deutschland	Frankfurt am Main
Anzahl der Hauptstandorte 2017 weltweit	2
Anzahl der Hauptstandorte 2017 in Deutschland	1
Berater weltweit 2017	70
Berater in Deutschland 2017	k. A.

EGC Eurogroup Consulting (EGC) ist eine selbstständige, partnergeführte Beratungsgesellschaft, spezialisiert auf den Bereich Financial Services. Das Unternehmen versteht sich als mittelständische Consulting-Manufaktur mit Beratungsfokus auf allen Fragen der Geschäfts- und IT-Strategie, der Vertriebsmobilisierung sowie der Industrialisierung und Digitalisierung von Bankprozessen.

1997 unter dem Namen Context Management Consulting gegründet, wurde die Firma 2007 im Zuge des Beitritts zu einem internationalen Beratungs-Netzwerk mit dem Namen Eurogroup Consulting Alliance entsprechend umbenannt. Heute zählt EGC rund 70 Berater in den Büros Frankfurt am Main und Wien.

Bei internationalen Aufgabenstellungen berät Eurogroup Consulting seine Kunden im Rahmen des weltweit agierenden Beratungsnetzwerks Nextcontinent. Mehr als 4.500 Berater sind in 29 Ländern tätig.

Im Ranking der besten Berater im Branchenreport Consulting von Statista und *Brand eins Wissen* ist ECG Eurogroup Consulting 2016 und 2017 in der Kategorie Banken gelistet.

EGC Eurogroup Consulting AG
Thurn-und-Taxis-Platz 6
60313 Frankfurt am Main
+49 (0)69 24750550
info@eurogroupconsulting.de
www.eurogroupconsulting.de

EY

Gründungsjahr	1919
Hauptsitz in Deutschland	Stuttgart
Anzahl der Hauptstandorte 2017 weltweit	über 700 Büros in mehr als 150 Ländern
Anzahl der Hauptstandorte 2017 in Deutschland	21
Berater weltweit 2017	53.525[1]
Berater in Deutschland 2017	3.046

EY[2] ist einer der Marktführer in der Wirtschaftsprüfung, Steuerberatung, Transaktionsberatung und Managementberatung (EY Advisory). Der weltweite Anspruch des Unternehmens lautet »Building a better working world«.

EY Advisory löst komplexe branchenspezifische Sachverhalte und hilft Mandanten, mit ihren Unternehmen zu wachsen, sie zu optimieren und zu schützen. EY Advisory deckt dazu das komplette Spektrum von Managementberatung ab wie Strategieentwicklung, Transformation des Geschäftsmodells, Marketing und Vertrieb, Finanzthemen, IT, Supply Chain, Change Management und Organisationsanpassung, Programmmanagement und Risikosteuerung.

Komplexe Herausforderungen der Kunden wie Digitalisierung, Innovation, Analytics, Cyber Security, Risikomanagement und Unternehmenstransformationen lösen die Managementberaterteams in enger Zusammenarbeit mit ihren Kollegen aus Steuerberatung, Transaction Advisory und den unternehmenseigenen branchenspezifischen Centers of Excellence.

Der Schwerpunkt der Beratungsthemen liegt in den Branchen Automobilindustrie, Chemie, Energieversorger, Handel und Konsumgüter, Life Sciences, Maschinenbau, Private Equity, Telekommunikation sowie bei der Regierung und öffentlichen Verwaltungen.

1 In der Service Line Advisory

2 »EY« bezieht sich hier auf alle deutschen Mitgliedsunternehmen von Ernst & Young Global Limited, einer Gesellschaft mit beschränkter Haftung nach englischem Recht

EY Building a better working world

Ernst & Young GmbH
Wirtschaftsprüfungsgesellschaft
Flughafenstraße 61 · 70629 Stuttgart
+49 (0)711 98810
info@de.ey.com
www.ey.com/advisory

Ginkgo Management Consulting

Gründungsjahr	2006
Hauptsitz in Deutschland	Hamburg
Anzahl der Hauptstandorte 2017 weltweit	4
Anzahl der Hauptstandorte 2017 in Deutschland	1
Berater weltweit 2017	90
Berater in Deutschland 2017	75

Ginkgo Management Consulting ist eine auf komplexe Digitalisierungsprojekte spezialisierte unabhängige Strategieberatung. Das Management und die Umsetzung von digitalen und anderen umfassenden Transformationsprojekten gehört ebenso in das Beratungsportfolio von Ginkgo wie klassische CIO Advisory Services. Dabei bringt Ginkgo sowohl fachliche Business-Expertise als auch Informationstechnologie-Know-how in den Projekten wertstiftend zum Einsatz. Die Tochtergesellschaften Ginkgo Analytics und Ginkgo Cyber Security decken zudem zwei wichtige Bestandteile der Digitalisierung ab.

Kunden sind global agierende DAX- und Fortune-Global-500-Unternehmen.

Seit der Gründung im Jahr 2006 hat das Beratungsunternehmen mit Niederlassungen in Hamburg, Zürich, Singapur und Shanghai Projekte in mehr als 30 Ländern umgesetzt.

Ginkgo Management Consulting wird regelmäßig in unabhängigen Studien und Umfragen zum Beratungsmarkt, etwa durch *Wirtschaftswoche* oder *Brand eins Wissen*, auf vorderen Rängen geführt.

Ginkgo Management Consulting GmbH
Hohe Bleichen 21
20354 Hamburg
+49 (0)40 809081172
contact@ginkgo.com
www.ginkgo.com

Interview mit Lars Godzik

Lars Godzik
Managing Partner Ginkgo Management Consulting

Haben im digitalen Wettbewerb große, etablierte Unternehmen eine Chance gegenüber Start-ups, die schneller und agiler am Markt auftreten?

Durch Venture Capital und erst in Zukunft erwartete Gewinne haben Start-ups eine gewisse Schutzperiode, innerhalb deren noch kein Return on Investment erwartet wird. Großkonzerne dagegen sind üblicherweise angehalten, Investitionen schneller zum Erfolg zu führen. Aber sie haben im Laufe der Zeit auch wertvolle Assets aufgebaut: Lieferantennetzwerke, Kundenbeziehungen, Intellectual-Property-Portfolios. Doch auch diese Unternehmen müssen sich die Frage stellen, ob die Erfolgsfaktoren der Vergangenheit in der Zukunft noch relevant sein werden. Der digitalen Herausforderung müssen sich alle Unternehmen aktiv stellen. Das kann in vielen Fällen eine komplette Neuorientierung von Geschäftsarchitekturen und -modellen bedingen, die schmerzhafte Veränderungsprozesse mit sich bringen.

Was sind die größten Herausforderungen von digitalen Transformationsprojekten in Unternehmen?

Neben einem sehr reflektierten Buy-in des Managements ist die Aktivierung der Mitarbeiter extrem wichtig. Viele Unternehmen haben angefangen, digitale Einheiten losgelöst vom eigentlichen Kerngeschäft aufzubauen, entweder in bi-modularen Organisationsformen oder als unabhängige »Corporate Startups«. Das ist eine valide Option, die aber nicht die Problematik löst, dass die erarbeiteten Lösungen häufig eine Integration in die Legacy-Welt und auch einen operativen und skalierbaren »Betrieb« erfordern. Diese Integration lässt sich nicht mithilfe von technischen Schnittstellen lösen, sondern bedingt meistens einen grundlegenden prozessualen Wandel und starkes Change Management auf allen Ebenen: technisch, prozessual, im Mindset und in der Kultur. Erfahrungsgemäß fällt dieser Change vielen Unternehmen schwer. Das isolierte Verordnen eines Trainings in agilen Projektmanagement-Methoden kann nur ein Element sein, gewissermaßen die Spitze des Eisbergs. Ein grundlegender kultureller Wandel ist deutlich komplexer. Und nicht zuletzt darf Digitalisierung kein Lippenbekenntnis und der etwaige Kauf eines Start-ups nur Alibi-Aktivität bleiben.

Wie ändert sich die Rolle des CIOs im Zuge der Digitalisierung?

CIOs sind unter Druck und müssen sich aktiv positionieren. Sie können sich jetzt als Change Agent und Treiber der Digitalisierung verstehen oder müssen sich alternativ mit der Rolle »Sicherstellung des IT-Betriebs« begnügen – dies ganz ohne Wertung.

GINKGO MANAGEMENT CONSULTING

Goetzpartners

Gründungsjahr	1991
Hauptsitz in Deutschland	München
Anzahl der Hauptstandorte 2017 weltweit	14
Anzahl der Hauptstandorte 2017 in Deutschland	3
Berater weltweit 2017	350
Berater in Deutschland 2017	k. A.

Goetzpartners (Eigenschreibweise: goetzpartners) ist ein unabhängiges Beratungsunternehmen, das seine Kunden auf den Gebieten Strategie, M&A und Transformation unterstützt. Das 1991 von Dr. Stephan Goetz und Stefan Sanktjohanser gegründete Unternehmen mit Hauptsitz in Deutschland und einem weltweiten Netzwerk gehört zu den zehn umsatzstärksten deutschen Beratungen (Lünendonk®).

Mit mehr als 350 Beratern in 14 Büros und 11 Ländern berät Goetzpartners Entscheidungsträger und Führungskräfte in den Schlüsselindustrien Finanzdienstleistungen, Gesundheit, Industrie, Handel und schnell drehende Konsumgüter sowie Telekommunikation, Medien und Technologie.

Goetzpartners wurde im Wettbewerb Best of Consulting der *Wirtschaftswoche* in der Kategorie »Project Excellence« ausgezeichnet. Im Ranking der besten Berater von Statista und dem Wirtschaftsmagazins *Brand eins Wissen* ist Goetzpartners wiederholt gelistet.

Goetzpartners
Prinzregentenstraße 56
80538 München
+49 (0)89 2907250
info@goetzpartners.com
www.goetzpartners.com

Interview mit Niels-Christian Krüger

Niels-Christian Krüger
Partner und Head of Digital bei Goetzpartners

Wie steht es um die Digitalisierung deutscher Unternehmen?

Der Rückstand gegenüber anderen Ländern ist deutlich: Die ersten Wellen der digitalen Transformation sind in allen Branchen bereits vorbei. Aber in Deutschland schütteln sich die Unternehmen noch und versuchen zu verstehen, was da passiert ist, statt ihre eigene Transformation anzupacken.

Woran liegt das?

Es gibt zwei Engpässe: Der erste ist das Technologie-Know-how. Wer nicht versteht, wie neue Technologien wie Cloud Collaboration Tools, Big Data oder Mobile Apps eingesetzt werden, für den bleibt die Digitalisierung etwas Abstraktes. Dabei geht es immer darum, mit konkreten Technologien einen bestimmten Prozess im Unternehmen neu aufzusetzen oder – und das ist noch wichtiger – einen realen Mehrwert für ganz konkrete Kunden zu schaffen. In deutschen Unternehmen sind die Schlüsselstellen dafür noch nicht mit Leuten mit dem nötigen Technologieverständnis besetzt.

Und der zweite Engpass?

Die Veränderung geht mit purer Geschwindigkeit vonstatten. Denn Digitalisierung ist ja nichts Neues, die Veränderungen durch das Telefon, das Fax oder das Internet 1.0 gingen alle schon in die gleiche Richtung. Im letzten Jahrhundert rechnete man Übergangsphasen in Jahrzehnten, heute verändern sich Aktienindizes innerhalb von zehn Jahren komplett in ihrer Zusammensetzung.

Was können Unternehmen also tun?

Sie müssen sich vorbereiten – nicht nur auf die nächste Veränderung, sondern auf kontinuierliche Anpassung. Dafür müssen sie ein paar Grundpfeiler in Ordnung halten, die in diesem dauerhaften Wandel für die nötige Stabilität sorgen. Dazu gehören eine anpassungsfähige Organisationsstruktur und das entsprechende Mindset im Unternehmen; das Schlagwort dafür lautet Agilität. Hinzu kommt die prinzipielle Bereitschaft, sich zu vernetzen und mit Partnern zusammenzuarbeiten. Auf dieser Basis gilt es, eine Gesamtstrategie zu definieren und sozusagen auf den »Fast forward«-Knopf für die digitale Transformation zu drücken: Vom Produktportfolio über die Mitarbeiter und von der Customer Journey bis zur Investitionsstrategie muss das gesamte Unternehmen auf die digitale Transformation ausgerichtet werden. Das Ziel sollte sein, im eigenen Bereich am besten auf die nächste Welle der Transformation vorbereitet zu sein – und auf die übernächste.

goetzpartners
STRATEGY I M&A I TRANSFORMATION

Horn & Company

Gründungsjahr	2009
Hauptsitz in Deutschland	Düsseldorf
Anzahl der Hauptstandorte 2017 weltweit	k. A.
Anzahl der Hauptstandorte 2017 in Deutschland	5
Berater weltweit 2017	k. A.
Berater in Deutschland 2017	65

Horn & Company ist eine 2009 gegründete Unternehmensberatung mit Fokus auf GuV-orientierte Performance-Verbesserung und digitale Transformation. Geführt wird sie von Partnern mit langjähriger Erfahrung aus Beratung und Managementpositionen.

Das Unternehmen ist als Partner des großen, insbesondere auch familiengeführten Mittelstands und von Konzernen positioniert. Es berät Management und Gesellschafter von Banken, Versicherungen und Unternehmen in Industrie und Handel.

Die meisten Mitarbeiter von Horn & Company weisen langjährige Berufserfahrung in der Beratung des Topmanagements auf und sind Experten für ihre Themengebiete.

Das Unternehmen verspricht geringe Rüstzeiten, konsequente Umsetzung, den Blick für das Machbare mit Fokus auf GuV-/Bilanzverbesserung und schnellen Kundennutzen.

Horn & Company
Kaistraße 20
40221 Düsseldorf
+49 (0)211 3027260
info@horn-company.de
www.horn-company.de

Interview mit Dr. Christian Horn

Dr. Christian Horn
Geschäftsführender Partner Horn & Company
christian.horn@horn-company.de

Welche Themen treiben die Klienten von Horn & Company derzeit besonders um?

Die Digitalisierung stellt die meisten Branchen vor fundamentale Herausforderungen. Es entstehen digitale Geschäftsmodelle und neue Technologien treiben Veränderungen entlang der gesamten Wertschöpfungskette. Man denke hier nur an künstliche Intelligenz, Internet der Dinge und Data Analytics. Für unsere Klienten bedeutet dies große Gestaltungsmöglichkeiten, aber auch die unausweichliche Notwendigkeit, sich dem digitalen Wandel mit all seinen Chancen und Risiken zu stellen. Die Erwartung an uns als Berater ist, dabei nicht nur strategisch-inhaltlich zu unterstützen, sondern insbesondere auch den Prozess der Veränderung zu beschleunigen.

Wie wirkt sich das auf den Beratungsansatz von Horn & Company aus?

Es gibt heute kaum ein Projekt mehr, in dem nicht die Digitalisierung eine mehr oder minder große Rolle spielt, egal ob bei Strategieentwicklung, Performance-Verbesserung oder Reorganisation. Und natürlich ist auch der Beratungsalltag ohne Instrumente aus der digitalen Welt, also ohne Predictive-Analytics-Data- oder Process-Mining-Tools, nicht mehr denkbar. Daneben bleiben Branchenkenntnis und Erfahrung das A und O einer guten Beratung. Deshalb haben unsere Berater ganz überwiegend langjährige operative Erfahrung in den jeweiligen Branchen. Unser Motto ist: keine Juniors. Erfahrung spielt eine große Rolle, aber auch, auf das Wesentliche zu fokussieren und die Kundenorganisation zu mobilisieren. Eine weitere Konstante ist, dass unsere Partner als Projektleiter vor Ort arbeiten und so permanent als inhaltliche Treiber und Sparringspartner der Entscheider agieren können.

Wie berücksichtigt Horn & Company Agilität in den Projekten?

Wir stehen für kurze Rüstzeiten, einen schnellen, kraftvollen Projektstart, frühe Ergebnisse und Richtungsentscheidungen sowie konsequente Umsetzung. Zudem sind unsere Projektteams multifunktional ausgerichtet und eher inhaltlich als hierarchisch getrieben. Alles in allem arbeiten wir also als Beratungsunternehmen agil. Inwieweit das jeweilige Projekt-Set-up agilen Prinzipien folgt, ist dann wieder stark von der jeweiligen Kundensituation und Aufgabenstellung abhängig.

HORN & COMPANY

Horváth & Partners

Gründungsjahr	1981
Hauptsitz in Deutschland	Stuttgart
Anzahl der Hauptstandorte 2017 weltweit	12
Anzahl der Hauptstandorte 2017 in Deutschland	6
Berater weltweit 2017	521
Berater in Deutschland 2017	350

Horváth & Partners ist eine international tätige unabhängige Managementberatung mit mehr als 700 hoch qualifizierten Mitarbeiterinnen und Mitarbeitern. Das 1981 in Stuttgart gegründete Unternehmen ist mit eigenen Standorten in Deutschland, Österreich, der Schweiz, Ungarn, Rumänien, Saudi-Arabien und den Vereinigten Arabischen Emiraten vor Ort vertreten. Es ist Mitglied in der internationalen Beratungsallianz Cordence Worldwide. Bei Beratungsprojekten in wichtigen Wirtschaftsregionen der Welt werden erfahrene Partner aus der Allianz mit Kenntnissen der lokalen Gegebenheiten eingebunden.

Die Kernkompetenzen von Horváth sind Unternehmenssteuerung und Performance-Optimierung – für das Gesamtunternehmen wie für die Geschäfts- und Funktionsbereiche Strategie, Innovation, Organisation, Vertrieb, Operations, Einkauf, Controlling, Finanzen und IT. Das Beratungsunternehmen begleitet seine Kunden von der betriebswirtschaftlichen Konzeption bis zur Verankerung in Prozessen und Systemen.

Die Berater sind für Unternehmen und Organisationen aller Branchen tätig. Zu den wichtigsten Branchen gehören: Automobilindustrie, Chemie, Finanzdienstleistungen, Handel, Hightech, Industriegüter, Konsumgüter, Medien, Ölindustrie, Pharma, öffentlicher Dienst, Telekommunikation, Transport und Versorgungswirtschaft.

Horváth & Partners
Phoenixbau, Königstraße 5
70173 Stuttgart
+49 (0)711 669190
info@horvath-partners.com
www.horvath-partners.com

H&Z

Gründungsjahr	1997
Hauptsitz in Deutschland	München
Anzahl der Hauptstandorte 2017 weltweit	2
Anzahl der Hauptstandorte 2017 in Deutschland	2
Berater weltweit 2017	120
Berater in Deutschland 2017	105

Die H&Z (Eigenschreibweise: h&z) Unternehmensberatung mit Standorten in München, Düsseldorf, Wien und Zürich gehört zu den führenden Unternehmensberatungen für Exzellenz und Transformation. Seit der Gründung im Jahr 1997 wurden mehr als 1.000 Projekte umgesetzt. Die Beratungsschwerpunkte liegen in den Bereichen Vertrieb & Wachstum, Einkauf & Supply Chain, Produktion & Technologie und Service.

Zu den Kunden der inhabergeführten Beratung gehören internationale Konzerne und renommierte Mittelständler aus den Branchen Automobilindustrie, Banken und Versicherungen, Energie und Versorger, Luftfahrt und Sicherheit, Maschinen- und Anlagenbau, Private Equity, Schienenfahrzeuge und Bahnindustrie, Telekommunikation und Medien.

Die H&Z Business Academy entwickelt Qualifizierungsprogramme und konkrete Trainingsmaßnahmen für Kundenmitarbeiter.

Das Unternehmen ist Teil der Transformation Alliance. Dieses Netzwerk unabhängiger europäischer Strategie- und Managementberatungen agiert mit mehr als 500 Beratern von 19 Büros weltweit aus.

H&Z Unternehmensberatung AG
Neuturmstraße 5
80331 München
+49 (0)89 2429690
munich@huz.de
www.huz.de

Interview mit Stefan Aichbauer, Harald Enz, Michael Santo

Für welche Trends müssen sich die Konzerne 2018 wappnen?

Michael Santo: Die größte Herausforderung für unsere Kunden ist sicherlich die bewusste Auseinandersetzung mit der Digitalisierung und die Neuausrichtung der Wertschöpfungsstrukturen durch Industrie 4.0. Wir helfen in beiden Feldern dabei, alle Möglichkeiten der Veränderung radikal zu denken, die konkrete Umsetzung aber sehr bewusst zu entscheiden. Denn es gibt auch Grenzen. Wenn das Unternehmen mit seiner neuen Organisation an den Mitarbeitern vorbei handelt, läuft es Gefahr, seine Identität zu verlieren. Wenn es zu seinen Lieferanten kein Vertrauensverhältnis hat, wird eine enge Vernetzung nicht gelingen. Den Leitspruch unserer Beratung: »Mit Hirn, Herz und Hand«, nehme ich sehr ernst. Ganz gleich ob in einem klassischen Verbesserungsprozess oder in einer revolutionären Neudefinition des Faktors Arbeit – ohne Vertrauen und respektvollen Umgang geht es nicht.

Vor welchen Herausforderungen steht speziell der Mittelstand?

Stefan Aichbauer: Auch hier ist das Thema Digitalisierung ganz wichtig. Da können Mittelständler mit ihren flachen Hierarchien und kurzen Wegen meist noch schneller punkten als die Konzerne. Andererseits ist die Mannschaft in der Tendenz etwas älter und muss für die Veränderungen besonders engagiert gewonnen werden. Die passenden Digitalisierungsexperten zu finden und zu binden ist noch schwerer als im Konzern. Ein weiterer Ansatzpunkt: die großen Kostensenkungspotenziale in den Bereichen Einkauf und Management der Wertschöpfungskette. Mit der richtigen Methodik, einer besseren Vernetzung und behutsamer Zentralisierung lassen sich oft bedeutende Mittel freisetzen.

Digitalisierung ist, was jeden umtreibt, was aber für jeden anders definiert ist. Wo kann H&Z bei diesem Thema konkret unterstützen?

Harald Enz: Wir unterstützen unsere Kunden bei der digitalen Transformation: Wie verändere ich mein Unternehmen im Hinblick auf die Digitalisierung? Das kann die Suche nach neuen Geschäftsmodellen sein, die das bisherige Kerngeschäft ergänzen oder sogar irgendwann komplett ablösen. Das kann die Digitalisierung der Prozesse sein, von der automatischen Bestellung über die Vernetzung von Maschinen bis zur ihrer vorausschauenden Wartung. Kompetent sind wir auch beim Thema Advanced Analytics, also wenn es darum geht, Mehrwert aus Daten zu schaffen, zum Beispiel, wenn es um die Prognose von Nachfragespitzen geht oder das Aufspüren von versteckten Fehlern in der Prozesskette. Bei alldem vergessen wir nicht die Mitarbeiter der Kunden, die wir auf die neue digitale Welt mit Trainings vorbereiten – sodass auch in großen Organisationen die Mentalität von beweglichen, risikofreudigen Start-ups um sich greifen kann.

Stefan Aichbauer, Harald Enz und Michael Santo
sind Managing Partner bei der H&Z Unternehmensberatung AG

h&z Die Beratung mit Hirn, Herz & Hand

IBM

Gründungsjahr	1911
Hauptsitz in Deutschland	Ehningen
Anzahl der Hauptstandorte 2017 weltweit	In 175 Ländern
Anzahl der Hauptstandorte 2017 in Deutschland	30
Berater weltweit 2017	125.000
Berater in Deutschland 2017	k. A.

IBM gehört zu den weltweit größten Anbietern im Bereich Informationstechnologie (Hardware, Software und Services) und B2B-Lösungen. Das Unternehmen ist in Deutschland an rund 30 Standorten vertreten, darunter ein Entwicklungslabor, drei Datacenter und der globale Watson Internet of Things-Hauptsitz.

IBM unterstützt Unternehmen aller Größen bei der digitalen Transformation ihrer Geschäftsmodelle. Die Gesellschaft konzentriert sich auf die Wachstumsinitiativen Cognitive Computing, Business Analytics, Cloud- und Security-Lösungen. Diese strategischen Felder bilden für IBM die Grundlage ihrer fortschreitenden Transformation hin zu einem Cognitive-Solutions- und Cloud-Plattform-Anbieter.

Die Unternehmensberatung IBM Global Business Services (GBS) unterstützt als Digital Reinvention Partner™ Kundenunternehmen in Deutschland und rund um die Welt dabei, Intelligenz und neue Technologien in Unternehmen auf allen Ebenen und in allen Bereichen sinnvoll einzubinden. Zu den Beratungsschwerpunkten zählen das Design digitaler Geschäftsstrategien, die Transformation hin zu kognitiven Geschäftsprozessen sowie die Integration und Modernisierung von ERP-Anwendungen durch Cloud-basierte Lösungen. Gepaart mit einem weltweit integrierten Delivery-Netzwerk und maßgeschneiderten Finanzierungslösungen begleitet GBS seine Kunden end to end, vom Konzept bis zur Umsetzung.

IBM Deutschland GmbH
IBM-Allee 1
71139 Ehningen
0800 2255426 (innerhalb Deutschlands)
halloibm@de.ibm.com
www.ibm.com/consulting

Ingenics

Gründungsjahr	1979
Hauptsitz in Deutschland	Ulm
Anzahl der Hauptstandorte 2017 weltweit	13
Anzahl der Hauptstandorte 2017 in Deutschland	5
Berater weltweit 2017	515
Berater in Deutschland 2017	310

Die Ingenics AG ist eine internationale Beratung für Produktion, Logistik, Organisation und Digitalisierung mit Standorten weltweit und mehr als 35 Jahren Erfahrung am Markt. Der Fokus liegt auf den Feldern Managementberatung, Fabrikplanung, Logistikplanung und Effizienzsteigerung.

Als eines der ersten Consultingunternehmen hat sich Ingenics eine dezidierte Industrie-4.0-Expertise erarbeitet und in Kooperation mit renommierten Forschungseinrichtungen zukunftsweisende Lösungen für Industrie-4.0-Anwendungen in der Wirtschaft entwickelt.

Die Kunden von Ingenics sind Innovationsführer, Weltmarktführer, Hidden Champions und Großunternehmen. Sie kommen aus den Branchen Agrartechnik, Automobilindustrie, Bahntechnik, Banken und Versicherungen, Bauwirtschaft, Chemie, Energie, Konsumgüter und Handel, Luftfahrt und Raumfahrt, Maschinen- und Anlagenbau/Hightech, Medizintechnik, Nutzfahrzeuge.

Ingenics AG
Schillerstraße 1/15
89077 Ulm
+49 (0)731 936800
kontakt@ingenics.de
www.ingenics.de

Inverto

Gründungsjahr	2000
Hauptsitz in Deutschland	Köln
Anzahl der Hauptstandorte 2017 weltweit	6
Anzahl der Hauptstandorte 2017 in Deutschland	2
Berater weltweit 2017	150
Berater in Deutschland 2017	120

Inverto ist einer der führenden Spezialisten für strategischen Einkauf und Supply Chain Management in Europa. Die international aufgestellte Unternehmensberatung, die seit 2016 eine Tochter der Boston Consulting Group ist, unterstützt bei der Effizienzsteigerung und hilft Unternehmen dabei, wettbewerbsfähig zu bleiben.

Das Leistungsangebot reicht von der Identifizierung und Bewertung von Potenzialen zur Kostensenkung und Prozessoptimierung über deren Umsetzung vor Ort bis zur Professionalisierung der gesamten Supply Chain.

Zu den Kunden zählen die weltweit größten Private-Equity-Unternehmen, außerdem internationale Konzerne und führende Mittelständler aus der Automobilindustrie, dem Healthcare-Sektor, aus Handel und Konsumgüterindustrie, aus Maschinen- und Anlagenbau und aus der Pharmabranche. Darüber hinaus gehören zum Kundenkreis Verlagshäuser, Online-Portale und namhafte Internetunternehmen.

Das fach- und branchenspezifische Wissen der Berater wird in Competence Centern gebündelt und intern systematisch geteilt. Die Competence Center beschäftigen sich kontinuierlich und intensiv mit aktuellen Herausforderungen der Branche und entwickeln maßgeschneiderte Lösungen.

Inverto GmbH
Lichtstraße 43i
50825 Köln
+49 (0)221 4856870
kontakt@inverto.com
www.inverto.com

Interview mit Dr. Frank Wierlemann

Dr. Frank Wierlemann
Gründer und Managing Director Inverto GmbH
frank.wierlemann@inverto.com

Was unterscheidet Inverto von anderen Managementberatungen?

Uns unterscheidet vor allem unsere Spezialisierung auf Einkauf und Supply Chain Management, die uns zu gefragten Experten macht. Aber auch unsere Arbeitsweise: Inverto arbeitet sehr partnerschaftlich mit seinen Kunden und bietet ein Höchstmaß an Umsetzungsorientierung. Wir bewerten Chancen und Risiken, entwickeln passgenaue Strategien, die wir dann gemeinsam in Teams, bestehend aus Mitarbeitern vom Kunden und von Inverto, umsetzen. Hierbei helfen uns die Erfahrungen aus 17 Jahren Projektarbeit mit detaillierten Benchmarks und wettbewerbsfähigen Tools. Unsere DNA ist und bleibt das Liefern messbarer Ergebnisse, an denen wir uns im Übrigen auch mit unserer Vergütung messen lassen.

Seit Anfang 2017 agiert Inverto eigenständig unter dem Dach von BCG. Wie profitieren Ihre Kunden von der Zusammenarbeit?

Für unsere Kunden hat sich durch den Zusammenschluss im Tagesgeschäft zunächst nichts geändert. Unser bewährtes Geschäftsmodell hat weiterhin Bestand: Wir entwickeln Optimierungsansätze für Einkauf und Supply Chain Management und begleiten unsere Kunden praxisnah bei der Umsetzung. In unsere ganzheitliche Vorgehensweise, die wir »360° Supply Intelligence« nennen, binden wir alle für den Kunden relevanten Zieldimensionen mit ein: Kostensenkung, Risikominimierung, Stärkung von Geschäftsbeziehungen sowie die Förderung von Innovation und Wachstum.

Allerdings profitieren wir in unserer Arbeit stark von unserem wesentlich breiteren und internationaleren Netzwerk durch BCG, und das nutzen wir natürlich auch zum Vorteil für unsere Kunden.

Welche Kunden berät Inverto und welche Trends sehen Sie in Ihren Projekten?

Zu unseren Kunden gehören internationale Konzerne sowie führende Mittelständler aus Industrie, Handel und Dienstleistungssektor. Hierbei arbeiten wir sowohl für inhabergeführte Familienunternehmen als auch für eine Vielzahl von Private-Equity-geführten Firmen. In über 17 Jahren konnten wir mehr als 3.500 Initiativen erfolgreich umsetzen.

Unsere Kunden sitzen hauptsächlich in Europa und werden über unsere insgesamt neun Standorte betreut. Dabei geht der Trend deutlich hin zu mehr Internationalität in den Projekten. Darüber hinaus sind wir mit unseren Sourcing-Offices in Shanghai und Mumbai direkt in den wichtigsten Beschaffungsmärkten vertreten. Unsere Sourcing-Experten können damit Lieferanten vor Ort evaluieren und die Erfüllung hoher Qualitätsanforderungen garantieren.

INVERTO
A BCG COMPANY

Iskander Business Partner

Gründungsjahr	2005
Hauptsitz in Deutschland	München
Anzahl der Hauptstandorte 2017 weltweit	2
Anzahl der Hauptstandorte 2017 in Deutschland	2
Berater weltweit 2017	40[1]
Berater in Deutschland 2017	40[1]

Iskander Business Partner ist eine inhabergeführte Unternehmensberatung mit dem Fokus auf Konzeption und Implementierung von Wachstumsprojekten in den Bereichen CRM & Customer Service, Digitalisierung, Produkt & Innovation sowie Marketing & Sales.

Die Berater verfügen über umfangreiche Projekterfahrung und begleiten die Kunden von der Konzeption bis zur erfolgreichen Umsetzung. Ein Beratungsschwerpunkt liegt auf der TIME-Branche (Telekommunikation, Informationstechnologie, Medien, Entertainment). Weitere Branchen sind Automobilindustrie, Finanzen und Versicherungen sowie Handel.

Zu den Kunden gehören vor allem global agierende Unternehmen aus der DACH-Region wie Telefónica, Deutsche Telekom, Unitymedia, Sky, ProSiebenSat1, BMW, Opel, Porsche, Allianz, Metro, Sunrise, Swisscard und Fressnapf.

[1] festangestellte Berater

Iskander Business Partner GmbH
Paulstraße 19
85737 Ismaning
+49 (0)89 99650861
office@i-b-partner.com
www.i-b-partner.com

Kienbaum

Gründungsjahr	1945
Hauptsitz in Deutschland	Köln
Anzahl der Hauptstandorte 2017 weltweit	31
Anzahl der Hauptstandorte 2017 in Deutschland	11
Berater weltweit 2017	k. A.
Berater in Deutschland 2017	k. A.

Kienbaum zählt zu den führenden Personal- und Managementberatungen in Deutschland und Europa. Es bietet seinen Kunden ganzheitliche Beratung rund um Mensch und Organisation. Das Unternehmen ist in den Geschäftsfeldern Executive Search, Human Capital Services, Change- und Organisations-Beratung sowie Kommunikation tätig. Dabei greifen die interdisziplinären Teams auf jahrzehntelange Beratungserfahrung, fundiertes Branchen-Know-how und die anwendungsorientierten wissenschaftlichen Erkenntnisse des Kienbaum-Forschungsinstituts zurück.

Kienbaum wurde vor mehr als 70 Jahren in Deutschland gegründet und wird heute als Familien- und Partnerunternehmen geführt. Neben seinem Hauptsitz in Köln unterhält es Standorte in 18 Ländern auf vier Kontinenten. Zu den Kunden gehören erfolgreiche Familienunternehmen und Weltmarktführer ebenso wie Konzerne.

Kienbaum Consultants International ist die operative Führungsgesellschaft der Kienbaum-Gruppe.

Kienbaum Consultants International GmbH
Edmund-Rumpler-Straße 5
51149 Köln
+49 (0)221 801720
contact@kienbaum.de
www.kienbaum.de

Kobaltblau Management Consultants

Gründungsjahr	2016
Hauptsitz in Deutschland	München
Anzahl der Hauptstandorte 2017 weltweit	8
Anzahl der Hauptstandorte 2017 in Deutschland	5
Berater weltweit 2017	42
Berater in Deutschland 2017	38

Kobaltblau (Eigenschreibweise: kobaltblau) Management Consultants kommt aus der digitalen Welt und verbindet IT-Managementberatung mit hoher Technologie- und Umsetzungskompetenz. Das noch junge Unternehmen bündelt die Erfahrung von Hunderten Beraterjahren mit der kreativen Intelligenz junger technologieerfahrener Menschen in einem hierarchiefreien Umfeld.

Das Leistungsportfolio umfasst Beratungsthemen wie IT- & Digital-Strategie, IT-Organisation & HR, Unternehmensarchitektur, Geschäftsprozessdesign & -digitalisierung sowie Business & IT Service Sourcing.

Kobaltblau wurde 2016 von den Iteratec-Gründern Klaus Eberhardt und Mark Goerke zusammen mit Hans-Werner Feick gegründet. Hans-Werner Feick verfügt über mehr als 25 Jahre Beratungserfahrung in verschiedenen Unternehmen. Seit der Firmengründung im Juni 2016 arbeiten mehr als 40 Beraterinnen und Berater an acht Standorten in Europa für Kunden aus Mittelstand und Großunternehmen.

Kobaltblau Management Consultants GmbH
St.-Martin-Straße 114
81669 München
+49 (0)89 614551500
info@kobaltblau.de
www.kobaltbau.de

Interview mit Hans-Werner Feick

Hans-Werner Feick ist Gründer und geschäftsführender Gesellschafter von Kobaltblau Management Consultants

Mit welchen Hauptthemen beschäftigt sich Kobaltblau derzeit? Und welche Probleme begegnen Ihnen dabei?

Wir beschäftigen uns mit der Digitalisierung und Agilisierung von Unternehmen. Unser Leistungsportfolio deckt alle wesentlichen Themenstellungen der IT-Strategieberatung ab. Die größten Probleme, denen wir dabei begegnen, sind Veränderungsfähigkeit und mangelnde Bereitschaft des mittleren Managements. Diese Mitarbeiter haben auch die größte Angst vor der Digitalisierung, da sie fürchten, aufgrund wegfallender Hierarchien ihre Macht zu verlieren und bedeutungslos zu werden. Zudem sehen wir beim Topmanagement häufig eine geringe IT-Kompetenz in Bezug auf Technologiethemen.

Welche Lösungen kann Kobaltblau Unternehmen bieten?

Wir verbinden Organisation und Technologie und begleiten unsere Kunden ganzheitlich in der digitalen Transformation – von der Strategie bis zur Umsetzung. Wir kombinieren klassische IT-Managementberatung mit digitalen und innovativen Beratungslösungen. Der Consultingansatz von Kobaltblau ist sehr integrativ. Wir sammeln, bündeln und strukturieren die in Unternehmen vorhandenen Kompetenzen und verbinden sie mit unserer Methodenkompetenz. So erzeugen wir Lösungen, die in Unternehmen auf eine sehr breite Akzeptanz stoßen. Unser Ansatz ist somit nicht topdown, sondern zielt auf eine individuell optimale und umsetzbare Lösung ab. Wir sind auf keine Branche beschränkt und haben Kunden aus der Automobil-, Finanz-, Versicherungs- und Logistik-Branche sowie aus dem öffentlichen Bereich und der Industrie.

Wer steckt hinter dem Unternehmen?

Kobaltblau habe ich 2016 gemeinsam mit den Iteratec-Gründern Klaus Eberhardt und Mark Goerke gegründet. Wir sind in dieser Form also noch jung am Markt, allerdings verfügt das Team über Hunderte von Beraterjahren. Mit meinen beiden Partnern Frédéric Cuny und Thomas Heinevetter arbeite ich seit über einem Jahrzehnt zusammen. Zu ihren Schwerpunktthemen gehören unter anderem die strategische Neuausrichtung und Optimierung von IT-Organisation, IT Service Excellence, IT Sourcing und die Durchführung komplexer IT-Transformationsprogramme. Ich selbst verfüge über mehr als 25 Jahre Erfahrung in der IT-Managementberatung, zuletzt als Geschäftsführer bei Kienbaum. Viele unserer Consultants arbeiten seit mehr als zehn Jahren zusammen. In der hierarchiefreien Kultur bei Kobaltblau agieren Seniorberater und junge dynamische Querdenker auf einer Ebene. Bei uns kann und soll jede/r sagen, was er oder sie denkt.

kobaltblau
MANAGEMENT CONSULTANTS

KPMG

Gründungsjahr	1890
Hauptsitz in Deutschland	Berlin
Anzahl der Hauptstandorte 2017 weltweit	152
Anzahl der Hauptstandorte 2017 in Deutschland	25
Berater weltweit 2017	k. A.
Berater in Deutschland 2017	2.700

KPMG ist ein weltweites Netzwerk rechtlich selbstständiger Firmen mit rund 189.000 Mitarbeitern in 152 Ländern. Es gehört auch in Deutschland zu den führenden Wirtschaftsprüfungs- und Beratungsunternehmen und ist hier mit rund 10.200 Mitarbeitern an 25 Standorten präsent. Die Leistungen gliedern sich in die Geschäftsbereiche Audit, Tax und Advisory.

KPMG berät Unternehmen zu allen Fragestellungen entlang der gesamten Wertschöpfungskette, beispielsweise bei der Entwicklung neuer Geschäftsmodelle, der Optimierung der Supply Chain ebenso wie zu Steuerungskonzepten und zu Fragen rund um Digital Labour und Cyber Security. Für wesentliche Wirtschaftsbranchen hat KPMG eine bereichsübergreifende Spezialisierung vorgenommen, mit der insbesondere Familienunternehmen und Mittelstand, Staat und öffentliche Hand sowie das Finanzwesen praxisnah beraten werden.

Die Begleitung von Transformationsprojekten ist ein Kernthema der Beratung. Dabei setzt die Beratungsgesellschaft auf eine multidisziplinäre Ausrichtung der Geschäftsbereiche Audit, Tax, Transactions & Restructuring sowie Consulting. Dadurch werden Kunden in betriebswirtschaftlichen, prozessualen, steuerlichen und rechtlichen Einzelfragen beraten.

KPMG betreut Mandanten jeder Größe und aus allen Branchen – vom mittelständischen Autozulieferer über die Regionalbank bis hin zu internationalen Pharma- und Medienunternehmen.

KPMG AG Wirtschaftsprüfungsgesellschaft
Klingelhöferstraße 18
10785 Berlin
+49 (0)30 20680
information@kpmg.de
www.kpmg.de

Interview mit Ioannis Tsavlakidis

Ioannis Tsavlakidis
Bereichsvorstand Consulting, KPMG AG Wirtschaftsprüfungsgesellschaft

Welches sind für den Bereich Consulting bei KPMG die Beratungsschwerpunkte im Jahr 2018?

Kundenherausforderungen sind vor dem Hintergrund der Digitalisierung heutzutage einerseits performance-/effizienzorientiert, andererseits aber auch risikoorientiert. Wir setzen daher auf folgende Schwerpunkte:

- Smart Digital Finance: Der integrative Ansatz von KPMG berücksichtigt über Prozessthemen hinaus auch steuerliche und strategische Implikationen.
- Cyber Security: Hier ist beispielsweise das Thema Industriesicherheit aktuell stark gefragt.
- SAP S/4HANA: Bei diesem Thema ist uns wichtig, dass wir von erfolgreich umgesetzten Transformationsprojekten berichten und sektorspezifische Erfolgsfaktoren aufzeigen können.
- Digital Strategy Transformation: Mit einem integrativen Ansatz werden CDOs von der Entwicklung einer Digitalisierungsstrategie über die Themen Digital Labour und IoT bis zur Implementierung anhand von Digital Journeys begleitet.
- P365 Digital Procurement: In der digitalen Abbildung von Einkaufsprozessen bietet KPMG eine Beratung mittels einer innovativen digitalen Einkaufsplattform.

Warum setzt KPMG insbesondere auf diese Themen?

Diese Themen beschäftigen unsere Kunden vor dem Hintergrund der Digitalisierung besonders. Unser Consulting-Bereich ist in der Lage, neben strategischen und prozessualen Themenstellungen auch die Herausforderungen im Umfeld von Data Analytics zu berücksichtigen. Wir haben daher auch vor Kurzem eine weitere Beteiligung mit einem innovativen Unternehmen mit dem Themenschwerpunkt künstliche Intelligenz abgeschlossen.

KPMG hat auch eine sehr starke Expertise in Sektoren wie dem Public- und dem Automotive-Sektor oder dem verarbeitenden Gewerbe aufgebaut. Kurz, unsere Leistungsfähigkeit wird im Dreiklang Sektorexpertise mit Digitalisierungsexpertise und Prozessexpertise vereint.

Wodurch kann sich Consulting von KPMG in diesen Themen von seinen Mitbewerbern absetzen?

KPMG ist in den Bereichen Data & Analytics und Digital Labour sehr aktiv bei der Entwicklung von innovativen Themenstellungen. Die hier getätigten Investitionen sind ein ausschlaggebender Differentiator. Unsere Kundenbetreuung erfolgt global. Darüber hinaus haben wir als KPMG zusammen mit unseren technologischen Allianzpartnern strategische Partnerschaften aufgebaut, welche unser digitales Leistungsportfolio weiter bereichern.

KPMG

KPS

Gründungsjahr	2000
Hauptsitz in Deutschland	Unterföhring/München
Anzahl der Hauptstandorte 2017 weltweit	11
Anzahl der Hauptstandorte 2017 in Deutschland	5
Berater weltweit 2017	900
Berater in Deutschland 2017	750

KPS ist Europas führende Unternehmensberatung für Business Transformation. Seit mehr als 15 Jahren berät das Consultingunternehmen seine Kunden in Strategie-, Prozess- und Technologiefragen, verbunden mit der Umsetzungskompetenz der Implementierung.

KPS deckt dabei das gesamte Prozessspektrum für alle Bereiche ab – die klassische Warenwirtschaft, den E-Commerce und das digitale Kundenmanagement. Angefangen bei der digitalen Transformations- und Omnichannel-Strategie, optimiert, integriert und implementiert das Beratungsunternehmen Best-Practice-Prozesse end to end auf Basis von Standardsoftware-Paketen. Die von KPS entwickelte Rapid-Transformation-Methode RT4.0 beschleunigt Transformationsvorhaben, indem sie Aktivitäten auf allen Projektebenen parallelisiert und gleichzeitig Transparenz sichert. Risiken werden minimiert und Laufzeiten wie Kosten bis zu 50 Prozent reduziert.

Kunden sind beispielsweise Lidl, Fressnapf, Dansk Supermarked, Coop, Nespresso, Spar, Hugo Boss, Puma, Richemont, Christ, Delvaux, Deichmann, Escada, Dodenhof, Sport Scheck, Top-Toy, Valora, Zur Rose AG, Bayer, Bosch, VW/Audi, Hermes Fulfilment und Lufthansa.

Das Unternehmen wurde im Jahr 2000 gegründet und beschäftigt seine Berater in Projekten in ganz Europa.

KPS AG
Beta-Straße 10H
85774 Unterföhring
+49 (0)89 356310
info@kps.com
www.kps.com

Interview mit Michael Tsifidaris

Michael Tsifidaris
Gründer und Aufsichtsratsvorsitzender
der KPS AG

Welche Entwicklungen beeinflussen den Handel derzeit am stärksten?

Personalisierung, Individualisierung von Produkten bis zur Losgröße 1 und High-End-Dienstleistungen durch Datenanalyse sind die aktuellen Themen im Handel. Denn alles dreht sich um den Kunden und eine First-Class Customer Journey. Wer hier nicht mithalten kann, hat schon verloren.

Sie raten zum Befreiungsschlag, wenn nötig zum kompletten Neuaufbau der Handelsplattform. Warum eine so radikale Lösung?

Beim Shoppen, beim Service, in der Logistik – überall sind Geschwindigkeit und Agilität gefragt. Wer sich hier mit IT-Altlasten herumplagen muss und immer wieder renoviert statt innoviert, gerät schnell ins Aus. Dann wird Customer Obsession zum Customer Desaster. Vor allem das Silodenken hat in der Ära der digitalen Transformation keinen Platz mehr. Denn alle Prozesse sind vernetzt und liefern dank hochmoderner Analyse-Tools und Auswertungstechniken wertvolle Erkenntnisse.

Sie sehen in der Branche Angreifer und Verteidiger. Was macht der eine anders als der andere?

Die Angreifer investieren massiv in Innovationen. Die Verteidiger warten erst mal, was der Wettbewerb macht. Dem Verteidiger reicht oft lediglich eine App, um mit dem Kunden in Kontakt zu treten. Dem Angreifer reicht das lange nicht. Er investiert beispielsweise in neue CRM- und Marketing-Lösungen, eine innovative Warenwirtschaft und kanalübergreifende hocheffiziente Analysesysteme.

Können Sie Beispiele nennen, wer es zurzeit besonders gut macht?

Etwa Ikea Österreich. Aber auch der Juwelier Christ und Lidl sind für mich Innovatoren. Wer zum Beispiel bei Ikea in Graz einkauft, die Ikea-Family-App installiert und die Bluetooth-Funktion aktiviert hat, erhält Nachrichten wie: »Zeit für eine Pause. Z. B. mit einem Gratis Kaffee für Ikea Familiy Mitglieder und einem saftigen Himbeerkuchen.« Die Technik muss in der Lage sein, den Kunden automatisiert zu begleiten.

Christ hat seine Zugriffsprognosen am Black Friday 2016 um über 50 Prozent übertroffen. 2017 erzielte der Schmuckhändler einen neuen Bestellrekord und steigerte die Conversion Rate um ein Vielfaches. Auf den Ansturm zum Beginn der Weihnachtszeit bereitet sich Christ jedes Jahr mit KPS-Unterstützung vor. Obwohl die Nachfrage 2016 und 2017 über den Erwartungen lag, konnte Christ durchgängig liefern.

Und Lidl setzt seit Mai 2015 in Österreich ein Warenwirtschafts- und Informationssystem auf Basis von SAP for Retail powered by SAP HANA ein. Der Lebensmittelhändler hat damit den Grundstein für die digitale Transformation gelegt.

KPS

McKinsey

Gründungsjahr	1926
Hauptsitz in Deutschland	Düsseldorf
Anzahl der Hauptstandorte 2017 weltweit	120
Anzahl der Hauptstandorte 2017 in Deutschland	7
Berater weltweit 2017	k. A.
Berater in Deutschland 2017	1.500

McKinsey & Company, Inc. ist die in Deutschland und weltweit führende Unternehmensberatung für das Topmanagement. Die Mehrzahl der 100 größten Industrieunternehmen der Welt greift auf McKinseys Expertise zurück. In Deutschland berät die Gesellschaft 27 der 30 DAX-Konzerne, den wachstumsstarken Mittelstand, viele führende Banken und Versicherungsgesellschaften, Regierungsstellen sowie private und öffentliche Institutionen. In Deutschland und Österreich ist McKinsey mit Büros an den Standorten Berlin, Düsseldorf, Frankfurt am Main, Hamburg, Köln, München, Stuttgart und Wien aktiv, weltweit mit 120 Büros in mehr als 60 Ländern.

Die Verknüpfung von industrieller und funktionaler Expertise erlaubt McKinsey einen einzigartigen Beratungsansatz. Die Industry Practices analysieren die relevanten Märkte, entwickeln Industrieszenarien und verfeinern Geschäftsmodelle. Sie setzen sich mit den relevanten technologischen und regulatorischen Rahmenbedingungen auseinander.

Die Functional Practices sind stets auf der Höhe des Wissens in klassischen Managementdisziplinen wie Marketing oder Organisation. Sie beschäftigen sich mit zentralen Fragen des Topmanagements von der Strategie bis zur Risikosteuerung. Digital McKinsey unterstützt dabei, Geschäftsziele auch in Zukunft zu erreichen – durch die Wahl der richtigen Technologien und ihre Umsetzung, durch flexiblere Organisationsmodelle oder die Vermittlung neuer Fähigkeiten an die Mitarbeiter.

McKinsey & Company, Inc.
Kennedydamm 24
40027 Düsseldorf
+49 (0)211 13640
contact_us@mckinsey.com
www.mckinsey.de

Mercer

Gründungsjahr	1945
Hauptsitz in Deutschland	Frankfurt am Main
Anzahl der Hauptstandorte 2017 weltweit	170
Anzahl der Hauptstandorte 2017 in Deutschland	8
Berater weltweit 2017	k. A.
Berater in Deutschland 2017	485

Mercer ist spezialisiert auf Beratung und Technologie-getriebene Lösungen für die Unternehmensbereiche Gesundheit, Wohlstand und Karriere. Das Unternehmen ist mit mehr als 22.000 Mitarbeitern an 170 Standorten in 43 Ländern tätig. Zu den Kunden gehören multinationale Konzerne ebenso wie kleinere mittelständische Unternehmen der unterschiedlichsten Branchen.

In Deutschland ist Mercer seit 1988 vertreten und zählt mit über 600 Mitarbeitern unter anderem an den Standorten Düsseldorf, Frankfurt am Main, Hamburg, München und Stuttgart zu den führenden Beratern für das Personal- und das Finanzmanagement. Kerngeschäftsfelder sind: betriebliche Altersversorgung, Pensions-Administration, Health & Benefits, Mergers & Acquisitions, Investment Consulting, Human Capital, Vergütungsberatung, Mitarbeiterkommunikation und Auslandsentsendungen.

Mercer ist ein Tochterunternehmen von Marsh & McLennan Companies (NYSE: MMC), einem globalen Anbieter von Beratungsleistungen in den Bereichen Risiko, Strategie und Humankapital.

Mercer Deutschland GmbH
Platz der Einheit 1
60327 Frankfurt am Main
+49 (0)69 6897780
info.de@mercer.com
www.mercer.de

Miebach Consulting

Gründungsjahr	1973
Hauptsitz in Deutschland	Frankfurt am Main
Anzahl der Hauptstandorte 2017 weltweit	25
Anzahl der Hauptstandorte 2017 in Deutschland	3
Berater weltweit 2017	350
Berater in Deutschland 2017	k. A.

Die Miebach Consulting GmbH bietet Supply-Chain-Beratung und Ingenieurleistungen in Logistik und Produktion. Das Unternehmen gestaltet und realisiert für seine Kunden Netzwerkstrukturen, Prozesse und Einrichtungen entlang der gesamten Supply Chain. Die über vier Jahrzehnte und in einer Vielzahl von Projekten gewachsene Erfahrung wurde zum methodischen Ansatz des Supply Chain Engineering weiterentwickelt: Strategie, Organisation und Technologie finden Anwendung, um durch Best-in-Class-Lösungen Wettbewerbsvorteile zu sichern.

Das Unternehmen wurde 1973 von Dr.-Ing. Joachim Miebach gegründet und wuchs mit der Globalisierung. Zu seinen Kunden zählen Konzerne und der global agierende Mittelstand. Als Beratungs- und Umsetzungspartner bietet die Miebach-Gruppe ihre Leistungen weltweit mit 35 Büros in Asien, Europa, Nord- und Südamerika an. Mit über 350 Mitarbeitern gehört das Unternehmen zu den international führenden Beratern für Logistik und Supply Chain Design.

Im Zentrum der Beratungstätigkeit stehen die Branchen Automobilindustrie, Industrie und Hightech, Fast Moving Consumer Goods (FMCG), Handel stationär/online, Logistik-Dienstleister und Pharma.

Miebach Consulting GmbH
Untermainanlage 6
60329 Frankfurt
+49 (0)69 2739920
vertrieb@miebach.com · frankfurt@miebach.com
www.miebach.com

Interview mit Jürgen Hess

Jürgen Hess
Vorsitzender der Geschäftsführung
Miebach Consulting GmbH

Was bedeuten Logistik und Supply Chain für die Wettbewerbsfähigkeit von Firmen?

Logistik wird mittlerweile von Unternehmen in allen Branchen als Wettbewerbsvorteil erkannt und entsprechend optimiert. Immer bessere Service-Levels werden zur Kundengewinnung und -bindung eingesetzt – nicht mehr nur im B2C, sondern auch im B2B. Dafür ist eine leistungsfähige, vernetzte und transparente Supply Chain erforderlich, insbesondere auch vor dem Hintergrund der zunehmenden Digitalisierung. In der Intralogistik werden sich flexibel erweiterbare automatisierte Systeme durchsetzen, dabei wird auch Robotertechnik eine immer größere Rolle spielen. Im internationalen Umfeld sind auch Steuern und Zölle zu berücksichtigen, das Schlagwort ist »landed cost«.

Miebach verspricht Best-in-Class-Lösungen. Wie setzen Sie diesen hohen Anspruch in die Praxis um?

Best-in-Class-Lösungen zeichnen sich dadurch aus, dass ihre Funktionsfähigkeit und Wirtschaftlichkeit in der Realität nachweisbar ist. Gleichzeitig führen solche Lösungen dazu, dass Unternehmen flexibel und dynamisch auf Veränderungen reagieren können. Dies gilt für die Prozessgestaltung genauso wie für die ausgewählten Technologien.

Was kann der Kunde von Ihnen erwarten?

Unter anderem Ergebnisorientierung. Mit mehr als 40 Jahren Erfahrung in Planung und Realisierung wissen wir, dass nicht alles, was auf dem Papier oder in PowerPoint gut aussieht, auch einen Mehrwert in der Unternehmensrealität hat. Rund 50 Prozent des Umsatzes erzielen wir mit der Realisierung von Logistikanlagen und dem Re-Engineering von Supply Chains. Wir wissen aufgrund unserer Expertise und eines qualifizierten R&D-Teams also sehr genau, was heute und in der Zukunft funktioniert.

Was bedeutet es, wenn Sie Ihre Herstellerunabhängigkeit betonen?

Wir sind ausschließlich dem Projekterfolg unserer Kunden verpflichtet. Gemeinsam mit ihnen gestalten wir die optimalen Prozesse und Systeme, wählen auf Basis einer Ausschreibung den geeigneten Lieferanten aus und sichern den Projekterfolg durch professionelles Projektmanagement. Der Kunde bekommt nur, was er wirklich benötigt.

Wie weit ist Ihr Beratungsfokus?

Wenn wir Logistiklösungen entwickeln, dann immer unter Berücksichtigung von Prozessen, Systemen, Technologien und Menschen. Wir fragen, inwieweit der eingeschlagene Lösungsweg der Unternehmens- und Logistikstrategie zuträglich ist oder Gefahr läuft, zwar kurzfristig optimal zu erscheinen, sich in drei oder fünf Jahren aber als falsch zu erweisen.

Oliver Wyman

Gründungsjahr	1984
Hauptsitz in Deutschland	München
Anzahl der Hauptstandorte 2017 weltweit	mehr als 50 Büros
Anzahl der Hauptstandorte 2017 in Deutschland	5
Berater weltweit 2017	über 4.500
Berater in Deutschland 2017	k. A.

Oliver Wyman ist eine international führende Strategieberatung mit weltweit über 4.500 Mitarbeitern in mehr als 50 Büros in etwa 30 Ländern. Sie verbindet ausgeprägte Branchenexpertise mit hoher Methodenkompetenz bei Digitalisierung, Strategieentwicklung, Risikomanagement, Operations und Transformation. Die Strategieberatung schafft einen Mehrwert für ihre Kunden, der deren Investitionen um ein Vielfaches übertrifft. Sie berät weltweit seit mehr als 30 Jahren Unternehmen, die in ihren Branchen führend sind. Diese kommen aus der Automobilhersteller- und Zulieferindustrie, aus Einzelhandel und Konsumgüterindustrie, aus Energiewirtschaft, Financial Services, Gesundheitswirtschaft und Pharmaindustrie, aus Großhandel und Distribution, Luft- und Raumfahrt, Maschinen- und Anlagenbau, aus dem öffentlichen Sektor, aus Telekommunikation, Medien und Technologie, aus Transport und Logistik und aus den Unternehmensdienstleistungen.

Oliver Wyman ist eine hundertprozentige Tochter von Marsh & McLennan Companies, einem globalen Verbund von Dienstleistungsunternehmen, die ihren Kunden Beratung und Lösungen in den Bereichen Strategie, Risiko- und Personalmanagement bieten. Mit weltweit 60.000 Mitarbeitern und einem Jahresumsatz von mehr als 13 Milliarden US-Dollar ist Marsh & McLennan Companies auch Muttergesellschaft von Marsh, dem weltweit führenden Industrieversicherungsmakler und Risikoberater, Guy Carpenter, einem weltweit führenden Rückversicherungsmakler, sowie Mercer, einer weltweit führenden Beratung für Talent, Health, Retirement und Investments.

Oliver Wyman
Müllerstraße 3
80469 München
+49 (0)89 939490
www.oliverwyman.de

Porsche Consulting

Gründungsjahr	1994
Hauptsitz in Deutschland	Stuttgart
Anzahl der Hauptstandorte 2017 weltweit	7
Anzahl der Hauptstandorte 2017 in Deutschland	3
Berater weltweit 2017	k. A.
Berater in Deutschland 2017	k. A.

Porsche Consulting, eine hundertprozentige Tochtergesellschaft des Sportwagenherstellers Porsche, überträgt erprobte Lösungen aus der Automobilindustrie auf verschiedenste Branchen. Lag der Beratungsschwerpunkt ursprünglich auf der Lean-Transformation, steht heute die Digitalisierung im Mittelpunkt. Die internationale Managementberatung beschäftigt 470 Mitarbeiter, darunter viele Ingenieure und Wirtschaftswissenschaftler. Die Consulter unterstützen 200 Klienten pro Jahr bei der Umsetzung von Strategien.

Das Leistungsportfolio umfasst neben Digitalisierung und Innovation auch Unternehmensentwicklung und Qualität. Zudem zählen die Bereiche Forschung und Entwicklung, Produktion und Logistik, Beschaffung sowie Vertrieb, Marketing und Service zum Beratungsangebot.

Von den Standorten in Stuttgart, Hamburg und München sowie Mailand, São Paulo, Atlanta und Shanghai agierend, betreut Porsche Consulting weltweit Konzerne und mittelständische Unternehmen. Schwerpunkte sind die Automobil- und Zulieferindustrie, die Luft- und Raumfahrt sowie die Industriegüterbranche. Weitere Klienten kommen aus der Baubranche, der Konsumgüterindustrie, dem Handel und dem Dienstleistungssektor.

Porsche Consulting GmbH
Porschestraße 1
74321 Bietigheim-Bissingen
+49 (0)711 91112001
kontakt@porsche-consulting.com
www.porsche-consulting.com

Promerit

Gründungsjahr	1999
Hauptsitz in Deutschland	Frankfurt am Main
Anzahl der Hauptstandorte 2017 weltweit	4
Anzahl der Hauptstandorte 2017 in Deutschland	2
Berater weltweit 2017	75
Berater in Deutschland 2017	68

Promerit ist ein spezialisiertes Unternehmen für Transformation und HR-Management und eines der führenden Beratungsunternehmen für IT-gestütztes Talentmanagement und E-Recruiting. Das Portfolio umfasst die Beratungsfelder Business Transformation Consulting, HR-Transformation und HR-Digitalisation. Das Consulting reicht von E-Recruiting, strategischer Personalplanung, Performance- und Potenzialmanagement über Nachfolgeplanung und Entwicklungsplanung bis zu Learning Solutions.

Das Unternehmen ist Special Expertise Partner für SAP Talent Management und SaaS-Implementierungspartner von Umantis, Success Factors und Taleo.

Im Executive Search hat sich der Consulter auf die Besetzung von HR-Führungskräften, Talentmanagern, Recruitern und Personalentwicklern sowie von Managementfunktionen bei HR-Dienstleistern spezialisiert. Ein anderer Schwerpunkt ist das Coaching der Kunden bei anspruchsvollen Recruiting-Vorhaben sowie bei der Einschätzung und Förderung von Talenten.

Sitz von Promerit ist Frankfurt am Main. Weitere Standorte sind München, Györ (Ungarn) und Zürich.

Als Referenzen benennt das Unternehmen unter anderem die Bundesagentur für Arbeit, Conrad Electronic, Manor, Puma, Sky und Wacker.

Promerit wurde wiederholt von verschiedenen Organisationen als eine der besten Beratungen im Personalmanagement ausgezeichnet

Promerit Aktiengesellschaft
Torhaus Westhafen · Speicherstraße 57–59
60327 Frankfurt am Main
+49 (0)69 505008600
welcome@promerit.com
www.promerit.com

PwC

Gründungsjahr	1849
Hauptsitz in Deutschland	Frankfurt am Main
Anzahl der Hauptstandorte 2017 weltweit	736 in 158 Ländern
Anzahl der Hauptstandorte 2017 in Deutschland	21
Berater weltweit 2017	rund 55.000
Berater in Deutschland 2017	rund 3.000

Als Partner des Managements berät PwC seine Klienten von der Strategieentwicklung bis zur pragmatischen Umsetzung. Die Berater begleiten ihre Klienten entlang der gesamten Wertschöpfungskette. Ihre Beratungsschwerpunkte umfassen betriebs- und finanzwirtschaftliche, regulatorische sowie technologische Fragen. Dabei setzen sie in der Beratung das gesamte Potenzial aus Erfahrung, Branchenkenntnis, Fachwissen, Qualitätsanspruch, Innovationskraft und die Ressourcen seines Expertennetzwerks in 158 Ländern ein.

PwC entwickelt gemeinsam mit den Klienten Lösungen für Wachstum und nachhaltige Wertsteigerung. Höchste professionelle Standards und erkennbare Erfolge für den Klienten bilden die Grundlage der Beratung.

Zusammen mit der Strategieberatung Strategy&, Teil des PwC-Netzwerks, hat PwC eine internationale Managementberatung geschaffen, die das Beste von der Strategie bis zur Umsetzung vereint.

Der Beratungsfokus liegt auf den Branchen Automobilindustrie, Energiewirtschaft, Finanzdienstleistungen, Gesundheitswesen und Pharma, Handel und Konsumgüter, industrielle Produktion, öffentlicher Sektor, Technologie, Medien und Telekommunikation sowie Transport und Logistik.

Pricewaterhouse Coopers GmbH
Wirtschaftsprüfungsgesellschaft
Friedrich-Ebert-Anlage 35–37
60327 Frankfurt am Main
+49 (0)69 95850
www.pwc.de

Interview mit Martin Scholich

Martin Scholich
Geschäftsführer und Leader Advisory
bei PwC in Deutschland

Welchen strategischen Mehrwert bringt PwC als Berater?

Für unsere Klienten wird es immer wichtiger, neben zukunftsweisenden Strategien auch Innovationen, Technologien und die passende Umsetzung aus einer Hand zu erhalten. Unsere Stärke ist die große Bandbreite unserer Dienstleistungen. Sie ermöglicht es uns, die Klienten umfassend bei strategisch-betriebswirtschaftlichen und technologischen Fragen zu beraten und sie von der ersten strategischen Überlegung bis zur Umsetzung zu begleiten. Unser erweitertes Spektrum an Kompetenzen und Ressourcen wird am Markt sehr positiv aufgenommen. PwC und Strategy& verbindet kreatives und innovatives Denken. Gemeinsam sind wir in der Lage, die wirklich komplexen Probleme unserer Kunden zu lösen.

Wie berät PwC seine Kunden im Megatrend Digitalisierung?

Unsere Kunden wollen den Mehrwert in der Beratung sehen. Es reicht nicht aus, eine gute Präsentation zu erstellen. Wir arbeiten gemeinsam mit unseren Kunden an Lösungen, von denen sie jeden Tag profitieren. Unser Ansatz dafür heißt BXT: Business, User eXperience und Technology. Diese drei Perspektiven und Kompetenzfelder bilden stets die Basis, auf der wir gemeinsam Lösungen entwickeln. Durch die Verknüpfung von Business-Knowhow, Technologie-Wissen und agilen, nutzerzentrierten Methoden entstehen zunächst Prototypen, die dann erprobt und bis zur Marktreife weiterentwickelt werden. Mit vielen unserer Kunden arbeiten wir dafür in unserem kürzlich eröffneten Experience Center in Frankfurt. Dort nutzen wir neben neuesten Technologien vor allem innovative gemeinschaftliche Ansätze und iterative Prozesse. Dadurch wandelt sich auch PwC selbst: Wir fördern eine agile Kultur, die offen ist für Fehler und Mitarbeitern die Möglichkeit gibt, ganzheitlich über Probleme nachzudenken. Technologie und Digitalisierung werden die Beraterbranche auch weiter dramatisch verändern. Unsere Digitalkompetenz bauen wir deshalb stetig aus, auch durch Zukäufe.

Was ist für Sie die Beratung der Zukunft?

Wir leben heute schon die Beratung der Zukunft: Der Kunde unserer Kunden steht im Mittelpunkt unserer Arbeit. Je besser wir ihn verstehen, desto besser ist die Lösung, die wir erarbeiten. Testings, Befragungen und Prototyping, also die direkte Einbindung der neuesten Technologien wie KI oder Analytics in die Projekte, werden immer relevanter. Kunden erwarten, heute und in der Zukunft von der ersten Idee bis zum finalen Produkt maßgeblich in die Lösungsfindung eingebunden zu werden. Mit unserem Ansatz – von der Strategie bis zur Umsetzung – können wir genau diesen Mehrwert liefern.

pwc

Q_Perior

Gründungsjahr	2011
Hauptsitz in Deutschland	München
Anzahl der Hauptstandorte 2017 weltweit	11
Anzahl der Hauptstandorte 2017 in Deutschland	4
Berater weltweit 2017	mehr als 810
Berater in Deutschland 2017	k. A.

Q_Perior (Eigenschreibweise: Q_PERIOR) ist eine inhabergeführte Managementberatung, die eine führende Position auf dem deutschen Beratermarkt einnimmt. Mit Blick auf Notwendigkeiten der digitalen Transformation ist die Unternehmensberatung fokussiert auf die Schnittstelle von IT und Business.

Neben der Spezialisierung auf die Branchen Automotive, Banken, Energie, öffentlicher Sektor, Travel, Transport und Logistik und Versicherungen bietet das Unternehmen ein branchenübergreifendes Beratungsspektrum in den Bereichen Audit & Risk, Business Intelligence, Finanzen & Controlling, Kundenmanagement, Projekt- & Implementierungsmanagement, strategisches IT-Management, Supply Chain Management und Technologie.

2016 erwirtschaftete Q_Perior 132 Millionen Euro Umsatz und ist damit auf Platz sechs der deutschen Managementberatungen (Lünendonk®) gelistet. Das Beratungsunternehmen erhielt mehrfach Auszeichnungen für hervorragend realisierte Lösungen und gehört seit Jahren zu den besten Arbeitgebern in Deutschland.

Als Referenzkunden benennt Q_Perior unter anderem: A1, Allianz, ASFINAG, Audi, BIAC Finanzierungs- und Versicherungsmanagement, Basler Versicherungen, BMW, Commerzbank, DEVK, DZ Bank, EnBW, Ergo, Generali, Helvetia, Hannover Rück, Infineon Technologies, Linde, MAN, Max-Planck-Gesellschaft, Merkur Versicherung, Paysafe Card, Provinzial Nordwest, Saubermacher, Siemens, Schweizerische Bundesbahnen (SBB), Schweizerische Post, Swisscom, Swiss Re, Talanx, Verbund, Vienna Insurance Group, Volkswagen, Wüstenrot und Württembergische.

Q_Perior AG
Leopoldstraße 28a
80802 München
+49 (0)89 45599200
info@q-perior.com
www.q-perior.com

Ritzenhoefer

Gründungsjahr	2010
Hauptsitz in Deutschland	Düsseldorf
Anzahl der Hauptstandorte 2017 weltweit	2
Anzahl der Hauptstandorte 2017 in Deutschland	2
Berater weltweit 2017	46
Berater in Deutschland 2017	46

Ritzenhoefer ist eine strategische Managementberatung, die mit dem Ziel gegründet wurde, komplexe Transformationen bei Unternehmen erfolgreich zu gestalten. Die Kernkompetenz ist die Begleitung von strategischen und technologiegetriebenen Großtransformationen, insbesondere bei Banken, Versicherungen und Industrieunternehmen.

Im Fokus steht der Transformationsprozess in allen seinen Dimensionen. Die Beratungsteams begleiten die Planungsphase und den gesamten Lebenszyklus der Transformation, aber auch ausgewählte Abschnitte und Teilaspekte. Besonderer Fokus der Beratung liegt auf der Kopplung der IT und der Fachbereiche sowie der Abstimmung zwischen Topmanagement und der Umsetzungsorganisation.

Im Ranking der besten Berater im Branchenreport Consulting von Statista und *Brand eins Wissen* ist Ritzenhoefer 2017 in der Kategorie Banken gelistet.

Ritzenhoefer GmbH
Hafenspitze · Speditionstraße 21
40221 Düsseldorf
+49 (0)211 88231555
info@ritzenhoefer.com
www.ritzenhoefer.com

ROI Management Consulting

Gründungsjahr	1999
Hauptsitz in Deutschland	München
Anzahl der Hauptstandorte 2017 weltweit	6
Anzahl der Hauptstandorte 2017 in Deutschland	2
Berater weltweit 2017	mehr als 100
Berater in Deutschland 2017	65

ROI Management Consulting ist ein Experte für Forschung und Entwicklung, Produktion und Industrie 4.0. Die Gesellschaft unterstützt Industrieunternehmen darin, Produkte, Produktionsnetzwerke und Technologien zu optimieren und die Potenziale der Digitalisierung für effizientere Prozesse und zeitgemäße Produkte zu nutzen. Sie lässt sich an operativer Exzellenz und quantitativen, nachhaltig wirksamen Ergebnissen messen.

Der Beratungsfokus liegt auf den Branchen Automobilindustrie, Hightech und Elektronik, Luft- und Raumfahrt, Maschinen- und Anlagenbau, Nutzfahrzeuge, Prozessindustrie, Pharma und Medizintechnik.

1999 in München gegründet, beschäftigt die ROI-Gruppe weltweit mehr als 150 Mitarbeiter an den Standorten München, Stuttgart, Peking, Prag, Wien und Zürich. Das Spektrum der Kunden reicht von renommierten mittelständischen Unternehmen bis hin zu DAX-Konzernen.

Für die stark umsetzungsorientierten Projekte wurde das Unternehmen wiederholt ausgezeichnet, unter anderem im Wettbewerb »Best of Consulting« der *Wirtschaftswoche*, im Ranking der besten Berater von Statista und dem Wirtschaftsmagazin *Brand eins Wissen*, 2015 und 2018 in der Studie *Hidden Champions des Beratungsmarktes* durch die Wissenschaftliche Gesellschaft für Management und Beratung und das Magazin *Capital*.

ROI betreibt eine Industrie-4.0-Lernfabrik, in der technologische Grundlagen und Prinzipien der Digitalisierung mit dem Lean-Production-Ansatz kombiniert und praxisnah vermittelt werden. Gemeinsam mit der Fachzeitschrift *Produktion* schreibt ROI in Deutschland seit 2013 den »Industrie 4.0 Award« aus, seit 2017 auch in China. Der Schwerpunkt liegt dabei auf Lösungen, die sich in der Praxis bewähren und betriebswirtschaftlichen Nutzen erzielen.

ROI Management Consulting AG
Infanteriestraße 11
80797 München
+49 (0)89 1215900
kontakt@roi.de
www.roi.de

Interview mit Hans-Georg Scheibe

Hans-Georg Scheibe
Vorstand der ROI Management Consulting AG

Virtuelle Modelle, sogenannte digitale Zwillinge, gehören zu den besonders beeindruckenden Beispielen für Industrie 4.0 und das Internet der Dinge. Sie sind der Ansicht, dass der Ansatz viel zu kurz greift. Warum?

Wenn Sie beispielsweise zu einer Flugzeugturbine, die sehr teuer, sehr kritisch und sehr langlebig ist, einen Digital Twin aufbauen, dann können Sie im Idealfall sehr genau voraussagen, wann es zu einer Materialermüdung oder Funktionsstörung kommt oder wann die Turbine präventiv überholt werden muss. Damit gewinnt man sicherlich wertvolle Erkenntnisse im Hinblick auf die Optimierung eines Produkts und seine Wartung. Aber einen richtigen Optimierungshebel hat man erst dann, wenn man nicht nur ein Produkt, sondern den gesamten Prozess oder das gesamte Wertschöpfungsnetzwerk verbessert. Wenn Digital Twins für Prozesse etabliert sind, kann man das ganze Potenzial der Digitalisierung und Vernetzung heben.

Wie muss man sich den Aufbau eines Digital Twins für einen Prozess vorstellen?

Nehmen wir als Beispiel eine Fertigungsanlage für Armaturen in der Automobilindustrie, in der Polyurethan-Schaum geformt und gehärtet wird. Dabei hat man häufig eine verhältnismäßig hohe Ausschussrate. Um diesen Prozess zu verbessern, baut man einen Digital Twin. Dazu definiert man zunächst die Prozessparameter, die einen Einfluss auf die Performance der Anlage haben. Im zweiten Schritt werden die vorhandenen Prozessdaten erfasst und analysiert und gegebenenfalls durch weitere Daten ergänzt, etwa durch zusätzliche Sensorik. All diese Daten werden in einer Cloud-Anwendung zusammengeführt und analysiert. Auf dieser Basis wird schließlich ein Modell aufgebaut, das den Prozess möglichst genau abbildet – also die relevanten Parameter, die Wechselwirkungen und kritische Werte. Das Modell kann weit über das eigene Unternehmen hinausreichen – bis zum Logistiker, der den Schaum transportiert, oder sogar bis zum Hersteller des Schaums. Am Ende steht ein digitales Modell, das den gesamten Prozess in Echtzeit überwacht und ein frühzeitiges Eingreifen auf Basis kritischer Prozessparameter erlaubt: der Digital Process Twin.

Gibt es abseits der Effizienz- und Qualitätssteigerung Vorteile, die ein solcher Digital Process Twin bringt?

Selbstverständlich. Zum Beispiel kann man die Lieferanten respektive deren Prozesskette wesentlich genauer analysieren. Damit hat man einerseits einen sehr guten Hebel zur Qualifizierung der Lieferanten. Andererseits kann man neue Lieferanten wesentlich schneller und einfacher an Bord holen, was die Abhängigkeit reduziert und den Aufbau neuer lokaler Produktionsstätten erleichtert.

ROI
MANAGEMENT CONSULTANTS

Roland Berger

Gründungsjahr	1967
Hauptsitz in Deutschland	München
Anzahl der Hauptstandorte 2017 weltweit	k. A.
Anzahl der Hauptstandorte 2017 in Deutschland	k. A.
Berater weltweit 2017	k. A.
Berater in Deutschland 2017	k. A.

Roland Berger, 1967 gegründet, ist die einzige weltweit führende Unternehmensberatung europäischer Herkunft und mit deutschen Wurzeln. Mit rund 2.400 Mitarbeitern in 34 Ländern ist das Unternehmen in den global wichtigsten Märkten aktiv.

Das Unternehmen berät international führende Industrie- und Dienstleistungsunternehmen sowie öffentliche Institutionen über die klassische Strategieberatung hinaus. Roland Berger verbindet gründliche Analysen mit agilen und praxisnahen Strategien. Zum Angebotsspektrum zählen unter anderem Führungs- und Geschäftsmodelle, Prozesse und Services, Mergers & Acquisitions und Private Equity sowie die Unterstützung beim Management großer Infrastruktur- oder unternehmerischer Restrukturierungsprojekte.

Initiativen wie Roland Bergers globales Digital-Experten-Netzwerk Terra Numerata™, die Partnerschaft mit dem französischen Start-up Accelerator Numa und Spielfeld, der gemeinsame Digital Hub von Roland Berger und Visa in Berlin, eröffnen Kunden strategische Zugänge zu neuen Technologien.

Roland Berger steht im ausschließlichen Eigentum von rund 220 Partnern.

Roland Berger GmbH
Sederanger 1
80538 München
+49 (0)89 92300
contact@rolandberger.com
www.rolandberger.com

Simon-Kucher & Partners

Gründungsjahr	1985
Hauptsitz in Deutschland	Bonn
Anzahl der Hauptstandorte 2017 weltweit	34
Anzahl der Hauptstandorte 2017 in Deutschland	5
Berater weltweit 2017 (Stichtag 31.07.2017)	880
Berater in Deutschland 2017 (Stichtag 31.07.2017)	rund 360

Simon-Kucher & Partners Strategy & Marketing Consultants ist eine globale Strategieberatung mit Fokus auf den Bereichen Marketing, Pricing und Vertrieb. Gegründet im Jahr 1985, verfügt das Unternehmen über mehr als 30 Jahre Erfahrung und gilt in der Preisberatung als weltweit führend. Jährlich werden mehr als 1.000 Projekte durchgeführt. Die Unternehmensberatung weist darauf hin, dass sie mit ihren Projekten die Profitabilität ihrer Kunden in der Regel um 100 bis 500 Basispunkte steigert.

Im Ranking der besten Berater von Statista und dem Wirtschaftsmagazin *Brand eins Wissen* ist Simon-Kucher seit 2014 jährlich auf vordersten Plätzen gelistet, 2017 in den Kategorien »Marketing & Pricing« sowie »Vertrieb & CRM«.

Das Beratungsunternehmen befasst sich zudem stark mit den Veränderungen, die digitale Technologien auf kommerzielle Themen haben, und betrachtet Digitalisierungseffekte auf Markt- und Kundenseite. Es berät seine Kunden bei der Neuausrichtung ihrer Geschäftsmodelle und der Verbesserung der Kundenerfahrung in der digitalen Welt.

Simon-Kucher ist mit mehr als 1.000 Mitarbeitern in 34 Büros weltweit vertreten. Die Kunden kommen aus den Bereichen Automobilindustrie, Chemie und Grundstoffe, Energie und Versorgung, Finanzdienstleistungen, Industrie und Maschinenbau, Handel und Konsumgüter, Pharma und Gesundheitswesen, Technologie und Software, Telekommunikation, Internet und Medien, Großhandel, B2B Services sowie Transport, Logistik und Tourismus.

Simon-Kucher & Partners Strategy & Marketing Consultants GmbH
Willy-Brandt-Allee 13
53113 Bonn
+49 (0)228 98430
bonn@simon-kucher.com
www.simon-kucher.com

SKS Unternehmensberatung

Gründungsjahr	1999
Hauptsitz in Deutschland	Hochheim am Main
Anzahl der Hauptstandorte 2017 weltweit	5
Anzahl der Hauptstandorte 2017 in Deutschland	3
Berater weltweit 2017	250
Berater in Deutschland 2017	235

Die SKS Unternehmensberatung GmbH & Co. KG ist eine mittelständische Fach- und IT-Beratung, die vornehmlich mittlere bis große Finanzinstitute von der fachlichen Konzeption bis zur Realisierung begleitet. Das Unternehmen unterstützt seine Kunden in den Bereichen Externes Meldewesen, Risikomanagement, Bankensteuerung, Accounting & Controlling, Individualsoftware-Entwicklung, Standardsoftware-Implementierung. Die Beratungsgesellschaft führt sowohl SAP-basierte als auch eigenentwickelte Individualsoftware-Lösungen ein.

Die Unternehmensberatung ist Teil der SKS Group, zu der außerdem die IB-Bank-Systems GmbH in Potsdam, die Interexa AG in Mainz sowie die Auslandstöchter in Österreich und Luxemburg gehören. Die Gruppe beschäftigt in den Segmenten SKS Advisory und SKS Solutions mehr als 300 fest angestellte Mitarbeiter.

Zu den Kunden gehören öffentlich-rechtliche Kreditinstitute und Landesbanken, Großbanken, Hypothekenbanken, Privatbanken sowie Förderbanken und genossenschaftliche Banken.

SKS Unternehmensberatung GmbH & Co. KG
Geheimrat-Hummel-Platz 4
65239 Hochheim am Main
+49 (0)6146 60370
info@sks-group.eu
www.sks-group.eu

Staufen

Gründungsjahr	1994
Hauptsitz in Deutschland	Köngen
Anzahl der Hauptstandorte 2017 weltweit	13
Anzahl der Hauptstandorte 2017 in Deutschland	2
Berater weltweit 2017	220
Berater in Deutschland 2017	150

Die Staufen AG ist eine international agierende Lean-Management-Beratung. Das Unternehmen begleitet seine Kunden bei der Implementierung schlanker Prozesse und Strukturen auf allen Unternehmensebenen. Die Beratungsfelder umfassen Administration, Digitalisierung & Industrie 4.0, Führung und Strategie, Einkauf & Beschaffung, Entwicklung, Innovation, Operation Management, Quality Excellence, Restrukturierung, Supply Chain Management, Vertrieb & Service. Außerdem verfügt die Staufen AG über ein Netzwerk von Interimsmanagern, die Führungspositionen auf Zeit übernehmen: sowohl im Topmanagement als auch zur operativen Unterstützung bei Kapazitätsengpässen und Vakanzen bei Werkleitern, Produktionsleitern, Vertriebsleitern, Einkaufsleitern, der Leitung Supply Chain und internationalen Projektleitern.

Die Berater und Interimsmanager kommen aus führenden Beratungsunternehmen oder sind ehemalige Führungskräfte aus Benchmark-Unternehmen.

Darüber hinaus qualifiziert die Staufen AG die Führungskräfte der Kundenunternehmen in der Staufen Akademie mit einem umfangreichen Schulungsprogramm und durch Besuche bei Best-Practice-Unternehmen.

Mit mehr als 260 Mitarbeitern betreut die Unternehmensberatung Kunden an Standorten in Deutschland, der Schweiz, Italien, Polen, der Tschechischen Republik, der Slowakei, Ungarn, China, Brasilien und Mexiko.

Im Ranking der besten Berater von Statista und *Brand eins Wissen* ist Staufen seit 2014 jährlich gelistet, 2017 in sechs Kategorien. Im Wettbewerb »Best of Consulting« der *Wirtschaftswoche* wurde das Unternehmen wiederholt ausgezeichnet. Die Studie *Hidden Champions des Beratungsmarktes* nennt das Unternehmen 2015 als beste Lean-Management-Beratung.

Staufen AG
Blumenstraße 5
73257 Köngen
+49 (0)7024 80560
kontakt@staufen.ag
www.staufen.ag

Strategy&

Gründungsjahr	1914[1], 2014[2]
Hauptsitz in Deutschland	Düsseldorf
Anzahl der Hauptstandorte 2017 weltweit	71
Anzahl der Hauptstandorte 2017 in Deutschland	6
Berater weltweit 2017	mehr als 3.000
Berater in Deutschland 2017	k. A.

PwC Strategy& (kurz: Strategy&) ist ein globales Team praxisorientierter Strategieberater innerhalb des PwC-Netzwerks. Durch Kombination strategischer und methodischer Fachexpertise erarbeitet Strategy& für und mit den Kunden individuelle Lösungen und unterstützt von der Strategie bis zur Umsetzung.

Strategy& entstand im März 2014 aus dem Zusammenschluss von Booz & Company mit dem PwC-Netzwerk. Kunden profitieren von mehr als 100 Jahren Erfahrung in der Managementberatung in Kombination mit der Industrieerfahrung und den Ressourcen von PwC. Beispiele dafür sind die Entwicklung einer Unternehmensstrategie, die (digitale) Transformation eines Geschäftsbereichs und der Aufbau neuer Kompetenzen.

Die Unternehmensberatung ist Teil des weltweiten PwC-Netzwerks mit mehr als 236.000 Mitarbeitern in 158 Ländern, die branchenspezifische Dienstleistungen in den Bereichen Wirtschaftsprüfung, Steuer- und Unternehmensberatung anbieten.

[1] 1914: Booz & Company
[2] 2014: Strategy&

PwC Strategy& (Germany) GmbH
Hofgarten Palais · Goltsteinstraße 14
40211 Düsseldorf
+49 (0)211 38900
www.strategyand.pwc.com/de

The Boston Consulting Group

Gründungsjahr	1963
Hauptsitz in Deutschland	München
Anzahl der Hauptstandorte 2017 weltweit	85 Standorte in 48 Ländern
Anzahl der Hauptstandorte 2017 in Deutschland	7
Berater weltweit 2017	k. A.
Berater in Deutschland 2017	k. A.

The Boston Consulting Group (BCG) ist eine internationale Managementberatung und weltweit führend auf dem Gebiet der Unternehmensstrategie. Sie unterstützt Unternehmen aus allen Branchen und Regionen dabei, Wachstumschancen zu nutzen und ihr Geschäftsmodell an neue Gegebenheiten anzupassen. In partnerschaftlicher Zusammenarbeit mit den Kunden werden individuelle Lösungen entwickelt. Gemeinsames Ziel ist es, nachhaltige Wettbewerbsvorteile zu schaffen, die Leistungsfähigkeit des Unternehmens zu steigern und das Geschäftsergebnis dauerhaft zu verbessern.

Das Beratungsunternehmen wurde 1963 von Bruce D. Henderson gegründet und ist heute an 85 Standorten in 48 Ländern vertreten. Es befindet sich im alleinigen Besitz seiner Geschäftsführer. Weltweit erwirtschaftete es im Jahr 2016 mit 14.000 Mitarbeitern einen Umsatz von 5,6 Milliarden US-Dollar.

Die BCG hat die Beratungsszene nachhaltig geprägt; in den letzten 40 Jahren sind viele ihrer Konzepte zum festen Bestandteil von Managementlehre und Unternehmenspraxis geworden.

Zu den Kunden zählen viele der 500 größten Unternehmen der Welt. Das Unternehmen berät jedoch auch mittelständische Unternehmen, den öffentlichen Sektor sowie Non-Profit-Organisationen.

The Boston Consulting Group GmbH
Ludwigstraße 21
80539 München
+49 (0)89 231740
onlineDE@bcg.com
www.bcg.de

Theron Advisory Group

Gründungsjahr	1993
Hauptsitz in Deutschland	Berlin
Anzahl der Hauptstandorte 2017 weltweit	6
Anzahl der Hauptstandorte 2017 in Deutschland	5
Berater weltweit 2017	78
Berater in Deutschland 2017	57

Die Theron Advisory Group ist eine von ehemaligen Partnern führender internationaler Beratungsunternehmen gegründete Topmanagement-Beratung. Sie unterstützt ihre Klienten mit dem gesamten Instrumentarium der Strategie- und Management-Beratung – von der strategischen Neuausrichtung über die Stärkung des operativen Geschäfts bis hin zur Restrukturierung. Dabei stehen neben der Organisationsentwicklung und dem Ausbau der Kernfähigkeiten der Klienten zunehmend Fragen der Steigerung der Wettbewerbsfähigkeit durch Digitalisierung und IT-Kompetenz im Vordergrund.

Das Unternehmen verfolgt einen integrativen Beratungsansatz. Über methodische Kompetenz sowie Fach- und Branchen-Know-how hinaus begleitet und fördert die Beratung Veränderungsprozesse in Unternehmen.

Die Partner sind auch Berater und mit bis zu 80 Prozent ihrer Kapazität in die Projekte involviert. Entsprechend schlank ist die typische Team-Struktur eines Theron-Projekts. Die Teams bestehen im Regelfall aus jeweils einem Partner, der für die Projektleitung vor Ort verantwortlich ist, und ein bis maximal drei Beratern, die über mindestens fünf Jahre Berufserfahrung verfügen.

Zu den Klienten zählen führende internationale Konzerne und deren Tochtergesellschaften sowie inhabergeführte und mittelständische Unternehmen. Mit vielen von ihnen arbeitet das Beratungsunternehmen schon seit seiner Gründung in unterschiedlichen Projekten zusammen.

Der Branchenfokus liegt auf den Sektoren Automobilindustrie, Chemische Industrie, Finanzdienstleistungen, Handel und Konsumgüter, IT und Telekommunikation, Maschinen- und Anlagenbau, Medizintechnik, Post und Logistik, Ver- und Entsorger. Für jede Branche liefern mindestens drei Partner das nötige Fachwissen und die Praxiserfahrung.

Theron Advisory Group GmbH
Meinekestraße 26
10719 Berlin
+49 (0)30 8892210
www.theron.com

Interview mit Peter Jumpertz

Peter Jumpertz
Gründungspartner von Theron
peter.jumpertz@theron.com

Theron legt viel Wert auf einen integrativen Beratungsansatz. Bitte erklären Sie das.

Erfolgreiche Strategie entsteht und lebt nicht im Kopf des Beraters, sondern in den Köpfen der Mitarbeiter unserer Klienten. Wir als Berater können Ideen einbringen, kritisch hinterfragen und Präzision sicherstellen. Die Veränderungen im Handeln der Organisation muss die Organisation selbst verantworten. Von Anfang an war unser Ziel, die Methoden und Instrumente der klassischen Strategieberatung mit den komplizierten Werkzeugen der systemischen Beratung zu verbinden. Jede Strategieanalyse, sogar jede Frage, die wir stellen, verstehen wir als echte Intervention. Sie dient nicht nur dem fachlichen Erkenntnisgewinn, sondern auch der Erkenntnis der Organisation, dass eine Veränderung notwendig wird. Das bedeutet für uns integrativ.

Wie geht Theron methodisch in Beratungsprojekten vor?

Abhängig von den jeweiligen zeitlichen Anforderungen eines Projektes und den Hypothesen, die das Management der Klienten in die Projekte mitbringt, wenden wir entsprechend detaillierte und formalisierte Methoden an. So kann etwa in einem Fall das Sieben-S-Modell wertvolle Einsichten liefern. In einem anderen Fall kann die Branchen-Struktur-Analyse oder der Blue-Ocean-Strategy-Ansatz den Blick für Chancen und Risiken schärfen. In jedem Fall greift Theron auf bewährte Methoden zurück.

Wie groß sind Ihre Beraterteams, wenn Sie so fokussiert in ein Projekt gehen?

Ein Projektteam besteht typischerweise aus einem Partner, der für die Projektleitung vor Ort verantwortlich ist, und ein bis maximal drei Beratern, die über mindestens fünf Jahre Berufserfahrung verfügen. Die Partner sind mit bis zu 80 Prozent ihrer Kapazität in die Projekte involviert.

Was kann ein Kunde von Theron erwarten?

Viele Menschen und Unternehmen erfahren zunehmend, wie Software »ihre Welt auffrisst«. Die natürliche Reaktion darauf ist Angst. Diese Angst müssen wir in positive Energie umwandeln. Dass dies funktionieren kann, ist empirisch nachweisbar. Das Wie ist allerdings alles andere als trivial. Hier kommt uns die jahrzehntelange Erfahrung mit systemischer Beratung zugute. Wir begreifen digitale Transformation als Prozess, der die gesamte Organisation bis in ihre feinsten Verästelungen erfasst. Im Zentrum unserer »Predict Involve Embed«-Methode steht das Team, das mit Mitgliedern quer durch alle Funktionen im Unternehmen besetzt ist. Für jede Entscheidung, die wesentlichen Einfluss auf die Kunden unserer Klienten hat, gibt es solche Teams. Unsere Aufgabe ist, den Weg zu einer erheblich anderen Unternehmenskultur zu planen und ein Stück weit zu begleiten.

THERON
ADVISORY GROUP

TMG Consultants

Gründungsjahr	1986
Hauptsitz in Deutschland	Stuttgart
Anzahl der Hauptstandorte 2017 weltweit	3
Anzahl der Hauptstandorte 2017 in Deutschland	1
Berater weltweit 2017	83
Berater in Deutschland 2017	70

Die TMG Consultants GmbH ist ein Beratungsunternehmen, das seit mehr als 30 Jahren auf die Lösung komplexer Management-Herausforderungen in der produzierenden Industrie spezialisiert ist. Im Fokus der Tätigkeit stehen die Bereiche Innovation, Effizienz und Umsetzung. Schwerpunkte der Beratungsleistungen sind individuelle Effizienzsteigerungsprogramme und deren Umsetzung sowie Projekte zur Beherrschung der Komplexität in Innovationsprozessen.

Kernbranchen sind der Maschinen- und Anlagenbau, die Automobil- und Zulieferindustrie sowie deren Dienstleister. Der Kundenkreis umfasst rund 300 Unternehmen – vom Industriekonzern über global operierende Zulieferer bis hin zum ambitionierten mittelständischen Betrieb.

Die Beratungsfelder umfassen Entwicklung, Innovation und Wertanalyse, Organisation und Prozesse, globale Netzwerke, Produktion, Supply Chain Management und Logistik, Fabrikplanung und Werkstrukturplanung, Projektmanagement, Industrie 4.0, Additive Manufacturing, Einkauf, Lieferantenmanagement und Vertrieb.

Hauptsitz der Unternehmensberatung ist Stuttgart, eigene Niederlassungen gibt es zudem in Shanghai und in Bukarest. Hinzu kommen ein Netzwerk internationaler Experten und zahlreiche Projektstandorte in aller Welt.

Für ihre Leistungen wurden die Consultants mehrfach ausgezeichnet: TMG ist unter anderem »Hidden Champion des Beratungsmarktes 2018« in der Kategorie »Produzierende Industrie« und Preferred Supplier für Consulting Services der Bosch-Gruppe und der Continental AG.

TMG Consultants GmbH
Schrempfstraße 9
70597 Stuttgart
+49 (0)711 7696760
info@tmg.com
www.tmg.com

Interview mit Darya Nassehi

Darya Nassehi
Geschäftsführer der TMG Consultants GmbH
info@tmg.com

TMG verstärkt schon seit einiger Zeit die Aktivitäten in den Bereichen digitale Transformation und Industrie 4.0. Als Teil der SmartFactoryKL-Initiative können Sie Industrie 4.0 sogar »zum Anfassen« anbieten ...

Die aktive Mitarbeit in der SmartFactoryKL-Initiative ermöglicht es uns, gemeinsam mit anderen renommierten Unternehmen und Forschungseinrichtungen aktiv an Ideen zur intelligenten Fabrik von morgen zu arbeiten und diese in der Praxis erfahrbar zu machen. Die SmartFactory-Mitarbeit ist allerdings nur ein Baustein unserer Digitalisierungs- und Industrie-4.0-Initiativen. Wir halten es für enorm wichtig, unsere traditionelle und seit nunmehr 30 Jahren anerkannte Kompetenz in klassischen Produktions- und Logistikfragen auf breiter Front durch profundes Digitalisierungs- und Transformations-Know-how zu ergänzen. Denn sicher ist: Reale und digitale Welt wachsen immer mehr zusammen. Die anstehenden Veränderungen gehen dabei weit über die technischen Anpassungserfordernisse hinaus, die zurzeit die öffentliche Diskussion prägen. Konkret heißt das zum Beispiel, dass neue Modelle der Organisation, der Steuerung und der übergreifenden Zusammenarbeit Einzug in die Unternehmen halten werden. Das operative Geschäft wird viel stärker als heute über lose Netzwerke abgewickelt werden (müssen).

Sind die Unternehmen der produzierenden Industrie auf diesen Wandel gut genug vorbereitet?

Für die überwiegende Mehrheit der Unternehmen sehe ich das nicht. Die Kluft zwischen Industrie-4.0-Anspruch und Realität ist nach wie vor sehr groß. Zwar gibt es wohl kaum noch ein Unternehmen, das sich nicht schon mit technischen Fragen und Lösungsansätzen auseinandergesetzt hat. Ausgefeilte Industrie-4.0-Strategien und darauf zugeschnittene Roadmaps findet man hingegen kaum. Beides ist aus unserer Sicht allerdings unerlässlich, will man sich nicht in der Vielzahl möglicher Lösungsansätze heillos verstricken.

Bei der Digitalisierung gibt es einen klaren First-Mover-Vorteil. Unseren Kunden raten wir daher, jetzt mit kleinen Schritten zu starten, um zu den Vorreitern auf diesem zukunftsbestimmenden Feld zu gehören. Gerade mittelständischen Unternehmen bietet sich eine exzellente Chance, Wettbewerbsvorteile herauszuarbeiten, weil sie die weitreichenden Entscheidungen zur Digitalisierung und Vernetzung aufgrund ihrer flachen hierarchischen Strukturen wesentlich schneller und konsequenter treffen können als Konzernunternehmen. Der Mittelstand ist zudem viel eher in der Lage, neue Strukturen parallel zum bestehenden System aufzubauen, spezielle Industrie-4.0-Zellen zu bilden, Erfahrungen zu sammeln und darauf basierend die Ausbreitung im Unternehmen voranzutreiben.

TMG Consultants

Unity

Gründungsjahr	1995
Hauptsitz in Deutschland	Büren
Anzahl der Hauptstandorte 2017 weltweit	14
Anzahl der Hauptstandorte 2017 in Deutschland	8
Berater weltweit 2017	190
Berater in Deutschland 2017	167

Unity (Eigenschreibweise: UNITY) ist eine Managementberatung für Innovation und Transformation. Seit mehr als 20 Jahren unterstützt sie Unternehmen darin, ihre Innovationskraft und ihre operative Exzellenz zu steigern. Unternehmen der Branchen Automotive, Luft- und Raumfahrt, Gesundheitswirtschaft und Medizintechnik, Energie, Pharma und Chemie sowie Maschinen- und Anlagenbau zählen zu den Kunden – darunter 20 der DAX-30-Unternehmen sowie der renommierte Mittelstand. Die Managementberatung ist mit 230 Mitarbeitern weltweit an 14 Standorten vertreten und führt rund um den Globus Kundenprojekte durch.

Unity begleitet Unternehmen insbesondere bei der digitalen Transformation: Ein breites Leistungsangebot – von Themen der Produktentstehung über Services und Vertrieb bis hin zur optimalen Auftragsabwicklung – ist die Basis für eine zielgerichtete Beratung zu Industrie 4.0. Zudem ist das Beratungshaus Kernunternehmen im Spitzencluster it's OWL (Intelligente Technische Systeme OstWestfalenLippe); das Technologie-Netzwerk gilt mit einem Forschungsetat von 100 Millionen Euro als eines der bundesweit bedeutendsten Projekte im Kontext Industrie 4.0.

Als Referenzkunden benennt das Unternehmen unter anderem Adidas, Airbus, Bayer, BMW, Daimler, GEA, Lufthansa und Volkswagen.

Unity AG
Lindberghring 1
33142 Büren
+49 (0)2955 7430
www.unity.de

Willis Towers Watson

Gründungsjahr	2016 (Vorgängerunternehmen 1828)
Hauptsitz in Deutschland	Frankfurt am Main
Anzahl der Hauptstandorte 2017 weltweit	140
Anzahl der Hauptstandorte 2017 in Deutschland	11
Berater weltweit 2017	k. A.
Berater in Deutschland 2017	1.100

Willis Towers Watson ist zum Jahresbeginn 2016 durch die Fusion des britischen Versicherungsmaklers Willis Group mit der US-Unternehmensberatung Towers Watson entstanden.

Das neue Beratungs- und Dienstleistungsunternehmen mit 40.000 Mitarbeitern in 140 Ländern positioniert sich als einer der weltweit führenden Anbieter in den Bereichen Personal-, Risiko- und Finanzmanagement. In diesen Bereichen bietet Willis Towers Watson Unternehmen auf ihren Bedarf zugeschnittene Produkt- und Versicherungslösungen aus einer Hand – von der Beratung über die Gestaltung bis hin zum aktiven Management. Die Kunden werden dabei unterstützt, ihre Talente zu fördern, Risiken zu beherrschen, betriebliche (Neben-)Leistungen zu organisieren und attraktive Versicherungsangebote umzusetzen.

In Deutschland und Österreich ist Willis Towers Watson mit mehr als 1.200 Mitarbeitern in den drei Geschäftssegmenten Human Capital & Benefits, Corporate Risk & Broking und Investment, Risk & Reinsurance tätig.

Willis Towers Watson
Ulmenstraße 30
60325 Frankfurt am Main
+49 (0)69 150550
kontakt@willistowerswatson.com
www.willistowerswatson.de

ZEB

Gründungsjahr	1992
Hauptsitz in Deutschland	Münster
Anzahl der Hauptstandorte 2017 weltweit	17
Anzahl der Hauptstandorte 2017 in Deutschland	5
Berater weltweit 2017	745
Berater in Deutschland 2017	590

ZEB Rolfes, Schierenbeck, Associates (Eigenschreibweise: zeb.rolfes.schierenbeck.associates) ist die Nummer eins der auf den Bereich Financial Services spezialisierten Strategie- und Managementberatungen in Europa mit 17 Standorten in Dänemark, Deutschland, Großbritannien, Italien, Luxemburg, den Niederlanden, Norwegen, Österreich, Polen, Russland, Schweden, der Schweiz und der Ukraine.

Das Unternehmen wurde von den Universitätsprofessoren Prof. Dr. Bernd Rolfes und Prof. Dr. Dres. h. c. Henner Schierenbeck 1992 in Münster gegründet. Es entwickelte sich schnell zu einer Beratung für Finanzdienstleistungsunternehmen, die gleichermaßen hohen Wert auf die Qualität der Konzeption wie auf die praktische Begleitung der Umsetzung legen.

Die europäischen Kunden – nationale wie internationale Banken, Privatbanken, Sparkassen und Raiffeisenbanken sowie Versicherungen – werden über die gesamte Wertschöpfungskette von den über 900 Mitarbeiterinnen und Mitarbeitern betreut. Die Beratung konzentriert sich auf die Bereiche Strategie, Vertrieb, Organisation, Unternehmenssteuerung, Human Capital und IT. Ziel ist es, die Leistungsfähigkeit und Wettbewerbsstärke der Kunden auszubauen.

ZEB Rolfes, Schierenbeck, Associates GmbH
Hammer Straße 165
48153 Münster
+49 (0)251 971280
muenster@zeb.de
www.zeb.de

Teil IV –
Anhang

Die Herausgeber

Dr. Hans-Peter Canibol ist Wirtschaftsjournalist und Publizist. Der Geschäftsführende Gesellschafter der Fakten + Köpfe Verlagsgesellschaft mbH konzipiert und realisiert Bücher und journalistische Projekte mit Wertschöpfungspotenzial. Er entwickelte für verschiedene Wirtschaftsmedien Publikations- und Veranstaltungsformate, die Maßstäbe setzten. Canibol war Chefreporter und Mitglied der Chefredaktion von *DM Euro* und *Telebörse*, Reporter und Korrespondent bei *FOCUS*, Leiter des Geld- und Versicherungsressorts bei *Impulse* und Redakteur bei der *Wirtschaftswoche*. Er war Autor von mehr als 50 Titelgeschichten. Vor seiner journalistischen Tätigkeit war der promovierte Ökonometriker Forschungsgruppenleiter an der Universität Bremen und Abteilungsleiter beim Zentrum für Europäische Wirtschaftsforschung in Mannheim.

Jonas Lünendonk ist seit 2014 Geschäftsführender Gesellschafter der Lünendonk & Hossenfelder GmbH. Nach ersten Erfahrungen in einer Managementberatung übernahm er 2010 als Prokurist die Leitung der Studienabteilung und verantwortet seit 2015 den Bereich Professional Services. Der Betriebswirt erwarb sein Diplom an der Hochschule Kempten. 1983 von Thomas Lünendonk gegründet, versteht sich die Lünendonk & Hossenfelder GmbH als europäisches Dienstleistungsunternehmen, das Marktforschungs-, Marktanalyse- und Marktberatungs-Dienstleistungen erbringt. Auf Basis der unabhängig erhobenen Forschungsergebnisse entwickelt das Unternehmen Studien, Prognosen, Ideen und Konzepte für Themen, Branchen und Unternehmen.

Die Autoren

Olaf Acker ist Partner bei Strategy& Deutschland, PwCs globalem Strategieberatungsteam, und zugleich Leiter des Geschäftsbereichs Digital Services EMEA bei PwC. In dieser Funktion baut der Wirtschaftsinformatiker unter anderem das PwC Experience Center aus. Er berät Unternehmen verschiedener Branchen bei der digitalen Transformation.

Holger Bartels ist Managing Consultant und Experte für Data Analytics bei der Managementberatung Detecon International.

Dr. Alexander Batran ist Principal der Münchner Unternehmensberatung H&Z.

Robert Benacka ist seit 2011 Vorstandsvorsitzender der ROI Management Consulting a.s. in Jesenice/Prag. Er verfügt über jahrzehntelange internationale Erfahrung in der Unternehmensberatung im Bereich Operations, insbesondere in Entwicklung, Fertigung und Organisationsoptimierung.

Dr. Alexander Bethke-Jaenicke ist Gründungspartner und Gesellschafter bei Horn & Company. Er verantwortet mit seinen Kollegen das Competence Center Financial Services und berät in dieser Funktion primär Banken und Versicherungen sowohl in ihren strategischen und operativen Fragestellungen als auch bei der Gestaltung und Umsetzung von Digitalisierungsprogrammen.

David Buhmann verantwortet zusammen mit Dr. Christian Geerkens, Dr. Christoph Geldmacher (Team Lead), Philip Heimbach und Jan-Hendrik Rauhut als Procurement Business Partner Team für Professional Services den strategischen Einkauf von externen Beraterleistungen und die Zusammenarbeit mit externen Beratern bei Bayer.

René Büst ist Director of Technology Research bei der Arago GmbH. Zuvor war er Senior Analyst und Cloud Practice Lead bei der Crisp Research AG sowie Principal Analyst bei New Age Disruption und Mitglied des weltweiten Gigaom Research Analyst Network. Seit Mitte der 1990er-Jahre konzentriert er sich auf den strategischen Einsatz von Informationstechnologie in Unternehmen und setzt sich mit dem IT-Einfluss auf unsere Gesellschaft sowie disruptiven Technologien auseinander. Büst schreibt regelmäßig für IT-Publikationen wie *Computerwoche*, *CIO-Magazin*, *LANline* und *Silicon.de*.

Klaus Dieterich ist Geschäftsführender Partner der TMG Consultants GmbH in Stuttgart. Er ist spezialisiert auf die Bereiche Fabrikplanung, Werkstrukturplanung und Logistik. Weitere Schwerpunkte seiner Beratungstätigkeit sind Projektentwicklungen und die Steuerung von Großprojekten.

Dr. Fedi El Arbi ist Manager Consulting der KPMG AG Wirtschaftsprüfungsgesellschaft am Standort München.

Hans-Werner Feick ist Gründer und Geschäftsführender Gesellschafter von Kobaltblau Management Consultants. Er verfügt über mehr als 25 Jahre Berufserfahrung in der IT-Managementberatung mit Fokus auf der managementorientierten Beurteilung von IT-strategischen Fragestellungen sowie Transformations- und Restrukturierungsprojekten. Vor der Gründung von Kobaltblau war Hans-Werner Feick als bereichsverantwortlicher Geschäftsführer bei Kienbaum für die strategische IT-Beratung mit den Fokusbranchen Financial Services und TIME tätig. Er gilt als einer der führenden IT-Strategieberater in Deutschland.

Martin Fischer ist Mitbegründer von Change2target und Vorsitzender der Geschäftsführung. Basierend auf seiner Erfahrung aus dem europäischen und US-amerikanischen Markt, entwickelt er digitale Strategien zur Transformation für Unternehmen.

Dr. Christian Geerkens verantwortet zusammen mit David Buhmann, Dr. Christoph Geldmacher (Team Lead), Philip Heimbach und Jan-Hendrik Rauhut als Procurement Business Partner Team für Professional Services den strategischen Einkauf von externen Beraterleistungen und die Zusammenarbeit mit externen Beratern bei Bayer.

Dr. Christoph Geldmacher verantwortet als Team Lead zusammen mit David Buhmann, Dr. Christian Geerkens, Philip Heimbach und Jan-Hendrik Rauhut als Procurement Business Partner Team für Professional Services den strategischen Einkauf von externen Beraterleistungen und die Zusammenarbeit mit externen Beratern bei Bayer.

Kai Haake ist Geschäftsführer und Syndikusanwalt des Bundesverbandes Deutscher Unternehmensberater (BDU). Er verantwortet die Bereiche Strategie und Public Affairs, insbesondere kümmert er sich um die verbands- und wirtschaftspolitischen Netzwerke im deutschsprachigen Raum. Er sondiert die rechtlichen und politischen Rahmenbedingungen der Consultingwirtschaft. Nicht zuletzt konzipiert und managt er Content-Projekte wie die BDU-Thinktanks und die CEO-Runden mit den Top-Experten aus den Mitgliedsunternehmen.

Kiumars Hamidian ist Mitglied des globalen Management-Teams bei BearingPoint. Er ist Leiter der Region GCR (Deutschland, Tschechien und Rumänien), globaler Leiter der Service Lines sowie verantwortlich für Innovationsprozesse und Venture-Aktivitäten. Seine Schwerpunkte liegen in der globalen Standardisierung und Harmonisierung von Geschäftsprozessen, der Reorganisation von Marketing und Kundenservice und der Restrukturierung der IT. Hamidian hat das BearingPoint-Serviceportfolio für adaptive und innovative Unternehmenslösungen sowie das globale Distributionsmodell etabliert.

Philip Heimbach verantwortet zusammen mit David Buhmann, Dr. Christoph Geldmacher (Team Lead), Christian Geerkens und Jan-Hendrik Rauhut als Procurement Business Partner Team für Professional Services den strategischen Einkauf von externen Beraterleistungen und die Zusammenarbeit mit externen Beratern bei Bayer.

Falk Hirdes ist Managing Consultant bei Ginkgo Management Consulting in Peking. Er ist Experte für Prozess- und Organisationstransformationen auf Basis von Systemic-, Lean- und Agile-Management-Ansätzen.

Dr. Klaus Höffgen ist Senior Manager bei Kobaltblau Management Consultants. Er verfügt über mehr als 25 Jahre Berufserfahrung, gesammelt sowohl in unterschiedlichen CIO-Positionen als auch in der IT-Managementberatung mit Fokus auf IT- und Digitalstrategien sowie Transformations- und Restrukturierungsprojekten. Bevor er zu Kobaltblau wechselte, hatte er unterschiedliche CIO-Positionen im Lufthansa-Konzern inne und leitete zahlreiche internationale Großprojekte.

Kerstin Karuschkat ist Gründerin und Geschäftsführerin der Personalberatung 3k. Sie ist auf die Arbeit mit Vorständen, Topmanagern und Führungskräften spezialisiert. Nach fünf Jahren Tätigkeit als Personalleiterin bei dem Telekom-Joint-Venture Global One (Deutsche Telekom, France Télécom, Sprint) in Brüssel leitete Kerstin Karuschkat für die Unternehmensberatung Capgemini internationale Change-Projekte für verschiedene Großkonzerne.

Georg Knöpfle ist Partner, CIO & CFO Consulting der KPMG AG Wirtschaftsprüfungsgesellschaft, München. Er ist spezialisiert auf die Gestaltung und Implementierung von Target Operating Models für Support Functions sowie die Einführung von ERP-Systemen und die Automatisierung von Prozessen (Robotic Process Automation). Er hat über 17 Jahre Beratungserfahrung in Management- und Systemberatung.

Dr. Oliver Laitenberger ist Partner bei Horn & Company. Seine Beratungsschwerpunkte liegen in Digitalisierung, Management der Informationstechnologie und agiler Transformation. Seine Erfahrungen mit Agilität in der Informationstechnologie transferiert er auf die Geschäftsseite. Er berät Unternehmen ganzheitlich bei der Umsetzung ihrer digitalen Strategien und ihrer Entwicklung.

Thomas Lünendonk ist Gründer und Gesellschafter der Lünendonk & Hossenfelder GmbH, vormals Lünendonk GmbH, mit Sitz in Mindelheim. Das Unternehmen ist Herausgeber von Markt-Rankings und -Studien, den sogenannten Lünendonk®-Listen und -Studien. Diese gelten sowohl in Deutschland als auch in den Nachbarländern als Standard und Marktbarometer.

Sabine Maas ist Managing Director der Personalberatung 3k. Sie hat sich auf die Arbeit mit Vorständen und Management-Teams spezialisiert. Diese begleitet sie in Transformationsprozessen bei der effizienten und wirkungsvollen Umsetzung ihrer Unternehmensvisionen in konkretes Führungsverhalten.

Oliver Merx ist Co-Initiator des Blockchain.Metalabs. Er arbeitet als Digital Business Development Manager in einem IT-Consulting-Unternehmen in München. Zuvor war er als Manager, Berater und Software-Entwickler bei namhaften Start-ups, Verlagen und Internet-Dienstleistern tätig.

Dr. Pero Mićić ist Vorstand der Future Management Group AG. Er berät die Führungsteams und Zukunftsexperten großer Konzerne und führender Mittelständler zu Ergebnissen und Methoden der unternehmerischen Zukunftsforschung und begleitet sie bei der Umsetzung in praktische Marktchancen und Strategien. Er studierte Wirtschaftswissenschaft und Future Studies in Deutschland und den USA und promovierte in Großbritannien über »Phenomenology of Future Management in Top Management Teams«. Er ist Dozent an renommierten Universitäten und Akademien und Autor mehrerer Bücher. Darüber hinaus ist Mićić Gründungsmitglied der Association of Professional Futurists (Berufsverband) in den USA, Vorsitzender des Beirats der European Futurists Conference, Vorsitzender der Konferenz »Internationales Trend- und Zukunftsmanagement« und Beirat des weltweit ersten und ältesten Master-Studiengangs in Future Studies in Houston (USA).

Dr. Michael Mirz ist Vice President und Managing Partner bei KPS. Er ist in den Bereichen Business Development und Business Consulting tätig und leitet große KPS-Transformationsprojekte mit den Schwerpunkten Omnichannel, Supply-Chain-Optimierung und Unternehmensrestrukturierung. Mirz verfügt über 20 Jahre Erfahrung in den Bereichen Handel, Industrie und Automotive. Sein Wirtschaftsstudium schloss er an der Boston University ab und startete nach Erlangung des MBA an der IESE Business School Barcelona seine Karriere in der Automobilindustrie. Im Anschluss daran war er mehrere Jahre bei namhaften Fashion-Unternehmen tätig, wo er verschiedene Management-Positionen innehatte.

Bernd Müller-Dauppert ist Mitglied der Geschäftsleitung von Miebach Consulting.

Darya Nassehi ist Geschäftsführender Partner der TMG Consultants GmbH in Stuttgart. Er ist spezialisiert auf die Bereiche Organisation, Strategie und Unternehmenssteuerung. Vor seinem Wechsel in die Beratung war er in leitenden Funktionen für verschiedene DAX- und MDAX-Unternehmen tätig.

Sebastian Olbert ist Partner bei Goetzpartners und Mit-Autor des ersten europäischen Agile Performer Index. Er berät schwerpunktmäßig zu den Themen Strategieentwicklung, digitale Geschäftsmodelle und organisationale Transformationen und hat für Großunternehmen und führende Mittelständler zahlreiche Transformationsprogramme strategisch geplant und umgesetzt.

Frank Olschewski ist Partner bei Theron im Büro Frankfurt am Main mit den Schwerpunkten Innovation, Wertschöpfung und strategischer Geschäftsfeldentwicklung. Er hat zahlreiche Klienten im Rahmen der Digitalisierung begleitet sowie Innovationsvorhaben im High-tech-Sektor erarbeitet und erfolgreich umgesetzt.

Thibault Pucken ist Geschäftsführer der Inverto GmbH. Er verantwortet Projekte zur Organisations-, Prozess- und Konditionsoptimierung sowie zur Strategieentwicklung im Einkauf und im Supply Chain Management. Der Diplom-Wirtschaftsingenieur berät vor allem Industrieunternehmen und den Automotive-Sektor. Er verfügt über detaillierte Expertise aus Projekten bei namhaften Automobilzulieferern und Fahrzeugherstellern. Darüber hinaus berät er Kunden des Maschinen- und Anlagenbaus sowie der Möbelindustrie bei Prozessoptimierungen und ist insbesondere Spezialist für Einkaufstransformationen. Als Experte für Private Equity berät er zudem Beteiligungsmanager bei der operativen Wertsteigerung und der Erreichung von Renditezielen durch Einkaufsoptimierung.

Jan-Hendrik Rauhut verantwortet zusammen mit David Buhmann, Dr. Christoph Geldmacher (Team Lead), Christian Geerkens und Philip Heimbach als Procurement Business Partner Team für Professional Services den strategischen Einkauf von externen Beraterleistungen und die Zusammenarbeit mit externen Beratern bei Bayer.

Stefan Schnack ist bei der Future Management Group AG (FMG) verantwortlich für die Identifizierung und Aufbereitung des FMG-Zukunftswissens. Er publiziert zu Zukunftsfragen und Zukunftsmärkten, ist unter anderem Autor und Layouter der FMG-Reihe *Market Foresights* und hat die redaktionelle Leitung des FutureNet.

Andreas Schneller ist Senior Consultant bei Ginkgo Management Consulting in Zürich. Er unterstützt Kunden bei der Konzeption und Umsetzung ihrer IT-Strategie mit Fokus auf dem Zusammenschluss von IT- und Geschäftsstrategie. Aktuell betreut er globale Big-Data- und digitale Transformationsprojekte.

Prof. Dr. Sebastian Stiller ist Professor für Mathematische Optimierung an der TU Braunschweig. Seine Forschungsschwerpunkte liegen in der Kombinatorischen Optimierung, insbesondere der Robusten Optimierung und der Algorithmischen Spieltheorie. Neben der Arbeit an theoretischen Grundlagen hat er zahlreiche Praxisprojekte insbesondere in den Bereichen Verkehr und Logistik durchgeführt. Sein 2015 erschienenes Buch *Planet der Algorithmen. Ein Reiseführer* vermittelt einer breiteren Öffentlichkeit ein Grundverständnis von Algorithmen. Stiller studierte Mathematik und Philosophie in Erlangen und Leuven. Später forschte er an der TU Berlin, wo er 2009 in Mathematik promoviert wurde, und am Massachusetts Institute of Technology (MIT). Seit 2017 er ist Herausgeber der *Mitteilungen der Deutschen Mathematiker-Vereinigung*.

Sven Schumacher ist Partner der Münchner Unternehmensberatung H&Z.

Bildnachweis

Sämtliche hier nicht aufgeführten Abbildungen wurden uns freundlicherweise von den Unternehmen und/oder den abgebildeten Personen zur Verfügung gestellt. Sollten unbeabsichtigt Credits nicht ausgewiesen sein, so bitten wir um Entschuldigung und um Mitteilung an die Redaktion.

Seite	Quelle
Titel	123ArtistImages – iStock
10/11	BreatheFitness – iStock
13	NKS_Imagery – iStock
15	Chombosan – iStock
18	Chombosan – iStock
25	Alvarez – iStock
34	Kasto80 – iStock
36	Anyaberkut – iStock
38	BookyBuggy – iStock
43	FangXiaNuo – iStock
54	Urbancow – iStock
59	EtiAmmos – iStock
67	Ktsimage – Fotolia
70	ILexx – iStock
74/75	Chombosan – stock.adobe.com
78	Peterhowell – iStock
80	NicoElNino – iStock
84	Yuri_Arcurs – iStock
89	Photographicss - stock.adobe.com
98	CarlosAndreSantos – iStock
106	Zaozaa09 – iStock
108/109	PeopleImages – iStock
110	Supparsorn – iStock
116	Art Wager – iStock
119	3k – Brigitta Petershagen
120	Canjoena – Fotolia
124	Xijian – iStock
128	Alexlmx – Fotolia

134	Sashkin – Fotolia
138	Noriworld – Fotolia
144	Nadla – iStock
145	Xijian – iStock
146	Anyaberkut – iStock
148	General Electric
152	Your_photo – iStock
153	Peshkova – iStock
154	Foto_ruhrgebiet– iStock
156	Isavatar – iStock
157	Alotofpoeple – Fotolia
160	Photosampler – iStock
164	Olivier le Moal – Fotolia
167	Alvarez – iStock
170	Bet_Noire – iStock
171	Filograph – iStock
176	Zapp2photo – Fotolia
180	Chinaface – iStock
182	Suriyasilsaksom – iStock
185	Querbeet – iStock
188	PhonlamaiPhoto – iStock
193	Shansekala – iStock
194/195	Alvarez – iStock
197	3k – Brigitta Petershagen
277	Kalafoto – Fotolia
278/279	Alvarez – iStock
U4	Kasto80 – iStock; Xijian – iStock; Nadla – iStock

Notizen

Notizen

Omnichannel. NOW.

Anytime. Anywhere.
Innovative.
Integrated.
Seamless.